MÉTAPHYSIQUE
ET EXISTENCE

DU MÊME AUTEUR

Pseudonymie et paradoxe. La pensée dialectique de Kierkegaard (Paris, Vrin, 1976)

Éthique et humanisme. Essai sur la modernité (Paris, Cerf, « Recherches morales », 1989)

Kierkegaard. Penser le singulier (Paris, Cerf, « La nuit surveillée », 1993)

Kierkegaard. Existence et éthique (Paris, P.U.F., « Philosophies », 1997)

Droit, communauté et humanité (Paris, Cerf, « Recherches morales », 2000)

Édition de Pascal : De l'esprit géométrique. Ecrits sur la grâce et autres textes, avec introduction, bibliographie et annotation (Paris, Flammarion, « GF », 1985)

Édition de Lequier : La recherche d'une première vérité et autres textes, avec introduction, bibliographie et annotation (Paris, P.U.F., « Épiméthée », 1993)

BIBLIOTHÈQUE D'HISTOIRE DE LA PHILOSOPHIE

NOUVELLE SÉRIE

Fondateur : Henri GOUHIER Directeur : Jean-François COURTINE

MÉTAPHYSIQUE ET EXISTENCE

ESSAI SUR LA PHILOSOPHIE DE JULES LEQUIER

par

André CLAIR

PARIS

LIBRAIRIE PHILOSOPHIQUE J. VRIN

6, Place de la Sorbonne, V^e

—

2000

Imprimé en France
ISSN 0249-7980
ISBN 2-7116-1419-0

INTRODUCTION

L'œuvre de Jules Lequier est posthume et fragmentaire, mais ce dernier terme est à préciser : fragmentaire parce qu'inachevée et en suspens, et aussi parfois composée de fragments (dont un bon nombre demeurent inédits), mais non pas au sens où elle ne serait faite que de fragments ; au contraire, bien des parties, dont certaines peuvent être tenues pour achevées, sont des ensembles organiques, eux-mêmes parties de ce qui devait prendre la forme d'un système à la fois vivant et complet. En effet, si l'on se rapporte à l'intention de l'auteur, telle qu'il l'a exposée, c'est vraiment à une expression systématique de sa pensée qu'il travaillait ; alors, le fait que l'œuvre demeure partielle et disjointe, parfois même en miettes, a pour conséquence de mieux marquer et accentuer les tensions et oppositions qui la traversent. Son ami Renouvier qui, avec d'autres amis, recueillit les textes après la mort de Lequier en 1862 et en organisa une première édition presque confidentielle, rappelle le plan détaillé de l'ouvrage en cours, tel que présenté par l'auteur, ce qui permet de mesurer l'écart entre la réalisation et le projet[1].

1. En 1865, Renouvier fit une édition, tirée à 120 exemplaires, sous le titre *La recherche d'une première vérité*, Fragments posthumes de Jules Lequier. Puis, en 1875, dans son *Traité de psychologie rationnelle*, il en publia de longues parties. Renouvier et Lequier avaient été condisciples à l'École Polytechnique de 1834 à 1836. Renouvier reconnaissait Lequier comme son maître. Déjà en 1859, dans ses *Essais de critique générale* (deuxième essai), il avait, dans une longue note (p. 371), nommé trois fois « M. Jules Lequier » ou « M. Lequier » ; cette note avait été préparée avec l'aide de Lequier, qui avait encore travaillé avec son ami à Fontainebleau en 1858. En 1875, en introduisant à la lecture de Lequier, Renouvier écrivait : « La destinée de Lequier a ainsi condamné sa doctrine, ce que parfois il paraissait craindre, à n'entrer que dans la composition d'un disciple, et dans une composition formée en partie d'éléments très différents de ceux que lui-même entendait essentiellement y joindre. Il ne dépend pas de moi de donner satisfaction sur ce point à sa mémoire. Je peux du moins reconnaître, encore qu'il soit difficile de l'exprimer en termes vraiment suffisants, l'incomparable obligation que j'ai contractée envers l'homme qui a fait tomber un certain jour l'écaille de mes yeux… » *(Traité de psychologie rationnelle*, t. 2, p. 161). Si Lequier a été (un peu) connu, c'est bien grâce à Renouvier.

On peut alors insister sur cet écart puisque seulement une part, apparemment modeste, est rédigée (deux livres à peine sur les huit prévus) – mais aussi bien sur ce qui est rédigé et qui nous livre une philosophie très élaborée et même totale (la fin de l'œuvre rejoignant le début, avec les références à l'enfant, c'est-à-dire au principe) : le premier livre (en partie seulement) et le dernier (presque en entier) sont là, de sorte que, malgré les failles ou les parties manquantes, on peut se faire une idée assez précise du parcours, une idée que certes personne ne peut dire incontestable ni surtout définitive, mais que l'on peut argumenter. Unifiée et organique dans son projet, l'œuvre nous est donnée comme distendue et même éclatée, de sorte que son unité est à découvrir ou même à effectuer, si le lecteur est, comme le soutient Lequier de tout homme, un créateur, à savoir un créateur dépendant. La diversité se marque aussi dans la méthode ; il y aura donc à penser le lien entre les démarches, à expliciter les moments d'une recherche variée mais unifiée, au moyen de laquelle se constitue une unique pensée, celle de la liberté.

Constituer la métaphysique comme science, tel est le grand projet de Lequier. Encore importe-t-il de préciser le sens de « métaphysique », qui est bien le premier mot du texte (« En matière de métaphysique… »), mais qui n'est pas un terme fréquent (c'est même la seule occurrence dans tout le Livre I, *Le problème de la science*). C'est au sens moderne (cartésien) qu'est comprise la métaphysique : trouver, par un acte du sujet s'interrogeant sur soi-même en procédant à l'examen de ses pensées, un point qui soit à la fois irréductible et fondateur, un principe qui soit une origine pour toute pensée et le fondement de toute vérité. Mais aussi, des textes (parmi ceux, inachevés, auxquels Lequier attachait apparemment le plus d'importance) nous reconduisent ultimement à ce qui est plus nettement un caractère du sens classique (aristotélicien), en ceci que c'est bien la nature de l'être comme tel qui est explorée, spécialement dans de brefs textes épars (l'être ou la substance comme force, s'exprimant selon les trois modes que sont la puissance, l'intelligence et l'amour). C'est une métaphysique que l'on n'aura aucune difficulté à reconnaître comme une ontothéologie – à ceci près que cette métaphysique ne trouve son sens et sa fin que dans le rapport d'un existant au monde, comme être agissant et se faisant. D'où l'autre accent, précisément existentiel[1], tel que, si la quête métaphysique conduit tout de suite à s'interroger sur l'acte banal d'un enfant, c'est aussi l'interrogation sur la vie d'un enfant qui, en retour dans le dernier texte, met en œuvre la métaphysique. Et si, à l'inverse du terme « métaphysique », les termes « existence » et « exister » sont fréquents, on n'en conclura pas à un

1. Lequier lui-même n'emploie pas ce terme que, à la même époque, Kierkegaard introduit en philosophie (*Stades sur le chemin de la vie*, 1845).

basculement vers une pure philosophie de l'existence; c'est bien la métaphysique, dont l'ambition n'est jamais remise en cause, qui prend réalité dans l'existence. La philosophie de Lequier est plus précisément, comme métaphysique dont les premières notions sont « faire » et « se faire », une pensée où métaphysique et éthique sont initialement indistinctes.

La première démarche est : comment trouver, comment chercher une première vérité ? Sur cette première vérité, si elle est trouvée, sera édifiée une chaîne de vérités, qui deviendra un système. C'est en effet une philosophie complète dont Lequier avait le dessein, selon l'exemple des grandes doctrines modernes – celles de Descartes et plus encore de Fichte – où la philosophie s'identifie à la première des sciences, ce qui signifie qu'elle est le principe de toute science. Et si cette recherche n'aboutit pas par la voie réflexive, il faudra la reprendre par d'autres voies : celle du dialogue (sous des formes multiples), celle de la mise en scène par le conte, et d'autres éventuellement, comme le récit familier de l'introduction; également, elle prendra, à titre d'esquisse, la forme de l'exposition systématique. Précisément, c'est la corrélation très étonnante entre ces divers types de discours, dans l'inachèvement même de l'œuvre, ainsi définitivement tenue en suspens et donc toujours ouverte, qui forme la trame d'un parcours à la fois métaphysique et existentiel. En effet, la recherche métaphysique est effectuée à partir de l'expérience ordinaire, par exemple un acte simple d'un enfant, et porte sur les situations les plus communes, avant tout les relations entre les êtres humains, ce qui signifie que c'est dans la vie ordinaire que peut être atteint, c'est-à-dire découvert mais surtout réalisé ou « fait », l'absolu. Entre l'absolu et l'existant, la relation est celle de l'accord, fondé sur une correspondance de nature, mais d'un accord toujours à conquérir, tant par la voie théorique (la méditation ne parvenant jamais à mettre un terme ultime au doute) que par la voie pratique – la voie théorique conduisant elle-même à l'acte de faire. La question est alors d'examiner comment se réalise en un être le cheminement de l'absolu, c'est-à-dire de la liberté, et comment un individu en quête de l'absolu devient soi, selon un parcours qui conduit de l'identité entre tous les hommes (la non-différence) à l'identité singulière de chacun (l'ipséité). Comment l'enquête métaphysique prend-elle la figure d'une philosophie du singulier ?

Cette philosophie est elle-même très singulière; elle l'est par sa forme, son style et bien entendu cet inachèvement qui, s'il est de fait, est peut-être aussi une marque essentielle. Déjà, dans le XIXe siècle français, cette œuvre s'est faite à part, de manière quasi solitaire et en dehors de tout courant organisé, lors même qu'elle prend place dans une certaine tradition, avant tout celle de la philosophie réflexive, mais avec de forts accents médiévaux et parfois antiques. Au vrai, c'est bien une œuvre classique, à savoir une métaphysique, entendue comme interrogation sur les principes, comme investigation de la nature de l'être et comme enquête dans laquelle le sujet est à la recherche de la vérité, en partant de soi, sinon en soi. En effet, cette quête du principe, de la première vérité comme vérité présente en l'homme et constitutive de l'homme, mais également transcendante à l'homme, est l'unique moteur d'une recherche jamais relâchée mais toujours assaillie d'objections; il s'agit alors de savoir si et comment celles-ci peuvent être non pas résolues par l'examen métaphysique, mais plutôt assumées par l'acte d'exister, celui-ci étant une modalité de réalisation de l'absolu dans le temps[1].

1. Concernant la vie de Jules Lequier (1814-1862), voici seulement quelques brèves indications. On consultera avec profit les documents publiés par Jean Grenier en annexe de sa thèse, *La philosophie de Jules Lequier* (Paris, Belles Lettres, 1936). La première interrogation porte sur le nom de l'auteur. Il fut enregistré sous le nom de Lequier à sa naissance en 1814, mais ce nom fut rectifié à l'état civil en Léquyer en 1834, et c'est de ce nom qu'il signait. Lui-même avait le projet, selon des indications de 1860, de publier sous le nom de Jules Le Quier; on trouve également, à la même date et de sa plume, Le Khair, Le Keyr et enfin Jules Chariel (documents de la bibliothèque de Renouvier). Le manuscrit 249 (cahier B) porte les noms LESCAIRE et LESQUÈRE (p. 1). On notera aussi que, bien plus tard (en 1893), son ancien ami D. Le Gal La Salle a mis Lequier en scène, sous le nom de Lecaër, dans un livre, *La crise*, non mis en vente. Tout cela est à verser au dossier de l'identification de Lequier/Léquyer à la recherche de soi-même; la quête d'identité, selon un étrange parcours de singularisation, qui traverse l'œuvre, est d'abord celle de l'auteur dans son rapport à son nom. – C'est le Fonds Jules Lequier de la Bibliothèque universitaire de l'Université de Rennes I qui conserve les manuscrits de l'auteur ainsi que de multiples documents le concernant. Ce fonds a été constitué en deux étapes. La veuve de Prosper Hémon remit à la Bibliothèque Universitaire, sans doute en 1919, les documents réunis par Baptiste Jacob et Prosper Hémon; une lettre de L. Dugas (professeur de philosophie au lycée de Rennes) à L. Prat (disciple de Renouvier) du 2 janvier 1920, dont Gérard Pyguillem nous a donné une copie, dit ceci : « Les manuscrits de LEQUYER sont à la Bibliothèque universitaire. C'est moi qui ai conseillé à la veuve d'HEMON de les y déposer, pour être conservés et mis à la disposition des chercheurs. Il y a (c'est à voir) quelques textes que RENOUVIER a laissé tomber et qui m'avaient paru intéressants à Étables ». Renouvier avait transmis en 1890 à Baptiste Jacob (alors professeur au lycée de Brest) une série de textes de Lequier ou relatifs à ce dernier; Jacob avait le projet d'une étude de la pensée de Lequier, dont une ébauche a été publiée en juillet 1905 sous le titre « Jules Lequyer » dans le bulletin trimestriel de l'association des élèves de Sèvres. Quant à P. Hémon, érudit de Saint-Brieuc, il composa une notice biographique, publiée en 1991 par les soins de G. Pyguillem (éditions de l'Éclat). Mais Renouvier gardait des documents nombreux et précieux, en particulier le manuscrit qu'il avait mis en ordre pour son édition de 1865. À la dispersion de la bibliothèque de Renouvier en 1979, G. Pyguillem a recueilli ces documents; en 1995, il nous les a transmis afin que nous les remettions à la Bibliothèque universitaire, où ils se trouvent désormais à la disposition des chercheurs (voir notre étude « Lequier et les documents de la bibliothèque de Renouvier », *Archives de philosophie*, tome 60, 1997, N° 1).

Quant à notre recherche, dont le sens est d'interroger l'œuvre dans sa totalité, elle procédera selon une démarche interne, en effectuant aussi, sur quelques points, un examen des sources – moins d'ailleurs pour explorer des influences que pour mettre en relief aussi bien des proximités que des différences. Ce faisant, si les parties les plus élaborées, sinon encore accomplies, constituent le socle d'appui et la référence la plus solide, les autres textes, parfois très fragmentaires ou même elliptiques, seront interrogés pour éclairer et préciser certains points. Il en sortira une figure renouvelée du philosophe. Pour autant, il ne s'agira en rien de dévoiler ou de constituer quelque impensé de l'auteur, en accordant aux absences, aux lacunes et aux marges des textes le privilège de renfermer le vrai Lequier. C'est bien le texte lui-même qui fera référence. Il importera de cheminer avec lui, soit en reprenant son propre chemin (chapitre I), soit en se dirigeant vers son point originaire, l'acte libre d'un moi (chapitre II), soit en déployant l'activité d'un être se faisant (chapitre III). Et si, comme d'autres, l'œuvre de Lequier est un miroir, il est alors d'autant plus requis (sous peine de narcissisme) de se mettre à l'école du texte, selon son ordre (ou, le cas échéant, son manque d'ordre), en vue de le saisir d'après ses articulations naturelles, d'en exposer la structuration et ainsi d'entendre ses raisons. En cela, tenant le plus grand compte des études antérieures, celles de Charles Renouvier, de Jean Grenier, de Jean Wahl et de Xavier Tilliette, marquées par l'attentive sympathie et l'acuité avec lesquelles ces grands lecteurs se sont rapportés à l'œuvre, les discutant aussi, infléchissant à plusieurs reprises leurs lignes d'interrogation et veillant à préciser les points capitaux, nous présenterons un Lequier complexe (ce qui a d'ailleurs toujours été reconnu), mais aussi un Lequier renouvelé. Ainsi, sur la question la plus centrale, celle de la liberté, nous explorerons comment la liberté, qui certes est bien la première vérité, doit être comprise en fonction de tout le système (même seulement ébauché, mais suffisamment précis). Il y aura donc – c'est le point auquel nous attacherons le plus d'importance – une réinterprétation de l'œuvre, prise en son entier. Cette lecture insistera sur la spécificité de chaque texte, en explorant les changements dans les formes d'investigation, et cela toujours en replaçant chaque écrit dans le mouvement global de l'œuvre, qui culmine dans le texte ultime, le conte *Abel et Abel*, un récit qui rejoint le commencement, spécialement avec la figure de l'enfant, se rapportant ainsi aux principes en les mettant en scène. Cela ne manquera pas de donner à notre étude certaines allures de tension, celle-ci n'étant peut-être que l'expression de la difficulté et de la puissance d'une œuvre tourmentée, en quête d'une cohérence toujours exigée mais aussi toujours à conquérir ou, selon le terme de Lequier, à « faire ».

Chapitre premier

LES VOIES D'UNE RECHERCHE

L'œuvre de Lequier a été composée durant une période d'une quinzaine d'années, à partir de 1845 environ. Mais la datation des textes est difficile et demeure souvent imprécise. On dispose néanmoins de quelques points bien établis. Si l'on s'en tient aux textes les plus élaborés (en laissant de côté plusieurs cahiers, pourtant dignes d'intérêt, faits de notes éparses, d'indications de lecture ou de brèves esquisses), on rencontre d'abord un écrit de référence, constitué de multiples parties, dont certaines sont composées avec un grand soin; il s'agit du manuscrit 255 (cahier H), qu'on peut dater de 1845-1846, époque marquée par un élan mystique; c'est un cahier de 153 pages, dont les 18 premières exposent une vue d'ensemble de la philosophie de l'auteur. Ayant quitté l'armée (1838) et après un retour en Bretagne, Lequier habitait alors Paris où il avait notamment été professeur de littérature à l'École Egyptienne de 1843 à 1848. Une autre date importante pour l'œuvre est celle des grandes feuilles, composées en 1850-1851, où se trouve le texte du *Problème de la science* ; leur rédaction fut interrompue par l'état de santé de Lequier, avec la crise de démence qui éclata le 28 février 1851 et fut suivie de deux mois d'hospitalisation. On y saisit sur le vif la rédaction, avec ses aménagements et ses renvois, de textes capitaux dont, pour plusieurs, nous n'avons pas d'autre version. Lequier était de retour à Plérin depuis 1848; il fut candidat à l'Assemblée Constituante en 1848; par la suite, sa situation pécuniaire devint de plus en plus difficile. Quant aux textes prévus pour constituer les *Indications de l'idée du libre arbitre*, leur état définitif renvoie aux dernières années (1860 au plus tard); ils furent élaborés au cours d'une période de plus en plus précaire et souffrante, avec un refus en mariage (1851), un professorat de mathématiques conflictuel à Besançon (1853-1855), un retour définitif à Plérin en

1855 avec une existence marquée de vive ferveur religieuse et vécue dans un dénuement presque complet. À la mort de Lequier (11 février 1862), si le plan de l'œuvre était précis, une grande partie de ce qui était prévu restait à rédiger.

Le système en abrégé

Le projet de Lequier était d'édifier une philosophie complète prenant la forme d'un système de vérités ; celui-ci est symbolisé par la métaphore de la chaîne, exprimant un système de corrélation ou de coimplication. « La vraie métaphysique consiste tout entière dans un enchaînement de principes qui s'appellent les uns les autres, à l'exception du premier anneau, la liberté, qui repose sur soi »[1]. « La vraie méthode philosophique n'est ni l'induction ni la déduction ; c'est l'examen de toutes les vérités premières qui sont autant d'anneaux d'une chaîne dont le point d'union est la liberté »[2]. « C'est ainsi qu'il est vrai de dire que la véritable métaphysique est un enchaînement de principes qui s'éclairent mutuellement de telle sorte qu'on ne peut faire une solide et ferme affirmation qu'après avoir parcouru le cercle tout entier de ces vérités primitives »[3]. Ce système est dynamique ou organique, comme déploiement de la vie dans l'unité d'une totalité ; il se résume dans la formule : « La force est puissance, intelligence, amour »[4]. Mais aussi – Lequier le marque nettement – dans ce système, un élément ou un anneau est à part en tant que premier : la liberté, dont un autre nom est « puissance ». À partir de là se conçoivent les deux grandes lignes d'interprétation de l'œuvre, selon que l'on insiste sur le premier anneau ou la première vérité, à savoir « la liberté, qui repose sur soi », ou que l'on considère le système en lui-même comme « un enchaînement de principes qui s'appellent les uns les autres », où aucun élément n'est initialement privilégié. Cette dualité ou cette tension, jamais thématisée, est pourtant ce qui anime toute la recherche. Lequier n'a pas porté son projet à son terme – il s'en faut même de beaucoup –, mais un texte, rédigé vers 1845-1846, nous donne un abrégé ou une vue d'ensemble du système ; ce texte n'a pas de titre et porte la seule indication : Notes. Il se trouve, écrit par un copiste,

1. Ms. 255, p. 73 (*Œuvres complètes*, p. 342). Nous citerons le texte de *La recherche d'une première vérité* d'après notre édition (PUF, 1993). Pour les autres textes, nous donnerons la référence aux mss. du fonds Jules Lequier, accompagnée de la référence à l'édition de Jean Grenier des *Œuvres complètes* (La Baconnière, 1952), lorsque le texte s'y trouve.

2. Ms. 255, p. 76 (*O.C.*, p. 343).

3. Ms. 255, p. 93-94 (*O.C.*, p. 483-484).

4. Ms. 267, f° 43r. Nous reviendrons longuement sur cette formule.

au début de l'important cahier H (Ms. 255); son statut est celui d'une esquisse ou d'un programme de recherche. Le livre publié en 1865 par Renouvier, s'appuyant sur une table des matières ou un plan datant de 1860 environ, ne contient pas cet écrit, publié par J. Grenier dans les *Œuvres complètes* en 1952. Mais si ce texte marque simplement une étape, il est instructif d'un état de la recherche de l'auteur plusieurs années avant les grandes feuilles de 1850-1851 qui constituent le socle du *Problème de la science*; et, faute de l'achèvement du projet, il constitue un témoignage précieux de la philosophie de Lequier, d'autant qu'y sont présentés des éléments et des structures de pensée parfois plus explicitement exposés que dans les autres textes.

La question est celle de la vérité, et le point de départ est la constatation des oppositions entre les philosophies, ce qui alimente le scepticisme. L'histoire de la philosophie est – et de même celle des religions – placée sous le signe de la contradiction; celle-ci est générale : entre peuples, entre individus, à l'intérieur de chaque individu.

> Plus je réfléchis, plus je trouve de difficultés à connaître la vérité, à savoir même si la vérité existe et s'il m'est donné de la saisir. [...] Si donc je cherche la vérité parmi les hommes, je ne la trouve point; partout l'erreur, partout la contradiction[1].

Si l'erreur est partout hors de moi, puis-je au moins trouver la vérité en moi? Mais le doute porte aussi sur mes opinions, toutes changeantes et incertaines.

> Où donc trouver un point d'appui inébranlable pour s'élancer de là à la conquête d'une vérité qui fuit toujours? L'expérience ne me montre-t-elle pas toute la vanité d'une tentative pour atteindre un tel but? Ou plutôt puis-je affirmer quelque chose de la certitude de cette expérience même?[2].

Nous sommes ainsi dans un cercle entre le désir invincible de vérité et la rencontre constante de l'incertitude sinon de l'erreur; c'est le thème sceptique du rouet. Alors, puisque nous n'avons aucune prise sur les choses, tout paraît se tenir sous le règne de la nécessité. Or c'est précisément là que surgit la liberté, comme reconnaissance de la nécessité; la liberté est saisie dans le rapport à ce qui lui est le plus opposé, comme, selon Descartes, la vérité est découverte, exactement conquise, au plus profond du doute.

Ce point sera le thème central de l'auteur : qu'en est-il du rapport entre la nécessité et la liberté? Et si – nous y insisterons – c'est le plus souvent la

1. Ms. 255, p. 1 (voir Annexe, *infra*, p. 167-168).
2. Ms. 255, p. 1-2 (*infra*, p. 168).

nécessité qui pèse du poids le plus lourd, c'est bien dans un certain rapport à la nécessité, à savoir dans la pensée de la nécessité, qu'est reconnue la liberté ; il n'y a pas de pensée de la nécessité en dehors d'un acte libre.

> Mais je m'aperçois que si tout est soumis en nous à la nécessité, je ne puis pas même affirmer que tout est soumis à la nécessité parce que cette proposition sera nécessaire et que par conséquent je ne saurais la distinguer de toute autre. Si tout est nécessaire, la science elle-même est frappée d'impuissance, et il n'y a pas lieu pour moi de chercher à distinguer la vérité de l'erreur, puisque je ne sais même pas si la vérité et l'erreur existent, puisque je ne puis absolument rien savoir. Pour que je puisse distinguer la vérité de l'erreur, il me semble qu'il faudrait que je fusse libre ; mais cette liberté est chose contestée ; les uns la nient, les autres diffèrent sur la manière de la définir, personne ne la comprend[1].

Le seul fait de pouvoir effectuer des distinctions (même incertaines et non encore fondées) est le signe que quelque chose transcende la nécessité (entendue comme absolue dans les choses), qu'il y a donc liberté. La découverte de la liberté est dans l'acte de juger ou de discriminer ; la liberté n'est peut-être rien d'autre que liberté de jugement ; du moins, telle est la première expression qu'on en trouve dans un texte composé. C'est par là reconnaître la liberté comme principe de la science, au sens où elle est la condition de possibilité de tout jugement. Connaître, c'est effectuer un acte libre ; cela est même la révélation de la liberté. C'est bien ce thème qui constituera le fil du *Problème de la science* et qui aboutira à la « formule de la science ». Ainsi, à ce niveau, le premier principe n'est pas dans les choses, mais dans le rapport d'un sujet aux choses. Reste à déterminer – ce sera la question ultime – quelle est la signification de ce rapport[2].

L'ŒUVRE EN PROJET ET SA RÉALISATION : MÉDITER, DIALOGUER, RACONTER

Le projet de Lequier est connu par un document, publié par Renouvier dans sa préface, et selon lequel l'ouvrage, sous le titre *La recherche d'une première vérité*, aurait été organisé en huit livres ; seuls le premier et le dernier sont, inégalement, en voie d'achèvement ; des autres livres, probablement jamais composés, ne nous sont parvenues que des notes éparses. Il n'y a même qu'un texte dont Lequier était pleinement satisfait, celui qui

1. Ms. 255, p. 2 (*infra*, p. 168).

2. Nous reviendrons sur certains passages de cet écrit, à propos des principes (puissance, intelligence, amour) et de la liberté de responsabilité.

sert d'introduction à l'œuvre, connu sous l'appellation « La feuille de charmille ». Lequier en parle à Renouvier dans une lettre, de date incertaine mais probablement de la fin 1850, attestant l'ambiguïté caractéristique de sa pensée : la certitude métaphysique et l'effroi existentiel.

> Où j'ai senti que je pouvais, c'est après cet effort de ma volonté, où j'ai compris que je pouvais, c'est ce jour-ci, que, interrompant la trame d'*Arachné*, j'ai pris cette grosse plume et couvert sans discontinuer d'une manière qui t'épouvanterait peut-être des pages dont je suis sûr aujourd'hui et qui m'épouvantent moi-même[1].

C'est évidemment sur les textes rédigés, selon des degrés d'accomplissement variables, qu'on s'appuiera principalement, d'autres textes non intégrés à cet ensemble étant aussi à considérer spécifiquement. Les « fragments posthumes » publiés par Renouvier et repris dans les éditions postérieures[2] sont constitués de trois textes de composition très différente : une recherche méditative et réflexive (*Le problème de la science*), un ensemble de trois dialogues (*Première indication de l'idée du libre arbitre*) et un récit biblique (*Seconde indication*). Des livres prévus mais non composés, il n'est pas possible de traiter. Notons seulement que le Livre VII aurait pu constituer un texte exceptionnel. Lequier lui donne le titre suivant : *Le Legs. Confidences. Conseils et appels à un enfant. Episode : Dinan.* Ce livre devait se rapporter aux événements les plus personnels et pénibles de la vie de son auteur (ses démêlés financiers avec sa famille et surtout son internement en asile psychiatrique pendant deux mois en 1851). Renouvier en parle brièvement. « Ceux de ses amis qui ont reçu ses confidences, qui l'ont entendu développer ses souvenirs et ses impressions, se seraient attendus à trouver dans ce livre une composition probablement unique dans toutes les littératures »[3]. Or ce texte autobiographique, en étant intégré à l'œuvre, aurait pu constituer un genre philosophique. Lequier n'a certes pas inventé de genre nouveau en philosophie ; mais son côté novateur et unique, c'est la réunion de genres aussi différents qu'une méditation, des dialogues, un récit, auxquels se serait ajoutée une interrogation autobiographique, tout cela devant s'ordonner dans une seule et même œuvre, selon une exigence de totalité organique.

1. *O.C.*, p. 543. Cette trame, qu'il distingue de sa « grosse plume », se trouve sur les grandes feuilles où l'auteur compose ou « fait » *Le problème de la science*. « Ma trame, c'est autre chose. J'écris sur une feuille à plusieurs colonnes avec d'innombrables renvois, une sorte de lente improvisation » (Lettre du 10 nov. 1850 ; *O.C.*, p. 539).

2. Ce sont celle de L. Dugas, la première édition vraiment publique (Armand Colin, 1924), celle de Jean Grenier (La Baconnière, 1952), la nôtre (PUF, 1993) et partiellement celle de Michel Valensi (L'éclat, 1985 et 1991).

3. *La recherche*, p. 7.

Ces textes doivent, selon l'intention de totalité, être lus en corrélation, en insistant sur le lien vivant qui les réunit. Mais il est certain aussi que, du fait du caractère inachevé – peut-être inachevable – de l'œuvre, doit être reconnue la forme unique de chaque texte. Par là précisément, sera mis en évidence l'écart entre des démarches qui, si elles s'ordonnent toujours autour du même point (la quête de la liberté comme première vérité)[1], s'y rapportent selon des modalités si différentes qu'un doute pèse sur la possibilité de les tenir ensemble dans un système – ce qui signifie aussi que l'inachèvement de l'ouvrage ne tiendrait pas seulement à un fait, la mort brutale et énigmatique de l'auteur, mais renverrait à l'essence même de l'entreprise. Il y a en effet un caractère extrêmement tendu (exactement : dramatique) de l'œuvre de Lequier, qui se déploie entre deux limites : la constitution d'une métaphysique comme science à partir des premiers principes et d'une première vérité, si celle-ci peut être atteinte (c'est la question même du *Problème de la science*), et l'ouverture aux situations particulières de la vie ; or c'est à partir de ces situations très banales que l'auteur interroge en vue de la métaphysique ; mais aussi dans cette interrogation le doute resurgit toujours. La recherche ne porte que sur un point : la liberté, mais elle se constitue d'une manière multiple, de sorte que la liberté apparaît elle-même comme multiple, et que si c'est la liberté qui partout est en cause, il y a pourtant bien des différences entre l'acte libre du récit quasi autobiographique de « La feuille de charmille », la liberté atteinte au fond du doute par l'examen du monde intérieur, la liberté en conflit insoluble avec la nécessité dans le débat sans merci entre le prédestiné et le réprouvé, ou encore le devenir libre comme acte de se faire de deux jumeaux dans le récit *Abel et Abel*. À l'évidence, la liberté est plurielle, et la cohérence du concept fait question.

1/Le problème de la science

Sous le titre *Le problème de la science*, titre de la main de Renouvier mais conforme au plan de l'auteur, est examinée la question plusieurs fois indiquée dans les manuscrits : comment trouver, comment chercher une première vérité ? Trouver, et pour cela chercher; c'est l'examen de cette recherche qui est en cause. On notera que l'objet de la recherche est « une

1. Ce fait est reconnu par tous les interprètes. X. Tilliette le remarque, dans un livre au style alerte, écrit dans une langue aux tons chatoyants, en pointant aussi le lieu d'interrogation. « Toutefois, malgré cette pluralité de visages, Lequier a été l'homme d'une seule idée, d'une seule question : la liberté, et la liberté à sa racine d'"arbitraire absolu" » (*Jules Lequier ou le tourment de la liberté*, Paris, DDB, 1964, p. 19). Tout le problème est d'explorer les rapports multiples à cette unique pensée.

première vérité » et non pas « la vérité »[1]. Ce n'est pas qu'il y ait là une opposition; plutôt est-il signifié que la seule question métaphysique est celle du principe et que, dans un système organique, si l'on a trouvé une première vérité, on a rempli la tâche métaphysique. C'est en cela aussi que Lequier pourra être le philosophe d'une seule idée et, corrélativement, d'une seule formule.

Dans une enquête réflexive est explorée la subjectivité – terme dont Lequier n'use d'ailleurs pas en ce sens, non plus que de celui de sujet – par une interrogation de soi, une analyse des actes et des opérations de la pensée, afin de faire la lumière en son esprit[2]. Ceci inclut – c'est un point capital – l'examen de la subjectivité selon ses divers modes, en tant qu'elle connaît, veut, croit, sent, se souvient, imagine ou aime. C'est d'ailleurs une question de savoir quel terme correspondrait le mieux à « subjectivité ». Si la question se pose, c'est peut-être parce que le statut du sujet est seulement interrogé, mais jamais vraiment établi (sinon certes par la thèse du je libre), et que tout simplement il faut quitter une problématique de la subjectivité, ou au moins reconsidérer la question de telle manière que c'est un autre concept (celui de *faire*) qui sera premier. Si aucun terme – comme esprit, raison, pensée, âme, sujet[3] – ne vient unifier les opérations d'un être humain, c'est à la liberté qu'il revient de remplir cette fonction; c'est la liberté qui pourrait unifier et soutenir les divers modes d'activité d'un sujet. Mais cette thèse requiert une expérience impossible, supposant que la liberté soit elle-même reprise par la mémoire, seule faculté susceptible d'unifier des actes distincts dans le temps; c'est la mémoire qui seule identifierait la liberté[4]. Là où est examinée la question de l'identité, c'est le

1. Cette distinction est thématisée par l'auteur sur le mode d'une hypothèse et d'une objection. « Il est bon, il est sage de restreindre sa tâche alors que l'on connaît d'autant moins ses ressources que l'on n'en a point fait usage, et de substituer tout d'abord à la recherche de la vérité la recherche moins ambitieuse d'une première vérité; mais il est bon aussi, il est nécessaire, quand on cherche, de savoir ce qu'on cherche; et qu'est-ce qu'une première vérité ? Serait-ce la Vérité ? En tout cas, qu'est-ce qu'une vérité ? Si je suis en état de le dire tout d'abord, là voilà cette première vérité, et c'en est une éminente qui termine ma recherche dès le début [...] ». Ainsi le fait de pouvoir atteindre le principe mettrait un terme à la recherche; c'est la thèse d'une identité entre la fin et le commencement.

2. « Examinant aujourd'hui la trame diverse de mes pensées... » (*La recherche*, p. 16). « Examinons jusqu'à ce que la lumière se fasse » (*Ibid.*, p. 39).

3. Relevons néanmoins cette assertion, donnée entre parenthèses. « J'entends par âme ou le *moi* des psychologues ou le sujet unique auquel se rapportent les sensations dans le système des unités » (Ms. 251, f° 66; *O.C.*, p. 392).

4. « Cette troisième mémoire, supposée infaillible, donnerait le seul équivalent concevable d'un sentiment que nul ne peut avoir : celui d'expérimenter intérieurement un acte de liberté quel qu'il soit, de cette manière que j'expérimente en moi-même les actes de penser, d'imaginer, de croire, de désirer et même de délibérer, de vouloir et de choisir, sous l'idée de la liberté réduite à la seule exemption de contrainte ! » (*La recherche*, p. 52).

terme de « moi », sous la forme nominale, qui est retenu. S'interrogeant sur son « propre être »[1] (qualification neutre), Lequier détermine cet être comme un moi, posant la question de son identité comme ipséité. « Par moi ! Mais moi qui suis par moi, je suis donc plus que moi ? Sans doute je suis, mais que suis-je ? »[2]. *Moi* est ainsi en position multiple : sujet, agent, objet. Le moi est l'unification de ces positions multiples. Tout est concentré sur cet acte réflexif par lequel est découvert, est fait le « vrai moi »[3]. S'il s'agit ainsi d'une recherche réflexive, le terme même de méditation n'est pas utilisé. En quel sens pourtant est-ce bien une méditation[4] ?

On notera qu'aucun auteur n'est invoqué ni même cité, et qu'aucune filiation n'est revendiquée. Mais c'est bien le style réflexif de l'exploration de soi qui est repris ; le début de chaque partie le marque nettement. Reste à voir en quoi c'est une méditation. D'abord, le sujet procède à une mise à l'écart du monde et à un retrait en soi-même ; par cette ascèse qui tend à une purification de soi, il effectue un examen de ses pensées afin de se saisir dans ce qu'il a de plus irréductible[5] ; c'est ainsi un travail sur soi en vue d'analyser et de discerner les éléments du moi jusqu'à découvrir quelque chose de simple par une activité qui vise à faire la lumière en soi ; son terme est une vision de soi. Or un acte de méditation est aussi autre chose, précisément de direction opposée ; à son point ultime, la méditation, comme vision et comme recueillement, est la reconnaissance que quelque chose est donné au sujet, quelque chose qui ne dépend pas de lui, mais qu'il est sollicité à découvrir et recevoir. Aussi bien la méditation se fait alors conversion ; le sujet n'est plus face à soi-même, mais se tient devant

1. *Ibid.*, p. 43.

2. *Ibid.*, p. 45.

3. *Ibid.*, p. 45. Si l'on voulait trouver chez Lequier quelque équivalent du concept de sujectivité, c'est du côté du concept – d'abord théologique – de personne qu'il faudrait chercher.

4. Aussi bien, lorsque nous employons la triade « méditer, dialoguer, raconter », nous admettons que, si les deux dernières qualifications sont hors de doute, la première peut être discutée, même si elle est probablement la plus topique. Déjà on trouve l'expression « Je médite et je tâtonne » (p. 23), et bien entendu nous avons un style cartésien de la démarche (le recueillement, le doute forcé, l'argument du songe). « Je m'appliquerai tout d'abord à entrer dans le recueillement nécessaire pour la recherche de la vérité » (p. 18). – Dans une note des mss., Lequier caractérise la méditation comme la pensée en tant qu'elle vient des choses. « La méditation qui commence par dire : "Méditons", ou qui nous gagne en dessous et ne commence pas une idée dominante est une rêverie stérile. Il faut que la pensée afflue. Il faut que la méditation naisse de la force des choses, qu'elle soit courte, active, intense. C'est le véritable travail de l'esprit » (Ms. 250, f° 2v ; *O.C.*, p. 464).

5. « Devant moi est le vide : ai-je donc supprimé jusqu'au dernier mes derniers points d'appui : les préjugés, comme je les appelle, qu'avaient formés dans mon esprit cette lumière naturelle, ces impressions, ces puissances quelconques dont j'ai supposé suspendre l'action en doutant qu'elle fût légitime ? » (*La recherche*, p. 40).

quelque chose qui le dépasse, une lumière qui s'impose à lui et dont sa propre lumière participe. S'il y a dans une méditation ce mouvement double qui fait que le moment analytique de décomposition des représentations ne peut être scindé du mouvement de réception d'un au-delà du sujet – ou encore que l'acte ascétique de purification est le chemin vers un acte mystique de contemplation de l'être et d'union avec lui –, alors l'enquête du *Problème de la science* n'effectue certes pas une complète méditation ; la quête d'une première vérité ne se transforme jamais en une contemplation, lors même que cette vérité est découverte. Mais elle est bien une méditation en un sens plus limité, comme la rencontre du pur et du primitif en soi-même [1]. Et pourtant, même dans ce cas, la méditation n'est pas seulement l'acte d'un sujet. C'est ce que Lequier exprime au moyen de la métaphore de la lumière. En effet, la lumière se diffuse en deux directions. Elle a d'abord une source extérieure, signifiant que c'est la vérité qui vient à l'homme. Mais aussi, il appartient à l'homme, qui a déjà en lui la lumière, de la faire ; si la lumière de la vérité transcende tout sujet, elle lui reste étrangère et en est ignorée si le sujet n'est pas lui-même un agent de lumière ; c'est précisément le verbe « faire » qui est appliqué à la lumière [2]. La recherche de la vérité est une attention sans relâche de l'esprit qui se donne pour tâche de découvrir la vérité dans une évidence rationnelle ; par une ascèse intellectuelle, elle tend à dépasser la dualité inhérente à la réflexion, étant l'acte de recueillir et recevoir les principes naturellement accordés à l'homme ; par là, comme conversion du regard et attente des principes, elle est une méditation.

Précisément, s'agissant du problème de la science, il faut chercher si quelque élément en l'homme est capable d'être le principe de toute connaissance, comme ce qui est le plus originaire et qui ainsi nourrit la vie du savoir. L'examen, constamment réitéré, devait être conduit en sept parties dont la dernière devait apporter la solution ; on peut considérer que

1. On pourrait trouver chez Rousseau une acception comparable de la méditation (et cela sans dépendance directe). « Méditant sur les premières et plus simples opérations de l'âme humaine, j'y crois apercevoir deux principes… » *(Discours sur l'inégalité ; Œuvres complètes*, Paris, Gallimard « Pléiade », t. 3, p. 125-126). « En méditant sur la nature de l'homme, j'y crus découvrir deux principes distincts… » *(Emile*, L. IV ; *O.C.*, t. 4, p. 583).

2. « Autre chose est d'avoir l'idée de la vérité, autre chose d'affirmer quoi que ce soit avec son aide. Heureusement que sa lumière est aussi éclatante, car ne le fût-elle pas autant que je le voudrais, il faudrait bien m'en contenter, à moins de pousser jusque là l'espérance que de renvoyer la lumière à ce dont j'attends la lumière » *(La recherche*, p. 20). « Fions-nous donc à la lumière de la vérité que je verrai briller quand j'aurai banni de mon esprit et, s'il se peut, de ma mémoire les préjugés qui l'empêchaient de se montrer dans son pur éclat » (p. 29). « Examinons de sang froid comme il convient d'examiner ; examinons jusqu'à ce que la lumière se fasse. Ah ! que dis-je ! préparons la lumière, qui ne se fera pas d'elle-même » (p. 39).

cette solution est contenue dans la formule de la science : « FAIRE, non pas *devenir* mais faire, et en faisant SE FAIRE »[1], formule qui découvre le principe de la connaissance dans une action, déplaçant ainsi l'interrogation de l'intellect vers le vouloir, et reconnaissant qu'un acte de libre vouloir est au principe de toute assertion. Est-il possible, en m'interrogeant sur le mouvement de mes pensées et de mes actions et en les décomposant en leurs éléments, d'atteindre un point irréductible qui soit un pur « Je peux », une capacité absolue et indépendante de vouloir et de pouvoir qui soit vraiment un principe? Telle est la question sans fin reprise, mise à l'épreuve du doute général, à laquelle une réponse positive, extraite du doute même[2], apporterait une solution indubitable et vaincrait la nécessité. L'équivalent – mais aussi le substitut – du *cogito* serait un *Fiat*, comme acte d'un « je veux ».

La question de la métaphysique est celle de la saisie du principe, et toute la recherche de Lequier se ramène à ce point; c'est son unique pensée. Comment une subjectivité parvient-elle au principe, si elle l'atteint? Quelle est la nature du principe? Voilà l'objet de l'enquête. Ceci conduit à l'examen des capacités de l'homme. Aussi bien la vérité, si elle est découverte, sera non pas certes à la mesure de l'homme, mais pourtant ce qui ne peut apparaître que selon les facultés de l'homme, supposant ainsi une parenté de l'homme et de l'être. Autrement dit, la première démarche, comme confrontation au doute, sera la mise à l'épreuve du pouvoir de connaître. C'est une interrogation de type classique qui, par delà Descartes et le scepticisme, rejoint la nescience de Socrate : au cas où je ne pourrais connaître aucune vérité, au moins détiendrais-je un savoir de ce non-savoir[3]. Mais le but, présenté sur le mode d'un « désir ardent », est bien de parvenir à un savoir positif qui soit un savoir du savoir, comme certitude apodictique de deux choses élémentaires et d'ailleurs corrélatives : ma pensée et mon existence[4]. Précisément, nous expliciterons comment c'est par une exploration de l'acte de penser qu'est atteint l'acte d'exister et qu'est reconnue l'existence; l'analyse conduit de la pensée à l'existence.

1. *Ibid.*, p. 72.

2. « Trouver dans le doute universel, à l'aide du doute universel, la certitude : voilà le problème » *(Ibid.*, p. 34).

3. « Mais comme je ne dois rien préjuger dans la recherche que je commence et où je mettrai tous les soins dont je suis capable, je remarque d'avance que cette vérité que j'aspire à trouver sera peut-être cela même qu'il ne m'est donné de rien savoir, au degré du moins où j'ambitionnerais de savoir; mais enfin je saurai cela » *(Ibid.*, p. 18).

4. « Je ne connaissais pas la vérité [...], je le sens à mon désir ardent de pouvoir me dire : je SAIS véritablement quelque chose, je sais ce que c'est que savoir, je le sais désormais pour toujours, je le sais sans erreur possible, je le sais de toute la certitude avec laquelle je sais que j'existe, comme je sais que je pense ceci ou cela en ce moment » *(Ibid.* p. 33).

Pour cela, l'enquête porte sur nos pensées et nos actes, seul point de départ donné là. S'il n'y a pas d'examen systématique des facultés, si même Lequier ne dresse pas ici un tableau des facultés – mais nous verrons, avec l'analyse de la proposition par laquelle un sujet affirme son existence, qu'il y a bien une explicitation des trois facultés que sont la volonté, l'intelligence et la sensibilité –, l'interrogation se concentre sur la raison, et ceci dans sa différence mais aussi sa relation avec le cœur, la raison étant la faculté de lumière et de science, et le cœur la faculté d'affirmation ou de croyance[1].

Dissocier d'abord la croyance et la science a pour fonction d'isoler un point qui résiste au doute; mais aussi cette recherche de l'atome inébranlable a son revers, précisément dans la privation de ce qu'elle exclut; une vérité atteinte par la raison est frappée de négativité si elle reste séparée du cœur; il faudrait donc réunir la positivité de la raison et celle du cœur. Lequier se place dans l'hypothèse où toutes nos connaissances ou nos jugements sur le monde se répartiraient en deux groupes, la science et la croyance, relevant de deux facultés distinctes et conflictuelles. D'où une aporie inéluctable, dont on ne peut sortir qu'en tranchant la difficulté. En effet, strict défenseur du principe de contradiction, Lequier exclut toute solution dialectique de conciliation; si pourtant l'hypothèse d'une conciliation est envisagée, c'est seulement sur le mode du souhait et en référence au principe du meilleur.

> Mais s'il y a contradiction entre la science et la croyance ? J'aviserai, je verrai : je sacrifierai l'une à l'autre. Laquelle des deux ? J'en suis le maître : peut-être la science; je dirai peut-être à ma raison : tu dis vrai, mais je ne veux pas t'entendre; ne l'ai-je pas dit souvent ? Ou plutôt je dirai à ma raison : tu dis vrai et je le vois, mais je ne te crois pas, et m'aidant de ne te croire pas pour m'empêcher de voir que mon cœur me trompe, je trouve que tu as tort et que c'est mon cœur qui a raison. Je préfère la sagesse de mon cœur, qui m'élève et me satisfait, à ta lumière qui ne me montre que mon abaissement et mon désespoir. Quand tu affirmes que ce qu'il affirme est évidemment faux, pourquoi te croirais-je puisqu'il affirme que ce que tu affirmes est faussement évident. / Mais il serait mieux que ma raison et mon cœur eussent raison ensemble. Que sont-ils d'ailleurs, ainsi séparés, sinon des mots quasi dénués de sens ?[2].

1. Voir notre Introduction à *La recherche*, p. XIII-XIV.

2. *La recherche*, p. 32-33. On trouve ici un net écho du débat avec l'œuvre de Fichte. Une note du Cahier D en témoigne. « Si mon intelligence m'entraîne à des conclusions contraires à ce que réclament les vœux de mon cœur, hé bien ! je verrai du moins à quoi me décider, à quoi je voudrai m'attacher, lequel choisir, ma volonté (si toutefois il demeure

La formule « j'en suis le maître » est capitale. Et d'abord quel est ce *je* ? Pouvant s'adresser à la raison et au cœur, il n'est donc ni la raison ni le cœur ; il apparaît ainsi comme une instance de parole indépendante et même supérieure à l'une et à l'autre, tenant un équilibre entre les deux et capable de juger les arguments de l'une et de l'autre. Et pourtant, cette apparente neutralité n'est qu'une fiction. Déjà ce je ne s'adresse qu'à la raison, redoublant même, en la précisant, une première proposition critique par une seconde ; et puis, les arguments invoqués à l'encontre de la raison sont ceux du cœur, la position du locuteur étant celle de la volonté, de la croyance et de la préférence. Exactement, il y a une prééminence revendiquée du cœur puisque le cœur se prononce sur ce que la raison reconnaît comme vrai ; et si le cœur prononce un jugement, c'est pour une certaine raison (disons : un motif), à savoir une exaltation du moi, étrangère à la lucidité de la raison. S'il reste une apparence d'égalité entre le cœur et la raison, signifiée par les deux formules symétriques qui se contrebalancent (« évidemment faux », « faussement évident ») et si même l'erreur est dite bien plus forte du côté du cœur, c'est néanmoins le point de vue du cœur qui prévaut, étant formulé en dernier comme une réplique de croyance à ce qui est aussi qualifié comme une affirmation ou une croyance. Tout le débat est, pourrait-on dire, entraîné sur le terrain du cœur. Aussi bien, dire « j'en suis le maître », c'est avoir déjà adopté le point de vue de la volonté et de la croyance, ce qui fait que l'homme, en quête de la science, va pourtant sacrifier la science à la croyance, et la sacrifier pour des raisons qu'il oppose à la raison. Cette recherche est mue par une dissymétrie en faveur de la croyance (puisque la solution est une décision et relève d'un acte de volonté), alors qu'on s'attendrait à un avantage inverse puisque c'est une première vérité qui est recherchée. Comme pouvoir d'affirmer et de trancher, la volonté peut sacrifier quelque chose (à la limite elle-même). Cependant, s'applique aussi le principe du meilleur (« il serait mieux »), et alors l'accent porte sur la rationalité de l'acte, présenté comme réunion des opposés. Tandis que la volonté tranche, la raison appelle à réunir. Si donc l'analyse est indispensable pour reconnaître les facultés dans leur pureté, elle conduit pourtant à des « mots quasi dénués de sens ». Le sens ne se trouve que dans la réunion de la raison et du cœur. Cette réunion, qui seule ferait raison, n'est proposée que sur le mode optatif ; elle requiert une autre recherche. La voie de l'analyse conduit au face à face de deux éléments antagonistes ; une autre voie est à chercher, exactement à faire. La dualité du cœur et de la raison, qui se retrouve dans les deux principes que sont la

possible d'employer alors un tel langage – Mais j'avoue que me décider pour la croyance (si elle est répudiée par l'intelligence) me paraît un triste parti et *une bien humiliante misère* (différence avec Fichte) » (Ms. 251, f° 17r ; *O.C.*, p. 359-360).

liberté (ou la puissance) et l'intelligence, sera surmontée ; les apories pourront être résolues grâce au troisième principe. Mais ici ce principe n'est même pas nommé ; on creuse seulement les apories.

Le problème du principe est celui du commencement. Commencer n'est pas s'appuyer sur un roc, mais c'est aller à la racine du savoir ; autrement dit, le paradigme est celui du vivant, non pas de l'édifice à construire[1]. Or, si on peut savoir que l'on s'appuie sur un sol ferme, est-on jamais certain d'avoir atteint la racine ultime ? Mais cela est aussi la thèse qu'il n'y a pas d'extériorité entre la science et son principe ; la racine fait corps avec l'organisme, si bien qu'il y a circularité entre les vérités secondes et la vérité première ; ou encore, la science ne procède pas par déduction mais, comme dans un organisme, toute vérité tient à toute autre.

> Quelles que soient les vérités que j'assemble, elles ne me montrent jamais qu'une face différente du problème que j'ai à résoudre. Chaque relation à laquelle j'ai recours introduit une inconnue nouvelle, comme pour reproduire à mes yeux l'impossibilité de parvenir à la science autrement qu'à l'aide de la science même : car ce n'est point ici une connaissance que j'ai à déduire de connaissances antérieures, c'est au contraire une connaissance où je verrai que toutes les autres s'enracinent, si je la trouve[2].

Mais alors, comment trouver un point de départ indubitable ? Comment rompre ce cercle qui apparaît comme un cercle vicieux ? Précisément, reconnaître ce cercle comme vicieux conduit à l'aporie ultime pour la connaissance, mais aussi ouvre une autre possibilité, la voie pratique, celle de l'acte libre – et cela en vue même de la connaissance ; c'est bien la thèse de Lequier, en parenté avec celle de Fichte, de reconnaître l'action (plus largement l'acte de faire et ainsi de se faire) comme le lieu du principe de la science. La vérité ne relève pas d'un acte de voir ou de contempler, mais de faire ; elle est subordonnée à l'action du sujet qui s'y rapporte. Commencer, c'est agir, c'est faire ; trouver la première vérité, c'est exactement la faire, et cela presque au sens de créer[3].

Lequier conduit son enquête selon une circularité, typique de la philosophie réflexive, où le commencement, toujours recherché, est aussi

1. C'est là – on le notera – une différence majeure par rapport au projet de Descartes.

2. *La recherche*, p. 41.

3. « Mais il semble que je sois toujours dupe de ce prestige qui accompagnait mes premières démarches et m'empêchait d'entendre dans toute sa force le sens de mes propres objections. Quoi de plus évident pour moi que le cercle vicieux où je m'engage quand j'entreprends la recherche d'une première vérité supérieure en lumière et en certitude à toutes celles que je peux posséder déjà. Franchir ce cercle vicieux c'est créer en quelque façon, c'est créer, c'est faire que ce qui n'était pas soit ; c'est faire en moi la lumière ; non pas la tirer d'une autre lumière, mais la faire en effet » *(Ibid.*, p. 42).

toujours présupposé : sur le mode de l'anticipation, on se donne le commencement qu'en même temps l'on poursuit. Mais le commencement n'est jamais atteint, du moins de manière indubitable, rien ne pouvant arrêter définitivement le mouvement de régression à l'infini, de sorte que le commencement n'est saisi que par un acte qui le pose ; le commencement, c'est alors ce par quoi je fais commencer quelque chose. Or cette aporie du commencement est celle de l'œuvre même, comme activité d'écriture. En effet, non seulement l'œuvre n'est pas achevée, mais plus exactement elle n'est pas commencée, en ce sens que *Le problème de la science* est demeuré en chantier, aucune des parties (sauf la troisième) n'étant accomplie. La composition se corrige constamment, de sorte que l'acte d'écrire un texte achevé est un acte vers le principe, mais celui-ci échappe toujours à son auteur comme un point de fuite à l'infini ; la composition de l'œuvre, indéfectiblement reprise, demeure toujours en deçà de la perfection adéquate à une vérité principielle [1].

La méditation seule n'aboutit pas à la découverte d'une première vérité ; ou plutôt, même si l'auteur écrit dans les fragments épars de la fin du Livre I qu'il l'a découverte, le doute n'est pas vaincu pour toujours, les assauts de la nécessité pouvant toujours reprendre ; on n'est jamais assuré d'avoir atteint un noyau irréductible et indécomposable auquel aucune objection ne pourrait plus être opposée. Ainsi la voie réflexive demeure-t-elle sous la menace de l'aporie. Si, en rompant le cercle, on aboutit bien à ce qu'on pourrait nommer un « je veux, donc j'existe », cette assertion n'a pas un caractère infaillible, car le « je veux » n'est pas, en toute certitude, le pur vouloir d'un sujet ; rien ne garantit qu'il ne demeure pas sous la domination d'une nécessité. En effet, la dernière partie du *Problème de la science*, qui devait apporter la solution en atteignant le principe, est très fragmentaire ; si l'aporie est certes levée, en ceci que des fragments affirment et même exposent la découverte de la première vérité, la démarche qui l'établirait fait en grande partie défaut ; ainsi la nécessité n'est-elle jamais définitivement maîtrisée et transcendée par la liberté. La première vérité demeure en suspens ; elle est certes là, découverte en tant que faite, mais insuffisamment étayée, et ainsi toujours à faire.

1. À propos de cette interrogation sur le commencement dans l'acte d'écrire, avec l'impossible composition d'un texte vraiment originaire, voir J.-M. Turpin, « Jules Lequier : la trame et la plume », *Archives de philosophie*, 1977, N° 4. Par une confrontation, certes hypothétique mais très questionnante, des différentes versions du *Problème de la science*, l'auteur défend la thèse de l'essentiel inachèvement de l'œuvre, par impossibilité même de commencer.

2/ *La première indication de l'idée du libre arbitre*

La même recherche est reprise, d'une manière indépendante, dans ce qui devait constituer le Livre VIII, *Indications de l'idée du libre arbitre*[1] ; mais elle l'est selon une démarche toute différente, comme si, la première démarche n'ayant pas abouti et les autres livres n'étant pas encore composés, il fallait réeffectuer entièrement la recherche, et cela par deux chemins très différents. Cela signifie aussi que cette recherche – celle de la fin – peut être conduite même si les précédentes ne sont pas achevées; la fin n'est donc pas tributaire du commencement. Curieusement d'ailleurs, chez Lequier, c'est beaucoup moins la fin qui manque que le commencement; certes la question demeure de savoir si la fin peut vraiment être accomplie alors que le commencement n'est pas strictement établi. Mais il y a là une marque de la singularité de l'œuvre, qui doit se comprendre comme un système dont les parties, fortement individualisées, s'organisent dans la totalité selon un même thème (la liberté en quête de soi), mais avec des démarches hétérogènes. Il ne s'agit donc pas d'un système déductif (par exemple selon un modèle logique ou mathématique), mais d'un système dont l'organicité, d'ailleurs indéterminée, n'a pas vraiment de modèle et s'invente ou se crée en se faisant. C'est ainsi d'une manière neuve, non plus solitaire mais interlocutive, qu'est d'abord reprise l'enquête dans *Probus ou le principe de la science*, sous la forme de trois dialogues, successifs en même temps qu'enchaînés, eux aussi incomplets (seul le premier est achevé). Cette méthode dialectique est d'ailleurs diversifiée, tant par le ton que par le style; c'est le genre de la controverse et de l'affrontement entre deux positions tranchées et incompatibles dans le *Dialogue du prédestiné et du réprouvé*, alors que c'est plutôt celui de la recherche socratique dans le deuxième dialogue, le troisième étant presque uniquement le récit entrecroisé de deux songes. Le fond des dialogues porte sur la question du rapport entre la liberté de l'homme et la prescience divine qui, si elle est illimitée, implique la prédétermination. Aussi la question est-elle traitée dans un horizon théologique, Lequier exposant et discutant des thèses des auteurs scolastiques et aussi des modernes: Albert le Grand, Saint Thomas, Duns Scot, Vasquez, Pascal, Bossuet et d'autres[2].

1. Nous avons même une table des matières de tout ce livre, conforme à ce que Renouvier publia, écrite de la main de l'auteur : « Indications de l'idée du libre arbitre par Jules Le Quier », avec la précision « Paris MDCCCLX... » et le détail de tous les points. Une autre table prévoit la parution de l'ensemble des 8 livres en 1861 (c'est la table indiquée par Renouvier dans sa préface).

2. J. Grenier a exploré ces sources à partir des manuscrits. Voir *La philosophie de Jules Lequier* (Paris, Belles Lettres, 1936), 4e partie : Le problème de la prescience. « Lequier a sans doute réussi la gageure de présenter des arguments scolastiques très ardus sous une

Renouvier a dit son admiration pour le premier dialogue, y voyant la perfection d'un genre, celui d'une dialectique qui réunit l'acuité du concept et la force de l'émotion.

> Mon admiration pour la puissance de la pensée et le *génie* de l'écrivain chez Lequier n'a pas diminué. Elle a augmenté. Certaines analyses surpassent en profondeur de pénétration et force de sentiment tout ce que je connais de notre littérature philosophique. Le *Dialogue du prédestiné et du réprouvé* est une merveille. Vous craignez, Monsieur, de ne pas assez bien l'entendre, faute d'avoir fréquenté chez les scolastiques. Mais prenez seulement la peine de suivre attentivement la marche de la dialectique et de bien vous attacher à la rigueur des formules. Vous pourrez traduire les thèses de forme théologique en des thèses philosophiques correspondantes (le prédéterminisme divin et le prédéterminisme abstrait reposant sur une idée commune) et vous retrouverez alors des doctrines qui nous sont familières à tous [1].

De même, Renouvier écrit un peu plus tard.

> Il devait arriver qu'à une relecture, vous fussiez frappé des extraordinaires qualités littéraires du *Dialogue du prédestiné et du réprouvé*. Le mélange de la dialectique et de l'émotion y est sans exemple à ce degré, que je sache, et le style y est porté à la perfection que Lequier cherchait et qu'il n'a cru avoir atteinte qu'une fois (dans sa *Feuille de charmille*) [2].

Ce premier dialogue est la confrontation de thèses à propos du rapport entre la liberté et la nécessité, où l'on trouve certainement l'écho des discussions répétées entre Renouvier et Lequier, Renouvier exposant la thèse du prédestiné et Lequier celle du réprouvé ; mais c'est en vérité moins simple, aucun des deux philosophes ne pouvant s'identifier à l'une des figures. Le dialogue est un affrontement entre deux religieux, dont l'un, observant scrupuleusement les règles et pratiques de la vie religieuse, apprend par une vision qu'il est réprouvé et qu'il sera damné, tandis que l'autre, à la vie relâchée, apprend qu'il est prédestiné et sera sauvé. Que signifie de dire que, dès maintenant, l'un est déjà prédestiné au salut et que l'autre est déjà voué

forme très élégante ; il a déguisé avec un art consommé, et mieux que n'ont pu le faire beaucoup d'écrivains très réputés, de vieilles doctrines, enfouies dans des livres jamais consultés, sous un masque séduisant ; il leur a rendu ainsi le plus grand service car, s'il les réfute, il commence par les ressusciter » (p. 105-106).

1. Lettre à Jacob (et non à Hémon) du 24 août 1890 (Ms. 304/2, p. 265), publiée par Grenier, *op. cit.*, p. 305.

2. Lettre à Jacob du 22 septembre 1890 (Ms. 304/2, p. 267), publiée par Grenier, *op. cit.*, p. 307.

à la damnation ? S'il y a une nécessité du terme, de quelle nature est-elle ? S'agit-il d'une nécessité absolue, déterminée par avance quoi que fasse la personne, ou d'une nécessité conditionnelle, donc subordonnée aux actes du sujet ? Et si elle est conditionnelle, comment la liberté (si elle est) a-t-elle part à un résultat dont elle est la cause ? Chaque interlocuteur défend pied à pied sa thèse, et les deux thèses, faute d'être dialectisées, demeurent face à face et ne sortent pas de l'aporie. Dans la discussion, le prédestiné, soutenant la thèse de l'accord entre nécessité et liberté, explique et précise sa position en multipliant les distinctions, tandis que le réprouvé, réaffirmant sans fin ses objections contre la nécessité et revendiquant la force du libre arbitre, ne reconnaît dans la thèse du prédestiné que la dérision d'un libre arbitre sans effectivité.

La fonction du dialogue est de comprendre la destinée de chacun des interlocuteurs ; il y va ainsi du sens de la vie de chacun. Le dialogue est existentiel-métaphysique : une situation étant donnée, quelle intellection peut-on en avoir ? En quoi une destinée est-elle l'œuvre d'une liberté, ou au contraire dépend-elle de la nécessité ? Chacun vise à une intellection de toute sa vie ; se plaçant par anticipation au terme d'une existence, il s'agit d'en dénouer les fils, une rationalité étant ainsi supposée pour toute l'existence, rationalité immanente à l'action de chacun ; mais cette rationalité est de deux ordres, celle d'une nécessité qui s'impose et celle d'une liberté qui se fait. Si donc le prédestiné est sauvé, cela s'explique par son action (connue depuis toujours par Dieu), et de même si le réprouvé est damné. Les interlocuteurs procèdent alors à une succession de distinctions enchaînées, où chaque nouvelle distinction est appelée par le mouvement du dialogue, dans un procès de décomposition des thèses en vue de parvenir à un point irréductible et donc indiscutable. C'est le prédestiné qui conduit le débat en proposant les distinctions et qui, pressé par le réprouvé, les affine et passe à de nouvelles distinctions, selon le mouvement même de l'approfondissement de celles-ci.

La première question est celle-ci : comment faut-il comprendre la nécessité, ou quel est son statut ? Que signifie de dire *aujourd'hui* que l'un sera nécessairement sauvé et l'autre nécessairement damné ? En termes théologiques, c'est la question de la prescience divine. Si rien n'échappe à la connaissance de Dieu, la liberté de l'homme conserve-t-elle une réalité ? À la manière scolastique, cette question est analysée par quatre distinctions emboîtées et précisées par le mouvement des objections et des réponses.

1) On distinguera d'abord entre inévitable et infaillible. Si la prédestination de l'un comme la réprobation de l'autre sont infaillibles, c'est-à-dire déjà certaines, on ne les dira pourtant pas inévitables. Il suffirait que ces hommes ne fassent pas ce qu'il est cependant certain qu'ils feront, pour ne

pas être soit sauvés soit damnés. Dans l'absolu, il n'y a ni prédestination ni réprobation, et rien n'est inévitable; mais dans le fait, étant donné ce que chacun fera et qui est déjà connu par Dieu, l'issue est infaillible. La prédestination est simplement une prescience.

2) Ce point est précisé par la distinction entre deux espèces de nécessité, la nécessité du conséquent ou nécessité stricte, et la nécessité de la conséquence qui est seulement une nécessité de fait.

> Saisissez donc le point : oui, vous pouvez ne pas être damné, puisque vous êtes libre. Nous, vous ne pouvez pas ne pas être damné, à cause de la nécessité de conséquence. En deux mots, la nécessité proprement dite fait arriver l'événement d'une manière nécessaire, et ce n'est pas de la sorte que vous serez damné; au lieu que la nécessité de conséquence résulte de l'arrivée de l'événement [1].

Alors, s'il n'y a nécessité absolue ni de salut ni de damnation, la liberté est sauve, et c'est elle qui est cause de salut ou de damnation.

3) Cette distinction est elle-même précisée par une autre entre sens divisé et sens composé. La question est examinée sur un exemple, à savoir la proposition suivante: « Cette chose très certaine, peut-être n'arrivera pas »[2]. Une telle proposition, apparemment absurde, peut pourtant être reçue selon une interprétation sensée. Prise en bloc, selon le sens composé, elle est absurde (une chose certaine ne peut pas être incertaine); mais prise selon le sens divisé, c'est-à-dire en séparant par abstraction la qualité de certitude et celle de contingence, elle est sensée.

> Je mets seulement de côté l'idée que la chose est certaine. Il y a là une nuance délicate. Ne vous y trompez pas. Au reste, je verrai mieux tout à l'heure si vous avez compris. Je considère donc la chose en soi. En soi, cette chose est contingente : c'est-à-dire qu'elle peut arriver ou n'arriver pas. Il m'est donc permis de dire : cette chose contingente peut-être n'arrivera pas; ou plus brièvement: cette chose peut-être n'arrivera pas. Ensuite (Ne m'interrompez pas), je reprends cette idée que j'avais mise un instant de côté; je rends à la chose sa qualité de certaine, et je dis; *cette chose très certaine, peut-être n'arrivera pas*[3].

La certitude pour le futur s'accorde ainsi avec une incertitude pour le présent.

1. *La recherche*, p. 93.
2. *Ibid.*, p. 95.
3. *Ibid.*, p. 99.

4) La différence entre sens composé et sens divisé s'éclaire par la distinction entre l'acte et la puissance, et par la concomitance des deux. En tant qu'une chose est en puissance, elle peut arriver ou non ; en tant qu'elle est en acte, elle arrive ; et on peut réunir les deux points de vue : c'est la concomitance.

> De même, ce qui arrivera d'une manière contingente pourra ne pas arriver, et le pourra (chose admirable) en arrivant, toujours par ce même grand principe. Or, en tant que la chose pourra être ou ne pas être (voici la puissance), peut-être ne sera-t-elle pas ; en tant qu'elle sera (c'est l'acte), elle est certaine ; il est donc bien vrai et bien clair que la même chose sera certainement et peut-être ne sera pas ; ce qui est au fond la concomitance. *Peut-être ne sera pas*, dans le sens de *pourra ne pas être*. *Pourra*, vous entendez ! *Pourra* dans le sens de la simple concomitance de l'acte et de la puissance ; *pourra* à la rigueur. Enfin le mot *pourra* suffit pour sauver le libre arbitre[1].

Ainsi la certitude du futur, conjuguée avec sa contingence, n'enfreint pas l'activité du libre arbitre.

Ceci conduit à une deuxième démarche. S'il y a prédétermination du futur et activité du libre arbitre, comment les deux thèses sont-elles compossibles ? Le prédestiné précise cette question en s'interrogeant sur le rapport de Dieu au monde. Comment Dieu voit-il le monde ? Comment le regard immuable de Dieu se rapporte-t-il aux choses muables ? La thèse du prédestiné, résumée vers la fin de cette investigation, est celle de l'éternité simultanée, exposée selon plusieurs distinctions.

> Je vous ai fait voir cependant qu'avec deux ou trois distinctions : celle de l'amplitude et celle de la toute présence de l'éternité, celle de la toute présence et de la succession des parties du temps, celle des deux points de vue en Dieu, et celle des deux mesures d'existence pour l'homme, l'éternité simultanée se soutient aisément[2].

Ainsi le prédestiné procède-t-il, comme dans la première démarche, à plusieurs distinctions enchaînées. Celles-ci se heurtent aux objections du réprouvé, considérant (en suivant Duns Scot contre saint Thomas) que la thèse de l'éternité simultanée tient face à face le temps et l'éternité, et que seule la thèse de l'éternité successive permet un rapport positif du temps à l'éternité, en introduisant du mouvement dans l'éternité.

1) Dieu voit les choses de deux points de vue : en elles-mêmes et par rapport à lui ; et si ces deux points de vue sont vrais, le second l'emporte pourtant sur le premier.

1. *Ibid.*, p. 107.
2. *Ibid.*, p. 129.

> (le prédestiné) Mais je reconnaîtrai avec vous (tous ne le feraient pas) que Dieu voit à deux points de vue les choses créées ; premièrement, Dieu voit ces choses telles qu'elles sont en elles-mêmes, c'est-à-dire muables. – (le réprouvé) Et à ce point de vue, Dieu voit vrai. – Ce point de vue est si peu de chose qu'on pourrait aussi bien dire qu'il n'existe pas : aussi n'en tient-on guère de compte. Secondement, Dieu voit ces choses muables d'une manière immuable. – Et à ce second point de vue, Dieu voit en quelque façon plus que vrai. – Ce que vous dites est un peu trop pieux. Cela est beau à vous ; mais il est plus exact de dire que Dieu voit vrai aux deux points de vue [1].

Ce sont deux points de vue, dissymétriques et sans commune mesure, qui, selon le sarcasme du réprouvé, correspondent aux deux yeux de Dieu.

2) Ce rapport de Dieu immuable aux choses muables suppose un certain concept de l'éternité, selon lequel tout est toujours présent à Dieu (l'éternité simultanée) ; le futur comme le passé sont aussi présents à Dieu que le présent ; comme éternel, Dieu voit le successif comme le simultané.

> Tout est présent à Dieu de la même sorte. Vous sentez que son *nunc*, très parfaitement un, n'admet point de parties plus parfaites les unes que les autres où seraient le futur, le passé, le présent, par ordre d'infirmité pour ainsi dire. L'éternité qui déborde le temps à l'infini, l'embrasse à la fois dans ses trois époques : le passé, le présent, le futur ; et l'éternité toute présente rend toute présente à Dieu cette suite des temps qu'elle contient. Sachez qu'une durée, même infinie, mais qui ne serait pas toute présente, ne serait pas l'éternité. Le propre de la durée qui s'appelle l'éternité est d'être toute présente, à la fois tout entière, ou simultanée : termes équivalents [2].

3) Si les choses sont éternellement présentes à Dieu, cette éternité ne se réduit-elle pas à un instant ou un point ? Comment concilier éternité et présence ? Il faut, soutient le prédestiné, distinguer entre l'omniprésence en Dieu de tous les événements (son *nunc* comme simultanéité de tout ce qui arrive) et leur succession dans le temps ; tout est présent à Dieu, mais cela n'empêche pas les événements de se produire selon un ordre de succession. Or c'est là, rétorque le réprouvé, introduire des parties dans l'éternité, à moins de séparer la durée de l'éternité et celle du temps, ce qui fait que les deux durées sont extrinsèques ; ou, si l'on veut parler de coexistence, qui suppose une homogénéité entre les durées, on est conduit à la thèse de l'éternité successive.

1. *Ibid.*, p. 116.
2. *Ibid.*, p. 122.

4) L'existence d'une chose est elle-même à considérer de deux points de vue irréductibles, reconnaissant que le temps et l'éternité sont hétérogènes ; elle peut être considérée sous une mesure étrangère (ainsi une chose temporelle sous la mesure de l'éternité) et dans sa mesure propre (à savoir celle du temps).

> Or, comme les choses, dit-il, sont dans l'éternité, non comme dans leur mesure propre, mais sous une mesure étrangère (remarquez l'exactitude et le choix exquis des termes, *dans* leur mesure propre et *sous* une mesure étrangère ; *sous*, il semble que l'on voie les choses exister humblement, hors d'elles, *sous* leur mesure étrangère), rien ne s'oppose donc à ce qu'elles soient produites postérieurement dans leur temps. Et tout est arrangé[1].

5) À propos du possible, une distinction est à opérer, entre le réalisable et l'irréalisable. Tout possible est certes réalisable, à moins qu'il ne comporte une contradiction (ainsi la certitude que le réprouvé sera damné entraîne contradiction avec la possibilité qu'a tout homme d'être sauvé).

> Le possible étant supposé en acte, il ne s'ensuit rien d'absurde, *distinguo* : s'il n'y a pas d'hypothèse contradictoire, *concedo* ; s'il y a hypothèse contradictoire, *nego*. Ici *(montrant le tableau)* nous avons une hypothèse contradictoire[2].

Dans une troisième démarche, les interlocuteurs, poursuivant leur interrogation sur le pouvoir du libre arbitre (donc sur la contingence des actes), examinent la question classique de la nature de la grâce, le prédestiné reprenant la distinction entre la grâce suffisante *(auxilium sine quo non)* et la grâce efficace *(auxilium quo)*. Le prédestiné, se référant aux *Provinciales*, soutient que, si Dieu donne à tous la grâce suffisante, il donne seulement à quelques-uns, les élus, la grâce efficace. C'est donc de manière totalement gratuite, par une élection divine, qu'ils sont sauvés[3].

> Sur la race humaine coupable, Dieu a jeté un coup d'œil plein de miséricorde, et dans la masse de perdition il en a choisi un petit nombre, auxquels il a résolu d'assurer le ciel : ceux-ci sont représentés par Jacob, les autres par Ésaü. Et comme Dieu était libre de préférer Jacob à Ésaü, il était libre également de choisir ceux qui sont représentés par Jacob, en laissant de côté les autres représentés

1. *Ibid.*, p. 126.
2. *Ibid.*, p. 131.
3. On notera que c'est par le biais d'un auteur proche des jansénistes que le prédestiné expose la thèse réputée orthodoxe, atténuant par là même la capacité de la liberté.

> par Ésaü. En deux mots, Dieu a fait à l'égard de tous les hommes ce qu'il a daigné nous apprendre qu'il avait fait pour Jacob et Ésaü [1].

Dès lors, comment peut-on accorder libre arbitre et prédestination? L'élection (ou la réprobation) rend-elle encore possible d'agir librement? C'est la quatrième démarche. Si le prédestiné reprend une thèse de Bossuet (sur la distinction entre la liberté en puissance et la liberté en acte), le réprouvé ne cède rien, récusant comme spécieuse cette distinction, puisque la liberté est par nature puissance, c'est-à-dire capacité d'exercice (et non simple possibilité); en ce qui concerne la liberté, la distinction entre puissance et acte perd tout sens.

> (Le prédestiné) Il importe de distinguer la liberté en puissance de la liberté en exercice. Ce n'est rien que d'être libre en puissance, si l'on n'est libre en exercice. – (le réprouvé) Je suppose qu'être libre en puissance c'est ne point l'être, et qu'être libre en exercice c'est l'être trop. – Voudriez-vous me dire quand on est libre autant qu'il faut et pas plus qu'il ne faut? – Quand on est libre, c'est-à-dire quand on possède le pouvoir de faire ou ne pas faire qu'on appelle la puissance [2].

Aux yeux du réprouvé, c'est tout simplement ironique de parler du libre arbitre si tout est déjà prédéterminé, c'est-à-dire placé sous l'empire de la nécessité.

Le deuxième dialogue est d'une autre facture que le premier; non seulement il est inachevé, parfois lacunaire, mais les personnages y sont plus nombreux et divers, et le dialogue est plus scénique. Le prédestiné n'apparaît qu'au début et le réprouvé prend la figure d'un maître, qui accueille un nommé Probus [3], venu l'entendre et discuter avec lui. Probus qui, de fait, conduit le débat, interroge un enfant, Caliste, à la manière socratique. Il s'agit donc principalement d'un dialogue entre Probus et Caliste, le maître n'intervenant vraiment qu'à la fin, en ayant d'ailleurs le dernier mot du dialogue. Divers personnages sont présents à titre de comparses, marquant seulement de brefs points d'arrêt. Probus soumet à l'épreuve du débat une succession d'arguments à propos du libre arbitre et de la prescience divine (assimilée à la prédestination).

I. La thèse des deux vérités contradictoires, l'une pour Dieu et l'autre pour l'homme. Cette thèse est-elle soutenable? Cela suppose que Dieu puisse réaliser le contradictoire. Or Dieu ne connaît pas tout, en ce sens

1. *La recherche*, p. 141.
2. *Ibid.*, p. 152.
3. L'ensemble des dialogues a pour titre *Probus ou le principe de la science*.

qu'il ne connaît pas ce qui n'est pas; il y a donc une limitation à la prescience divine. La force de Dieu, ou la force en Dieu, s'autolimite en accordant à l'homme quelque force, celle précisément du libre arbitre.

> Si Dieu voulait, il n'y aurait dans les événements futurs aucune ambiguïté : tout marcherait, pour ainsi parler, en ligne droite et rien dans l'avenir ne pourrait être caché à cette providence qui d'avance aurait déterminé tout ce qui devrait être. Mais Dieu qui est la Force et à qui rien n'est difficile, a mis dans notre âme une force par laquelle il est en notre pouvoir d'agir ainsi et d'agir autrement, de prendre cette voie ou cette autre. Pourquoi ce qu'il a voulu laisser, en quelque sens du moins, se dérober à l'action propre de sa puissance, ne l'aurait-il pas laissé pareillement se dérober à sa science ?[1].

À quoi Caliste résume sa réponse par une thèse double, celle de l'omniscience de Dieu et celle de la liberté de l'homme. « Oui, l'homme est libre, mais Dieu sait tout ce qui sera : Dieu veut tout ce qui sera, mais l'homme est libre »[2].

II. La connaissance des futurs contingents est-elle possible ? D'abord leur venue n'est pas également possible. Pour expliciter cette thèse, Probus a recours à des exemples en rapport avec les probabilités; il y a une rationalité, au moins partielle, du futur.

1) L'exemple des boules. Comment prévoir la sortie d'une boule noire parmi 100 boules dont deux sont noires et les autres blanches ? La sortie d'une boule noire et celle d'une blanche sont toutes deux possibles, mais inégalement; il y a des degrés du probable. Les événements contingents sont plus ou moins possibles les uns que les autres; il y a ainsi une indétermination du futur, mais variable et parfois calculable.

2) L'exemple des rangées d'arbres. Comment déterminer le nombre d'arbres plantés, de sorte qu'il y ait 23 rangées égales et que si l'on eût planté 60 arbres de moins, le nombre d'arbres de chaque rangée eût été égal au nombre de rangées ? Est-ce 3 par rangée ou un autre nombre ? L'argument de Probus consiste à expliquer que ce peut être 3, mais aussi bien un autre nombre, 20, et que la seule réponse vraie est celle qui sait pourquoi on peut en planter soit 3 soit 20.

> Je supposerai que l'homme qui plantera a parlé devant un enfant qui interroge successivement 5 personnes présentes. La première dit : On plantera 3 arbres dans chaque rangée; la deuxième dit : On en plantera 20; la troisième dit : On en plantera 3 ou 20; la quatrième dit la même chose que la troisième; la cinquième, à

1. *La recherche*, p. 168.

2. *Ibid.*, p. 171.

> laquelle toutes ces réponses sont rapportées, dit : Ni l'une ni l'autre de la première ou de la deuxième personne n'a dit vrai ; la troisième, qui a dit 3 ou 20, ignorait la véritable réponse à faire, et la quatrième l'a faite en disant exactement la même chose que la troisième[1].

L'argumentation consiste simplement à recenser toutes les réponses possibles (au nombre de 4) et à discriminer entre elles (la cinquième réponse). Seule est vraie la réponse qui rend raison d'elle-même. Quant à savoir combien l'homme en plantera effectivement, c'est une autre question, indéterminée, qui renvoie aux préférences du planteur.

III. Quelle est la signification du possible par rapport au réel ? Il faut distinguer entre un possible réel et un possible fictif ou apparent. Comme précédemment, Lequier procède à l'analyse d'un exemple, celui d'un pâtre qui, en haut d'une montagne, va peut-être lancer une pierre qui, dans sa chute, provoquera la mort d'un homme en bas de la montagne. Que peut-on dire du sort de cet homme ? Sa mort est-elle contingente ou certaine ? Au moment où la pierre est lancée, la mort est certaine en tant qu'inévitable ; mais au moment où le pâtre délibère, la mort est contingente. Pourtant, objectera-t-on, peut-être le pâtre avait-il déjà, à notre insu, décidé de lancer la pierre ; le lancer n'est alors plus de l'ordre du possible, ou il n'est que fictivement possible, mais de l'ordre du réel. Or, répond l'auteur (Probus), cette interprétation n'est qu'une fiction de l'esprit, qui suppose la confusion de deux points de vue, consistant en la transformation rétrospective du passé en nécessaire ; on doit alors reconnaître (selon une thèse apparentée à celle que soutiendra Bergson sur la durée créatrice) que, entre les deux points de vue, c'est-à-dire les deux moments, il s'est écoulé du temps ; ce qui était imprévisible est devenu réel, et ce n'est que par une construction rétrograde que l'on transforme le réel en prévisible, c'est-à-dire en inévitable. Il y a bien des possibles réels, et pas seulement des fictions de possible ; en conséquence, d'un possible réel, c'est-à-dire d'un futur contingent, on ne peut dire ni qu'il est vrai ni qu'il est faux, n'étant rien. Il sera quelque chose par l'acte qui le posera, à la fois comme libre et comme contingent. « C'est qu'il faut remonter jusqu'aux actes libres pour trouver la racine de la contingence »[2].

IV. N'y a-t-il pas alors une limitation de la prescience divine, si Dieu ne peut pas connaître le futur contingent, qui n'est pas ? Comment par exemple comprendre les prophéties ? C'est que certaines prophéties sont conditionnelles ; Dieu connaît les événements seulement dans leurs causes,

1. *Ibid.*, p. 179-180.

2. *Ibid.*, p. 185. C'est en ce sens que Lequier soutiendra qu'Aristote, avec sa doctrine des futurs contingents, est le seul à avoir compris la liberté.

les unes étant nécessaires, mais les autres étant libres ; l'accomplissement d'une prophétie dépend donc des dispositions du sujet qui la réalise (ainsi à propos de la trahison de Judas). Cela étant, une fois une action effectuée, elle devient elle-même irrévocable et contraignante pour le futur ; de ce fait, la liberté n'est que rarement un pouvoir absolu de choisir. Alors peut se réintroduire le calcul des probabilités ; un acte humain (s'il n'est pas premier commencement) peut être sinon prévu, du moins anticipable, prenant une place déterminée dans une série d'actes ; les actes humains sont contingents dans leurs causes, mais les enchaînements des actes relèvent de la nécessité. « Aux yeux de l'homme, le fait est tout. Qu'est-il arrivé ? dit-il. Il ne fait pas attention que le fait tire son caractère des possibles qui l'ont précédé »[1]. Mais comme l'homme est libre dans son acte initial, il est responsable de la pente fatale qui l'enfonce dans le mal ; l'habitude de bien faire comme de mal faire relève d'une nécessité dont l'homme est lui-même la cause par son choix initial.

> Ainsi l'on conçoit clairement comment certaines actions libres peuvent être prévues et prédites. Il suffit de ne pas tomber dans cette erreur qui nous présente les actions comme des points isolés. L'acte, considéré sous deux points de vue, est contingent et il ne l'est pas[2].

L'argument repose sur le caractère irréductible ou non d'un acte. Précisément, y a-t-il de l'irréductible dans les actes, ou leur continuité est-elle totale ? Il n'y a de liberté que si quelque contingence et quelque initiative marquent un acte, aussi prévisible puisse-t-il paraître après coup, comme un élément d'une chaîne. C'est là une solution très tendue, où la durée réunit dans la continuité une série d'actes distincts dont l'origine est libre. Mais, comme tel, un acte libre est par delà la continuité et la discontinuité.

V. Dieu et la connaissance des futurs. Quelle prescience Dieu a-t-il ? Le maître propose une solution, inspirée de Duns Scot, dont il cite longuement le traité *De principio* (qui lui était alors attribué), selon laquelle Dieu peut vouloir une chose et en même temps ne pas la vouloir, selon deux points de vue différents. Ceci viole-t-il le principe de contradiction, auquel Lequier tient absolument et qu'il reproche à Hegel de l'avoir abandonné ? En tout cas, cela suppose d'admettre deux vérités en Dieu, l'une pour l'homme et l'autre pour Dieu lui-même. Le maître explique que c'est en l'homme un simple effet de l'imagination de confondre ce qui est pour lui et ce qui est pour Dieu, rabattant ainsi Dieu sur l'homme. Mais, la raison

1. *Ibid.*, p. 207.
2. *Ibid.*, p. 208.

distinguant entre les deux points de vue, on peut soutenir à propos du futur deux thèses opposées.

> L'événement est donc à la fois déterminé et indéterminé, et cela sans contradiction, car il est véritablement indéterminé, mais seulement par rapport à nous-mêmes, et il est véritablement déterminé, mais seulement par rapport à Dieu. Et Dieu, sans contradiction, le connaît comme indéterminé sous le premier rapport, et comme déterminé sous le second[1].

Ceci, selon le maître, permet de sauver la liberté de l'homme en même temps que la prescience divine ; mais c'est pourtant une réponse aporétique aux yeux de Lequier, récusant la thèse de la double vérité.

Ainsi la démarche des deux dialogues est-elle aporétique ; la raison, non dite, en est que les interlocuteurs n'ont aucun rapport commun à un tiers. Or il y a, dans le troisième dialogue, où les deux religieux se retrouvent face à face, un tiers entre eux, et c'est même ce tiers, qui pourrait être un médiateur, qui a le dernier mot ; mais il est « l'adversaire » et son nom est Satan; alors, au lieu de réunir ou de réconcilier, il divise et oppose. Lorsqu'il prend la parole – une seule fois et juste à la fin du dialogue – c'est non seulement pour insister sur l'opposition entre les deux religieux, mais pour lutter contre chacun. « Mais gardons-nous de m'attarder dans ces inutiles réflexions ! Travaillons, et peut-être que l'un et l'autre me récompenseront de mes peines »[2]. Une fois qu'il a parlé, le dialogue cesse, n'étant tout simplement plus possible, tout lien étant brisé. L'échec des dialogues, c'est que Satan ait le dernier mot, et il l'a dès qu'il parle. Si, dans le premier dialogue, les deux religieux en désaccord pouvaient continuer leur âpre débat, en approfondissant leurs thèses respectives, dans le troisième, la simple intervention de Satan tranche tout lien, même polémique. Le premier dialogue n'apportait pas de solution ; le troisième a un défaut bien plus radical : non plus l'aporie mais l'impossibilité. S'il y a pourtant une fonction indirecte de ce dialogue, c'est de signifier l'exigence d'un médiateur entre les antagonistes, qui fasse reconnaître la positivité de chaque thèse.

3/ La seconde indication de l'idée du libre arbitre

Si donc la *Première indication de l'idée du libre arbitre* n'aboutit pas, la recherche est reprise dans une *Seconde indication*, qui n'est pas la continuation de la première; c'est une autre recherche, d'un genre tout

1. *Ibid.*, p. 212.
2. *Ibid.*, p. 222.

différent, celui du récit, sous la forme d'un étonnant conte philosophique et théologique, *Abel et Abel*[1]. Il n'y a aucune transition entre les deux *Indications* (peut-être du fait de l'inachèvement), mais passage à une nouvelle investigation de l'idée du libre arbitre. S'il y a encore deux personnages principaux, ce ne sont plus les mêmes ; surtout, ils ne sont plus opposés ni même différents, mais strictement indistincts ; et la question sera celle de leur singularisation, voire de leur opposition. Aux deux moines âgés et antagonistes des *Dialogues*, se substituent (et en quelque manière font face) les deux enfants jumeaux ; ainsi l'interrogation sur la liberté, au lieu d'être effectuée en fonction de la fin (la vue de la destinée future), est-elle conduite à partir de l'origine. Si l'on veut cependant trouver une reprise, outre celle du thème, on la rencontre dans le rapport entre Ésaü et Jacob, que les dialogues évoquaient à plusieurs occasions, deux fois dans la bouche du prédestiné et une fois dans celle du réprouvé[2]. Rien certes n'interdit de voir dans les deux Abel les deux religieux dans leur enfance, mais rien non plus n'y évoque une anticipation précise ; tout simplement, si les deux Abel peuvent devenir l'un le prédestiné et l'autre le réprouvé, ce cas de figure, qu'on peut certes considérer comme possible, n'est même pas envisagé. Ce qui cependant demeure, c'est le schème de la dualité, le duel étant reconnu comme un moyen indispensable de l'identification. C'est en effet le problème de la liberté s'actualisant, et par là s'identifiant, que met en scène le récit des Abel. Comment Abel et Abel se distinguent-ils, comme Ésaü et Jacob ou d'autres êtres ? Le problème est celui de l'identification singulière de chaque existant.

Le récit *Abel et Abel* est une œuvre atypique et philosophiquement très originale. Il était peu prisé de Renouvier à cause de sa forme lyrique et de son côté biblique. Grenier le jugeait très en dessous des dialogues[3]. Mais ce conte a d'autres atouts, et on peut même le considérer comme ce que Lequier apporte de plus neuf. Non seulement c'est un écrit achevé (les deux textes fragmentaires de la fin renvoient à l'ensemble du livre et même de toute l'œuvre, plutôt qu'à la *Seconde indication*), mais il est le seul à présenter une solution positive à la question du libre arbitre, solution qui n'est ni conceptuelle ni dialectique mais existentielle, en exposant

1. Exactement *Abel et Abel. Ésaü et Jacob, récit biblique*.

2. Respectivement p. 138 et 141 et p. 219.

3. « Aujourd'hui ce style qui vise à l'éloquence simple et dépouillée nous paraît singulièrement emphatique et ampoulé ; il n'est pas non plus exempt d'une certaine fadeur, d'un attendrissement facile propre à Lequier, et tous ces défauts font ressortir d'autant mieux les étonnantes qualités du *Dialogue* : sobriété, ironie, vivacité, caractère tragique et parfois désespéré d'une sensibilité métaphysique et humaine à la fois » (*La philosophie de Jules Lequier*, p. 168).

comment s'effectue dans une histoire le devenir soi de chacun, comme chemin de réalisation de la liberté. Ce texte est un modèle de recherche existentielle et métaphysique ; la quête du principe est effectuée par la mise en scène et l'examen de la vie de deux enfants [1].

C'est un écrit remarquable par sa composition, non pas la forme du verset – largement tributaire de Lamennais et du romantisme –, mais la démarche qui expose une phénoménologie de la conscience de singularité. Un texte allocutif (une brève adresse à un enfant) situe l'atmosphère ; un prologue reprend le texte de la *Genèse* se rapportant au sacrifice d'Isaac et le replace dans une méditation sur la relation entre le père et le fils ; ensuite le récit de la vie des deux Abel, parfaits jumeaux, se déroule en sept chapitres ou tableaux ; un épilogue répond au prologue ; et le fragment des *Adieux à l'enfant* fait écho à l'adresse initiale à l'enfant, ainsi qu'à celle que prévoyait Lequier pour la *Première indication*. C'est donc un cycle qui s'accomplit, centré sur l'enfant, conduisant de l'enfant à l'enfant par la médiation du père (et aussi, indirectement, de la mère), d'un enfant sans détermination à un enfant singularisé. Quant au *Cantique à la conscience* (dont Renouvier indique qu'il devait constituer la dernière partie du *Récit biblique*), il est plutôt à lire comme faisant retour à l'introduction de toute l'œuvre, marquant ainsi la circularité de celle-ci et attestant que, bien qu'inachevée, l'œuvre est vraiment une totalité. On notera en effet ceci : 1/ ce cantique reprend le texte de saint Jean mis en épigraphe de l'œuvre ; 2/ en même temps qu'il complète le récit des Abel (la conscience est présentée comme la mère, alors que dans le récit il n'est question que du père, et on y retrouve les qualifications appliquées aux Abel, celles d'invincible et de victorieux), il a une portée directement universelle, traitant de la conscience pure ou de l'idéal de la conscience, adéquate à une interrogation métaphysique sur la pureté de l'acte libre. Mais surtout – et c'est là l'importance capitale de ce récit – il y a un rapport de renvoi réciproque entre le début de l'œuvre (« la feuille de charmille ») et la fin, sous le thème de l'enfant. C'est en effet la figure de l'enfant qui est première, donnant ainsi son principe et son ordre à l'œuvre ; cette figure, avec ses reprises

1. En ce sens, la conclusion que tire Grenier ne rend pas raison de l'originalité philosophique du récit des Abel. « La solution du problème ne se trouve donc pas dans ce qui a été publié par Renouvier de Lequier, ni dans le grand *Dialogue du Prédestiné et du Réprouvé* [...] ni dans *Abel et Abel* [...]. Lequier ne s'est expliqué sur la question qui l'a tourmenté le plus ni dans le style dialogué ni dans le style biblique. Reste donc à chercher dans les manuscrits encore inédits » *(op. cit.*, p. 171). Que les manuscrits non publiés par Renouvier éclairent la thèse de Lequier, cela n'est pas discutable ; mais c'est le récit des Abel qui, en mettant en scène les relations entre des êtres, expose la solution du conflit entre la nécessité et la liberté.

multiples, symbolise par elle-même le commencement, marquant bien que, en métaphysique, la question est celle du principe.

> En matière de métaphysique, j'oserais mettre un enfant au-dessus même d'un bon et sage laboureur qui n'a rien lu. Quelles étonnantes questions ! Que d'audace et de rectitude, que de simplicité et de profondeur dans sa manière de poser les problèmes ! Quel empressement, quelle patience à écouter les réponses qu'on lui fait ! Et souvent quel regret naïf de ne les pas comprendre ! [1].

Alors, si aucune démarche, soit réflexive soit dialectique, n'a pu établir, de manière irrécusable, une réponse à la quête de la première vérité, ce sont les Abel qui, par leur existence et leur histoire, donnent la réponse, exactement la font. Ce sont ainsi des êtres qui commencent dans la vie qui, par leurs actes, leur libre arbitre, apportent la réponse à la question du commencement. Mais ceci, qui constituait la question initiale (et permanente), n'est réalisé ou n'est « fait » qu'à la fin de l'œuvre [2].

On précisera encore que les deux *Indications* forment un diptyque. Si la première échoue, tandis que la seconde présente une solution, cela tient à la différence du tiers entre les interlocuteurs. Nous avons relevé que, dans le premier dialogue, le prédestiné et le réprouvé demeurent face à face, sans tiers ; la multiplication des personnages dans le deuxième dialogue n'introduit pas non plus de tiers médiateur ; et si, dans le troisième, un tiers intervient, c'est uniquement à la fin, mais surtout comme tiers négatif et destructeur, voulant capter la vie de chaque interlocuteur, un tiers nommé « l'adversaire » ou Satan. En revanche, dans *Abel et Abel*, le tiers est toujours présent, directement ou symboliquement, sous la figure du père, comme principe de singularisation de chacun des fils, un tiers qui lui-même a les traits de Dieu, un Dieu puissant et bon.

Or ici un point capital est à préciser, qui renvoie Lequier hors de la philosophie réflexive, dans laquelle pourtant s'effectue toute une part de sa recherche ; c'est que, au début de l'interrogation du *Problème de la science*, il y a un récit initial, celui encore d'une expérience d'enfance, faisant donc signe vers le récit des Abel (et vice versa). Mais cette anecdote très étonnante de la saisie d'une feuille d'arbre – thème fort singulier en philosophie – qui débouche sur la reconnaissance de la liberté d'un sujet, ne nous rapporte pas un pur acte de la subjectivité ; en effet, pour que le sujet se fasse en s'affirmant, il faut que beaucoup de choses lui soient données :

1. *La recherche*, p. 11. Ce sont les tout premiers mots de l'œuvre. Notons encore que, dans le Livre VII, qui devait être de première importance, le thème de l'enfant aurait été repris ; il est indiqué dans le titre, « Conseils et appels à un enfant » (*La recherche*, p. 6).

2. Nous n'entrerons pas davantage dans l'analyse de la structure du texte, renvoyant à notre introduction à l'édition de *La recherche* et aux analyses effectuées plus loin.

deux oiseaux (dont un rapace), des arbres, un jardin, la lande d'ajoncs et l'océan tout proche, en somme tout un monde ; et c'est dans ce monde (sinon de ce monde) que le sujet advient à soi-même, que son ipséité se fait. C'est d'ailleurs le mouvement de la pensée qui, pour vaincre les apories, conduit à examiner comment chaque acte de l'homme se rattache à la vie de toute la nature ; à la limite, par un complet retournement de la philosophie réflexive, c'est la nature elle-même, comme conscience redoublée, qui est esprit.

> Je ne sais pourquoi j'imaginai que depuis ma pensée jusqu'au frémissement le plus léger du plus chétif des êtres, tout allait retentir au sein de la nature, en un centre profond, cœur du monde, conscience des consciences, formant de l'assemblage des faibles et obscurs sentiments isolés dans chacune d'elles un puissant et lumineux faisceau[1].

L'activité de méditer, de dialoguer puis de raconter s'enracine dans la nature, et le philosophe réflexif commence par un poème romantique. Or le sujet advient à soi par un acte dont l'effet manifeste est négatif, une atteinte à la nature : l'acte de prendre une feuille de charmille fait s'envoler un oiseau qu'un épervier vient saisir, comme si l'affirmation de la liberté ne pouvait passer que par un meurtre originel, un crime contre la nature ; en ce sens, la liberté est liberté pour un mal. Le texte initial de l'œuvre est une méditation sur la conjonction originelle de la liberté et du mal. Pour s'engendrer (se faire), le sujet devient la cause d'une négativité dans la nature ; avant même le meurtre d'Abel, il y aurait la mise à mort d'un être encore plus gracile – et cela par un biais, par un processus certes involontaire mais inéluctable, comme si, à son origine, le mal était au croisement d'une liberté et de la nécessité.

Puisque l'œuvre est conçue comme systématique et organique, on pourrait encore – avec la prudence que commande l'état parcellaire de l'œuvre – comprendre sa constitution selon le rapport de chaque texte avec l'histoire. D'abord, l'interrogation du *Problème de la science*, qui est une quête solitaire, est à l'écart d'une perspective temporelle ou plutôt est située dans le temps de l'auteur ; or cette interrogation anhistorique ne vainc jamais totalement l'aporie ; une subjectivité simplement actuelle et s'explorant elle-même est incapable d'une certitude indubitable. De leur côté, les *Dialogues* mettent en scène deux religieux du passé ; il y a ainsi, en même temps que l'éloignement dans le temps, une dissociation de la

1. *La recherche*, p. 13. On notera l'association de la puissance et de la lumière (les deux premiers principes) ; peut-être y a-t-il dans l'expression « centre profond, cœur du monde » une présence du troisième principe, l'amour.

pensée, répartie entre deux rôles distincts ; la solitude fait place au face à face, lui-même faussement médiatisé par la multiplication des personnages, mais sans succès, dans les deuxième et troisième dialogues. Quant au récit des Abel, il rejoint l'origine du temps ; ce n'est plus un certain point du passé, mais c'est la famille originaire ; et c'est en rapport avec cette situation originaire que les apories peuvent être levées, lorsque les Abel, quittant la position d'affrontement en duel, se placent sous un symbole commun, la volonté du père. Le mouvement de l'œuvre effectue ainsi le cheminement qui conduit un être actuel et solitaire vers l'origine de l'humanité ; la recherche du principe et de la première vérité conduit en direction de l'origine, c'est-à-dire de la nature première. C'est bien un renversement de la démarche réflexive ; si un sujet se fait comme singulier, c'est précisément sur le fond d'une nature et d'une histoire données ensemble à l'origine.

CHAPITRE II

VÉRITÉ ET LIBERTÉ

LA PROPOSITION « J'EXISTE »

Dans l'esquisse du système (ms. 255), l'une des interrogations, dont le but est de mettre au jour les principes, prend son point de départ dans l'examen de la proposition « j'existe » ; ainsi la découverte des éléments de toute vérité est-elle liée à la reconnaissance de l'acte d'exister, tel que formulé dans cette proposition ordinaire, la proposition d'un sujet qui s'affirme comme existant ; les principes métaphysiques sont supposés donnés dans les formes les plus simples du langage, plus précisément dans une parole auto-référentielle d'un sujet.

> Quand je porte cette simple affirmation "j'existe", je rencontre dans les profondeurs de mon être la nécessité, et à côté la liberté, qui me permet de reconnaître en moi la présence de cette nécessité, et de distinguer la vérité de l'erreur ; je trouve en outre le rôle de l'amour, qui met la paix entre la nécessité et la liberté. L'intelligence est la condition première de toute affirmation, parce que, pour affirmer une réalité, il faut auparavant avoir l'idée de cette réalité. Tels sont donc les éléments qui concourent nécessairement à toute affirmation ou croyance : 1) l'intelligence, 2) la nécessité, 3) la liberté, 4) l'amour. En Dieu il n'y a que l'intelligence, la puissance et l'amour ; en l'homme, être dépendant, *a posteriori*, il y a de plus la nécessité, lequel élément lui impose la croyance, sans qu'il puisse avoir la raison de cette croyance. Mais, pour qu'il y ait science, connaissance ou croyance, tous mots identiques quant à la signification, il faut qu'il y ait pour l'homme liberté ; autrement il ne saura distinguer la vérité de l'erreur ; si donc je refuse de croire à ma liberté, je me condamne à l'impuissance de porter la moindre

> affirmation comme certaine; et si je l'admets, si je me laisse entraîner à une croyance, qui implique cette liberté, je suis forcé d'admettre toute la série d'idées que nous avons parcourue[1].

Un point est capital quant à la méthode. Si le texte procède à l'examen d'une proposition commune, ce qui est en cause, c'est l'analyse d'une pensée; il y a ainsi, corrélativement, une décomposition du langage et de la pensée. Il s'agit de comprendre, par décomposition, ce que contient l'idée d'existence, celle-ci étant supposée donnée dans une proposition énonciative. Ceci est une manière indirecte d'aborder le concept d'existence. En effet, jamais nous ne trouvons une analyse de ce concept; jamais il n'est procédé à une exploration des caractères qui définiraient l'existence; pourtant, celle-ci n'est pas réputée indéfinissable. Précisément, la question n'est pas celle de l'existence, mais celle de l'acte d'exister d'un certain être, exactement de ce sujet (grammatical et peut-être ontologique) capable de dire : « j'existe ». Quelle est la signification, quel est éventuellement le contenu de cette parole? Une parole est le premier moyen d'accéder à la pensée de l'existence, comme pensée inhérente à une certaine proposition; et, en décomposant cette proposition, on peut connaître ce qu'est (ou au moins quelque chose de ce qu'est) l'existence. À vrai dire, ce n'est pas la proposition qui est décomposée; « j'existe » est en effet une proposition simple. Lequier passe tout de suite à l'analyse du contenu de la proposition (les profondeurs de son être); la parole est supposée dire adéquatement l'être; ceci fait que la proposition « j'existe » n'est que la voie d'entrée dans l'interrogation sur l'existence, le modèle d'analyse étant de type réflexif, et non pas linguistique. Ce qui est à remarquer, c'est d'abord le mode du rapport à l'existence : non pas immédiat et intuitif, mais discursif et, par ce biais, réflexif (l'examen d'une proposition proférée par celui dont elle parle). Or ce point de départ commun est solide; il n'y a pas de mise en question de cette affirmation et de ce qu'elle énonce; il n'est pas douteux que, disant « j'existe », j'affirme quelque chose de vrai, dont la

1. Ms. 255, p. 11 (voir *infra*, p. 173). Dans un autre passage du même manuscrit, Lequier rapporte l'interrogation philosophique directement à cette proposition. Il le fait en se démarquant de Descartes, en rappelant que la question philosophique est celle de tout homme et en précisant qu'elle porte sur la légitimité d'une thèse. Le philosophe « n'ira donc <point> se demander quelle méthode il emploiera pour arriver au vrai, il se posera cette question : qu'est-ce qui légitime cette affirmation : *« j'existe »*, ou toute autre analogue ? Et il creusera cette affirmation, après avoir constaté que les nombreuses causes d'erreur qu'il a cru remarquer peuvent bien le tromper toujours et qu'il faut enfin qu'il sache quand et pourquoi il devra croire à ce qu'il affirme » (Ms. 255, p. 68; *O.C.*, p. 338). Le point de départ de la recherche est précisément la reconnaissance de son existence comme finie. « La première vérité que l'homme aperçoit n'est-ce pas celle-ci, à savoir qu'il a commencé d'être, qu'il n'a point en soi le principe de son existence ? » (Ms. 255, p. 78; *O.C.*, p. 344).

signification est à établir, afin de comprendre la vérité de cette vérité, ce qui requiert la décomposition de cette affirmation en ses éléments. Celle-ci renvoie à l'essence de mon être, en tant que dite par ma parole ; j'existe en tant que je suis capable de dire « j'existe ». L'analyse de cette pensée permettra de dégager les conditions de signification de tout jugement, la proposition qui dit l'existence de celui qui parle étant le paradigme et contenant les réquisits élémentaires de toute proposition vraie. En effet, pour déterminer à quelles conditions la proposition « j'existe », proférée par le sujet lui-même, est vraie, il faut exposer « les éléments qui concourent nécessairement à toute affirmation ou croyance ». Ainsi la proposition particulière « j'existe » est vraie seulement en tant qu'elle répond aux conditions générales de toute vérité, alors même que c'est seulement en interrogeant la vérité de cette proposition qu'on déterminera les conditions de toute vérité. Aussi bien, cette proposition éminemment subjective est-elle supposée contenir les caractères de toute vérité, donc de l'objectivité. Le fondement de la connaissance doit être présent dans toute proposition vraie, et ne pouvant partir que de la proposition élémentaire « j'existe », comme la seule indubitable pour chacun, c'est d'elle que l'on doit extraire les conditions de toute vérité ; c'est ainsi dans un processus de circularité que sont recherchées les conditions de la vérité. La vérité d'un sujet particulier est identiquement la vérité de tout objet, vérité atteinte en reconnaissant la coïncidence entre quelque chose de strictement indubitable et quelque chose d'entièrement subjectif.

Cette proposition comporte les éléments dont la mise en relation engendre la vérité. Ces éléments, découverts par l'examen de la proposition « j'existe », c'est-à-dire aussi bien au fond de mon être, sont reconnus selon un certain ordre. Le premier élément est la nécessité ; en tant qu'existant, je suis un être dépendant et fini, un être soumis à l'espace et à la durée, un être déterminé par la nécessité. Même si cette priorité de la nécessité n'est pas dite ontologique, si c'est simplement une priorité sur le chemin de la découverte, il y a par là même une force et un poids particulier de la nécessité et une sorte de transcendance par rapport aux autres éléments, en ceci que c'est sur la nécessité qu'ils portent, comme si donc la nécessité s'imposait à eux. Et précisément la liberté, qui vient juste après, est dite « à côté ». Cette expression est certes métaphorique ; au moins signifie-t-elle le caractère second de la liberté : il ne peut y avoir de liberté que si d'abord il y a une nécessité. Mais aussi, pour affirmer la nécessité, la liberté est requise ; s'il n'y avait que la nécessité, sans liberté, je ne pourrais rien discriminer ni choisir, il n'y aurait ni vrai ni faux, ni bien ni mal, et je ne pourrais même pas dire que tout est égal ; la nécessité serait certes là, mais je ne pourrais même pas la dire ni donc savoir qu'elle est là. La nécessité, toute seule, est marquée d'insuffisance; elle a besoin de la liberté. Or pour être effective, la liberté doit pouvoir reconnaître ce qui est; elle suppose ainsi l'intelligence comme faculté de distinction et d'examen; l'intelligence remplit la fonction d'analyse et d'identification de ce qui est. Enfin, si je suis un être divisé, mais qui pourtant existe comme un, il faut admettre un élément comme principe d'union qui assurera l'unité du je; il n'y aura de vérité du « j'existe » qu'à la condition que je me reconnaisse comme un; c'est l'amour, comme faculté d'ouverture et de relation, qui remplit cette fonction d'unité et, puisque nécessité et liberté s'opposent, une fonction de paix. L'intelligence et l'amour ont ainsi les fonctions opposées de discrimination et de réunion. – Cette exposition, par un déploiement successif, des quatre éléments inhérents au « j'existe » circonscrit la signification de la proposition. Au terme de cette exposition, par ordre d'énumération, on a épuisé les éléments, mais surtout on a effectué un retour de ces éléments sur eux-mêmes, de sorte qu'ils sont compris comme coordonnés; il y a quatre éléments, à savoir d'abord deux « à côté » l'un de l'autre, et deux autres qui sont les conditions d'intellection puis de réunion des deux premiers. S'il manque un élément, la qualification d'existence ne s'applique pas, on ne peut plus affirmer l'existence en un sens strict; aussi Dieu, ne comportant pas la nécessité, ne pourrait dire « j'existe ». S'il y avait chez Lequier un examen de la parole d'*Exode* 3, 14 « Je suis celui qui suis », on peut supposer que le « je suis » (d'ailleurs redoublé) serait distingué du « j'existe » propre à l'homme[1].

Nous avons remarqué que les quatre éléments ne sont pas de même ordre; deux d'entre eux, nécessité et liberté, sont les points d'appui les plus originaires; il y a d'ailleurs subordination réciproque de la nécessité et de la liberté; c'est bien sur la nécessité que s'applique la liberté, mais la nécessité ne peut être affirmée que par la liberté; elles sont l'une « à côté » de l'autre. Il importe alors d'expliquer comment elles sont réunies dans la proposition; or leur union exige deux types d'activité, l'une intellectuelle de reconnaissance et de distinction de ce qui est, et l'autre ontologique d'union des opposés. Dire « j'existe », c'est proférer une affirmation, et en cela marquer une liberté, mais c'est le faire à propos de quelque chose qui est là et qui, comme tel, s'impose. L'affirmation « j'existe » révèle donc la rencontre de la nécessité et de la liberté comme deux opposés qui se requièrent. Etant côte à côte ou face à face, elles ne sont réunies, pour la connaissance, que par la médiation d'un acte d'intelligence, et pour leur réalité, que par l'amour. Dans le mouvement de la découverte des éléments, il y a une priorité du couple nécessité-liberté; celles-ci ne sont certes pas

1. L'expression « Celui qui est » se rencontre, pour qualifier Dieu, dans le manuscrit 267, f° 49r. La formule « Je Suis Celui qui Suis » est notée dans le manuscrit 252, f° 30r.

davantage des principes, mais elles sont bien ce qui s'impose en premier et ce à quoi s'appliquent les autres éléments.

Ainsi est-ce par une analyse régressive, qui effectue une déduction des conditions de vérité du « j'existe », qu'est reconnue la liberté, mais celle-ci l'est comme solidaire des éléments d'un système (éléments dont certains, ceux qui caractérisent Dieu, seront qualifiés de principes : puissance ou liberté, intelligence, amour) et selon un certain ordre de ce système. La liberté, comme principe métaphysique, est un principe de l'existence en ceci que l'existence n'a pas de signification éthique et d'abord épistémologique sans la liberté ; ou plutôt, par la liberté, l'existence est fondée, non seulement affirmée mais légitimée. C'est en examinant les conditions de toute connaissance, en traitant « le problème de la science », que la liberté est découverte, ainsi que les autres éléments. L'interrogation porte sur le statut épistémologique d'une proposition (très ordinaire et même élémentaire), qui est une croyance et qu'il s'agit de fonder comme science ; ou encore, comment une croyance peut-elle être une connaissance ou une science ? Les quatre éléments, atteints par l'exploration du « j'existe », sont les conditions nécessaires mais aussi suffisantes de la science [1].

Pour ces éléments, il y a un ordre d'exposition, qui est celui de leur découverte, et un ordre métaphysique de priorité. Nous avons noté l'ordre de leur découverte. L'ordre de priorité est différent et d'abord comporte une distinction ; la nécessité est à mettre à part ; caractérisée par la finité et la limitation, elle ne convient qu'à l'homme et non à Dieu. Dieu n'est pas dit un être nécessaire au sens où quelque chose s'imposerait à lui et le nécessiterait, et jamais non plus n'est entreprise une démonstration de la nécessité de son existence. En tout sens, Dieu échappe à la nécessité. Quant aux trois autres éléments, leur ordre est multiple, à la fois de hiérarchie et de relation. En Dieu, l'ordre est celui de la liberté comme puissance, de l'intelligence et de l'amour, ce que Lequier interprète ailleurs selon le schème de la Trinité, le Père étant la puissance, le Fils ou le Verbe étant l'intelligence, et l'Esprit étant l'amour. Les relations entre ces principes sont pensées comme des actions sur le fond de l'unique substance qu'est la force infinie. En l'homme, si l'ordre ontologique est le même, la nécessité venant se joindre aux autres principes, un autre ordre intervient, celui de la

1. Savoir si cette explicitation du « j'existe » est une analyse exhaustive de l'existence – pour autant que cette question ait un sens – est une autre affaire. On retiendra ceci : 1/ Cet examen de l'acte d'exister, qui est probablement le premier chronologiquement, est effectué par une analyse d'une proposition du langage le plus commun. 2/ Cette exploration est tout à fait en accord avec la thèse métaphysique (et théologique) de Lequier sur les principes ; en cela, elle contient le noyau de sa pensée. Lorsque, dans *Le problème de la science*, l'interrogation se trouve concentrée sur le dilemme de la nécessité et de la liberté, il ne faut pas oublier que nous ne sommes pas au niveau métaphysique ultime.

constitution de la science (d'abord science de soi); alors l'intelligence précède la liberté en tant que sa condition d'exercice; sans l'intelligence, la liberté ne serait qu'aveugle et arbitraire. Il y a ainsi des subordinations croisées entre liberté et intelligence; c'est bien la liberté qui, affirmant quelque chose et (se) choisissant, est ontologiquement première; mais c'est bien l'intelligence, sans laquelle la liberté ne peut rien affirmer avec distinction et exactitude, qui est première épistémologiquement. Ce point sera capital pour l'examen du rapport entre liberté et arbitraire.

La thèse de Lequier, établie par l'analyse de la proposition « j'existe », consiste à assimiler « science, connaissance ou croyance, tous mots identiques quant à la signification ». Pourtant, si ces termes, avec aussi celui d'affirmation (« toute affirmation ou croyance »), sont tenus pour identiques, ils sont présentés selon un certain ordre, qui va précisément de l'affirmation ou croyance à la science ou connaissance. Il s'agit alors d'établir comment une croyance est une connaissance. C'est la nécessité qui impose la croyance, mais une croyance sans raison d'elle-même; quelque chose est là devant un sujet, que celui-ci ne peut récuser et que donc il affirme, ce qui relève précisément d'un acte de liberté. Or cette liberté, puissance d'une subjectivité, est aussi capacité d'objectivité, en tant que ce qu'elle affirme, elle le pose en fonction de distinctions et de liaisons qui transcendent sa particularité. La liberté, puissance d'affirmation de quelque chose et de soi-même (de soi par la médiation de quelque chose), n'est vraiment soi-même que si, loin d'être close sur soi, elle se rapporte à autre chose que soi et d'abord à son antagoniste, la nécessité, et si, alliée à l'intellect, elle exerce sa capacité de discernement et ainsi pose des jugements vrais. Dans cette identification entre science, connaissance et croyance, il importe de distinguer, mais aussi de réunir, deux points de vue; le premier point de vue, signifiant le but et indiqué par « science », marque l'exactitude ou l'objectivité; comme tel, l'objet d'une science ne dépend pas d'un sujet particulier, il a sa vérité comme transcendante à tout sujet. À l'opposé, l'autre point de vue, indiqué par « croyance », connote un acte du sujet, c'est-à-dire, en tant qu'affirmation, un acte de liberté. Or l'identification de la science et de la croyance, qui fait qu'une science est une croyance aussi bien qu'une croyance est une science, signifie la réunion des deux points de vue; la croyance y gagne d'être reconnue comme une science, portant ainsi en elle l'indubitable, et la science, par le rapport à la subjectivité, est reconnue comme tributaire d'une liberté, toute connaissance requérant d'être posée, affirmée. C'est ainsi une simple analyse d'une certaine proposition, en tant qu'elle comporte un jugement de vérité porté par un sujet sur lui-même, qui révèle le fait de la liberté au principe de toute connaissance, établissant une croyance en science par l'acte de discerner d'une manière certaine et indubitable entre le vrai et le faux. Nous atteignons là un point essentiel, où Lequier vise à dépasser l'opposition entre croyance et science. À la limite, croire et savoir, c'est tout un. Une véritable croyance est une croyance vraie, et une vérité scientifique est une affirmation d'un sujet. De ceci, la conséquence est considérable, puisqu'elle signifie le refus de la dualité « fidéisme-rationalisme » ; cette opposition n'est pas topique ; entre fidéisme et rationalisme – étiquettes commodes et classificatrices – il est fort douteux que demeure ultimement un dilemme.

PENSER ET EXISTER

Dans la proposition « j'existe », est reconnue la liberté. Exister, c'est être libre, c'est agir en se faisant. Ce thème est essentiel au *Problème de la science*, spécialement dans les fragments terminaux. C'est maintenant une analyse d'un tout autre genre qui va être effectuée, non plus sémantique mais directement réflexive, où Lequier explicite le « j'existe » par une analyse du « je pense ». C'est en effet à partir du « je pense », comme proposition certaine mais encore indéterminée, que Lequier découvre le « j'existe ». Comment alors est-il possible de reconnaître le sujet existant, comme sujet libre et créateur, au terme d'une exploration des idées ou représentations, dont la première, au sens de la plus indubitable, est l'acte même de penser ? Dans le droit fil de la philosophie réflexive, c'est l'exploration des idées qui, par décomposition, conduit à la découverte de l'existence, avec l'exposition des éléments qui caractérisent tout existant, ce qui aboutit à indiquer et repérer les diverses modalités existentielles. Ce point est exposé dans l'un de ces textes, seulement ébauchés sur les grandes feuilles de 1851, où s'applique adéquatement la formule « je médite et je tâtonne », textes heurtés et tourmentés, mais peut-être aussi textes singulièrement aigus où se dit le mieux ce qu'est l'acte d'exister.

> À qui entreprend d'affirmer par le seul moyen des idées cette simple proposition : je pense, qui est, on ne saurait en disconvenir, éminemment certaine pour l'homme, qui n'est que son propre être occupé à se contempler, il faut, et ce n'est pas une petite tâche, il faut à toute force joindre, de manière à n'en former qu'une, une action présente et une action passée : une action présente qui nomme l'action passée, une action passée qui est l'objet de l'énonciation présente : une action qui exprime et une action qui est exprimée, chacune attestant l'autre pour justifier de son existence, mais chacune toute seule impuissante à l'établir :

> premièrement un fait qui s'ignore, ensuite une parole qui ne s'entend pas. Entre ce qui est représenté et ce qui représente, peut-on nier la différence ? La différence est manifeste : l'un n'est pas l'autre, et l'un vient après l'autre. J'ai beau me retourner, je retrouve invariablement ces deux pôles contraires aux deux bouts de la moindre parcelle de ma pensée, n'eût-elle que moi-même pour objet. L'objet, l'idée, deux termes toujours distincts, toujours successifs[1].

Que contient la proposition « je pense » ? Cette question est double. Elle porte d'abord sur la signification du « je pense » ; celui-ci est une activité, celle d'unifier un être double ou même multiple ; il signifie un acte réflexif par lequel un sujet, se contemplant, unifie ses représentations, et par là peut affirmer : je pense. Autrement dit, penser, c'est toujours *se* penser, c'est prendre conscience de soi comme être s'unifiant. Or cette vérité certaine n'est pas une vérité première, en ce sens qu'elle est analysable, qu'elle se conçoit comme le rapport de deux éléments distincts, mais pourtant homogènes en ce que tous deux se rapportent au temps et à l'action. L'analyse du *je pense* (du *se penser*) conduit à comprendre le sujet pensant comme se situant dans le temps et comme agissant. En effet, l'acte de penser est un acte de mémoire ; mais il n'est pas – du moins en ce qu'il a de plus originaire – un acte d'imagination, car l'être imaginé n'est qu'un être futur, un être possible, c'est-à-dire un non-être ; le futur n'est pas « fait ». L'acte de penser est la tâche de réunir le présent et le passé, eux-mêmes considérés du point de vue de l'action ; il y a ainsi un déplacement de la pensée vers l'action, plus exactement une extension de celle-ci au point d'être entendue en un sens si large qu'elle peut même englober toutes les formes d'activité. L'argumentation est placée sous le signe de l'action. Penser, c'est-à-dire *se* penser ou penser son être, c'est le penser comme agissant ou comme faisant. La pensée est structurée par une corrélation entre l'être et celui qui le pense ; si toute pensée a pour référence un être, la première référence, la plus élémentaire, est celle de l'être qui se pense, à la fois objet et sujet de cette pensée. Alors la question de l'intellection d'un être est de réunir ce qui est distinct ou même disjoint. Une représentation relie deux éléments différents, un objet (un être, une action passée) et un sujet. Le « je pense », comme acte d'un sujet réflexif et autoaffirmateur, réunit en un seul être ce qui est communément disjoint. Plus précisément – et c'est le tour de force opposé au mouvement ordinaire de la représentation, ce déplacement de la contemplation vers l'action, qui fait que « je pense » est inclus dans « je fais » – il s'agit de reconnaître que, dans la représen-

1. *La recherche*, p. 69. C'est un texte de la dernière colonne du manuscrit 268, f° 3, colonne où sont énoncées la première vérité puis la formule de la science ; ce texte est donc en chemin vers les points capitaux de la philosophie de Lequier.

tation du « je pense », il y a autre chose qu'un être représenté, il y a d'abord un être actif. Le « je pense » signifie « je pense que je suis » ou plus précisément « je me pense comme existant, c'est-à-dire comme faisant ». Là est le point originaire du concept d'existence : une action du sujet est antécédente à toute représentation. Il faut donc effectuer un mouvement de régression de la pensée vers ce en quoi elle s'enracine, à savoir un « faire ». En deçà de *penser*, et par l'acte même de penser, il faut remonter à *faire*. Et nous remarquerons, comme un point capital, que, à la différence du verbe penser, le verbe faire est initialement posé sans sujet. À son point originaire – nous y insisterons – la philosophie de Lequier n'est pas une philosophie du sujet (ni grammatical, ni ontologique).

Or ce faire est lui-même tributaire du souvenir, de sorte que se révèle, pour la pensée de l'action, une priorité de la mémoire, qui est ici la modalité primordiale de la pensée et même la seule qui soit en cause (sans donc l'imagination et l'anticipation de l'avenir, qui n'est pas fait). En effet, en même temps que l'analyse de « la moindre parcelle de la pensée » procède à une décomposition en éléments, ce processus fait saisir l'insuffisance du seul point de vue analytique : le présent (une action présente) n'est tel que si on peut le relier à un passé, et le passé n'a lui-même de sens que dans l'attention présente. Ce qui est en cause, c'est l'unité du moi, c'est-à-dire l'unification de deux éléments ici distingués et opposés, à savoir un objet (une action) et sa représentation, présentés même comme la réalité et l'apparence. Pour qu'il y ait une identité personnelle, il faut faire se rejoindre ces deux opposés ; l'identification est ainsi référée à la fois à l'action et à la durée ; elle en est la synthèse.

> La réalité et l'apparence me partagent. Et comment avec ces deux moitiés de mon être, qui tour à tour m'abandonnent, composer un tout qui serait moi, capable de subsister le temps seulement d'affirmer qu'il est ? Aucune de ces deux moitiés ne me fournit le moyen de la joindre à l'autre. Me confiner dans l'une ou dans l'autre, ce sont deux manières de périr[1].

C'est le moi lui-même qui effectue cette synthèse, ce qui suppose qu'il anticipe son unité, mettant ainsi en œuvre la modalité temporelle de l'avenir. Mais aussi, c'est par une activité de mémoire que, dans « La feuille de charmille », est reconnu l'acte libre, qui est présenté sur le mode du souvenir dans un récit de l'enfance ; ce récit est lui-même introduit par l'affirmation d'une thèse, selon laquelle sont intrinsèquement reliés un certain acte, la concentration sur le monde intérieur et l'entrée dans la

1. *Ibid.*, p. 70.

pensée. Originairement, c'est un seul et même acte de penser, de faire et d'être libre.

> Il est une heure de l'enfance qu'on n'oublie jamais : celle où l'attention venant à se concentrer avec force sur une idée, sur un mouvement de l'âme, sur une circonstance quelquefois vulgaire, nous ouvrit, par une échappée inattendue, les riches perspectives du monde intérieur : la réflexion interrompit les jeux, et, sans l'aide d'autrui, l'on s'essaya pour la première fois à la pensée[1].

C'est la réunion de ces éléments distincts qui est à comprendre, comme acte qui constitue la pensée de l'existence.

> Pourtant ils sont unis, puisque j'existe. J'existe et je ne saurais sans les unir affirmer ma seule existence. Quel est cet intervalle de moi à moi que j'enferme en moi-même ? Quel effort dissipera ces ténèbres qui me divisent au cœur de mon être ? Eh bien, puisque ni l'objet ni l'idée ne me livrent ce lien de l'un à l'autre qu'en vain je cherche et qu'il me faut, je vais le trouver en le formant, et puisqu'il est nécessaire pour m'affirmer, je m'affirme pour le produire. J'existe ; voilà une certitude où sera bien forcée de prendre appui celle qui s'y prétendra supérieure. Me fût-il impossible de m'expliquer l'union en moi-même de moi qui suis et de moi qui me contemple, je me sens vivre, ils sont unis, il m'importe de savoir comment. Comment ils sont unis ? Mais je le sais, je viens de l'apprendre. Tous deux, par l'irrésistible besoin de croire en mon être, par la mémoire naissante, par la vie, par l'amour de la vie qui s'indigne de tant de discours, sont pris dans un nœud et assemblés dans un sentiment victorieux qui est moi aussi bien que mon être et que ma pensée. Sans doute c'est moi, c'est ce que proprement j'appelle moi-même : moi vivant, moi qui dois agir, moi qui de mon chef interviens entre moi et l'idée de moi pour consommer mon existence en la voulant, en l'affirmant, en m'en faisant jouir, impatient toutefois d'en faire un usage meilleur[2].

C'est un texte remarquable en ce que l'élan pathétique de la quête de soi se fait examen des conditions de l'affirmation de soi. Le mouvement de la pensée va du « je pense » au « j'existe », la thèse étant qu'exister est l'acte d'un être qui unifie ses représentations. L'existant est ainsi nécessairement un, lors même qu'il s'éprouve comme double ou même multiple. La question est alors de penser ce qu'est et comment s'effectue cette unité d'une multiplicité, unité impliquée par le fait que j'existe (si j'existe, c'est comme un). Or cette affirmation de l'existence comme une se heurte à une

1. *Ibid.*, p. 12.
2. *Ibid.*, p. 70-71.

expérience, celle d'une division et d'abord d'une multiplicité dispersée, donc aussi d'une passivité. C'est son existence qu'un existant affirme, et il l'affirme comme une; mais en deçà de cette unité, et la tenant toujours en suspens, il fait l'épreuve d'une opposition intime de soi à soi. Si je sais que j'existe en tant que je m'affirme, également je sais que mon existence est affectée d'une passivité irréductible; je suis opposé à moi-même par cet écart en moi entre un être (moi comme objet là) et ma représentation de moi. Cependant, puisque j'existe et que j'existe comme un (vérité élémentaire indubitable), il faut rendre compte de cette unité; précisément, c'est cela ma tâche. Je ne puis être un que si moi-même je fais cette unité, que si, me la donnant déjà par la pensée, donc l'anticipant (et faisant ainsi intervenir l'imagination), je l'effectue moi-même. Ceci est l'acte d'autoconstitution d'un sujet à partir de ce qui est le plus élémentaire, à savoir un sentiment, le simple sentiment de vivre; un sujet s'identifie (littéralement : se fait soi-même)[1]. L'existence, qui a sa racine dans le sentir, est en vérité un acte du moi tout entier, se constituant dans un mouvement par lequel le sujet advient à soi en se formant lui-même selon toutes ses modalités d'existant : comme sentant (c'est la modalité originelle), mais aussi comme croyant, se remémorant, contemplant, voulant, affirmant, jouissant, souffrant, agissant – ces modalités se nouant et se rassemblant dans le « sentiment victorieux »[2] de soi. Si donc, par ce dernier caractère, est encore marquée la priorité du sentiment, celui-ci n'advient à sa plénitude qu'en intégrant et en assumant les autres modalités de la subjectivité, c'est-à-dire par la réunion, dans le concept de moi comme sujet existant, de mon être (d'abord le sentir) et de la pensée de mon être (sa représentation, sa mémoire, sa volonté). Si le moi se rapporte à chaque mode de la subjectivité, si donc le moi est spontanément multiple et divisé, il est surtout, comme acte de se faire, la réunion de tous ces modes. Quant au sentiment, il est bien autre chose qu'un simple pathos, étant l'acte de s'affirmer comme un être libre et victorieux – non point donc (en tout cas, non point principalement) une passivité originaire, mais vraiment la modalité élémentaire d'activité.

La question est celle de la vérité de mon être : comment comprendre mon existence comme celle d'un être un, étant reconnu que je m'appréhende comme multiple et divisé ? Selon les conditions de toute connaissance, l'intellection de soi requiert de réunir un objet et sa représentation.

1. C'est précisément cette question que nous reprendrons au chapitre III, par une interrogation de l'histoire des Abel – non plus alors par un examen réflexif, mais par l'exploration des significations d'une histoire.

2. Nous verrons que cette qualification de « victorieux » s'applique précisément à celui des Abel qui parvient à la plus parfaite identification de soi.

La thèse consiste alors à penser l'unité de l'existant comme l'effet d'un acte dont il est lui-même l'agent; cette unité, qui fait que quelqu'un existe, n'est pas donnée comme telle, mais elle est le fruit d'un acte par lequel l'existant se pose lui-même, de sorte qu'il y a inhérence de l'existence à son agent; exister, c'est se former, se produire ou exactement, comme dira Lequier plus loin, « se faire ». C'est bien par une intrication du sentiment et de l'intellect qu'est atteinte, c'est-à-dire posée ou effectuée, la première vérité. La tension est au plus haut point, signifiée par les ténèbres intimes de l'existant s'interrogeant sur son être. Mais penser l'existence, c'est, en attestant l'intervalle intérieur et les divisions intimes, en reconnaissant ainsi l'acte d'exister vraiment comme un « être entre », concevoir la réunion de toutes les activités du sujet, comme une synthèse qui ne peut être que le produit de l'existant qui, la faisant, se fait lui-même. En effet, la question n'est pas ici d'insister sur cet écart, en soi pourtant constitutif du sujet, ou sur cet intervalle intérieur, qui fait que le sujet est absolument intéressé à soi; mais c'est de transcender cet écart par une réunion des modes d'existence. C'est ce que vise l'acte réflexif, qui est à la fois une activité de connaissance (spécialement de connaissance de l'existence) et une activité d'existence, qui conduit à la découverte de la liberté comme capacité d'autoformation. L'acte d'exister s'accomplit dans une autoréflexion, en tant que la réflexion conduit à la découverte du faire au fond de soi. L'existence est ce lien en moi de tout ce qui me constitue (mes divers modes d'être), lien qui n'est d'ailleurs pas donné mais formé; je le produis et, par là, je suis ce lien; c'est en faisant ce lien que je deviens moi, par un acte d'autogénération. Je suis en tant que je me fais ce que suis. Aussi bien, n'est-ce que sur le mode de l'anticipation que je peux me donner ce moi que je suis; cette anticipation est un acte de synthèse par lequel j'unifie mes pensées, ceci d'abord en me remémorant le passé, de sorte que le lien à l'histoire soit constitutif de l'existence. En ce sens, si la mémoire est donnée comme initiale dans l'acte réflexif, cette mémoire est elle-même reprise et transfigurée par l'anticipation de l'imagination, cette imagination qui constitue activement mon être. Je dois déjà me donner mon être – comme visée et comme tâche – pour le faire; autrement dit, je vais en direction du principe, mais je n'en pars pas; c'est toujours le commencement qui est le but. Ainsi est-ce comme un mouvement circulaire que se conçoit l'acte d'exister; penser cet acte, ce sera le concevoir comme cercle. Aussi comprend-on que les qualifications auxquelles Lequier aura recours sont celles d'énigme et de mystère.

LE DILEMME DE LA NÉCESSITÉ ET DE LA LIBERTÉ

La recherche de la vérité, qui est l'acte de faire être la vérité, est l'objet spécifique du Livre I, *Le problème de la science*. La thèse est que la première vérité, comme liberté, est la capacité de faire, que donc la science est action, au sens où la première vérité est de reconnaître le moi comme un être libre, un être avant tout capable de prendre un parti ou un autre, de décider et de faire oui ou non. Toute connaissance, toute croyance, tout jugement est ainsi renvoyé à un acte qui le pose, donc un acte de faire quelque chose, une activité d'un agent libre se reconnaissant lui-même en se posant comme libre. L'interrogation sur le principe de la science conduit à la reconnaissance d'un agir primitif comme principe de force ou de puissance.

Cette interrogation, qui aboutira à la formule de la science, se concentre sur le dilemme (exactement le double dilemme) entre la liberté et la nécessité, résolu par l'affirmation du postulatum. C'est d'ailleurs sur ce dilemme que Renouvier a le plus insisté et par quoi il a cherché à faire connaître Lequier; là est le point de départ d'une tradition de lecture pour laquelle Lequier est vraiment le philosophe du dilemme de la nécessité et de la liberté. D'après cette tradition, s'il y a quelque chose à retenir de l'œuvre de Lequier, c'est bien cette pensée du dilemme, auquel l'auteur a donné une telle force et une telle acuité que tous les problèmes peuvent être posés et traités à partir de lui. Selon l'auteur lui-même, les six premières parties du *Problème de la science* devaient poser le problème et la septième en apporter la solution. On peut admettre que des fragments recueillis par Renouvier indiquent cette solution, mais avec de nombreux maillons absents, ce qui fait que la démarche complète reste à constituer; cela fait tout simplement que cette démarche, tenue en suspens, demeure énigmatique; des incertitudes majeures ne peuvent pas être dissipées. Partons de l'indication ultime.

> Enfin je respire. Je l'ai trouvée cette première vérité... La liberté, condition *positive* de la connaissance. C'est-à-dire moyen de la connaissance. [...] *Conclusion*. Deux hypothèses : la liberté ou la nécessité. À choisir *entre l'une et l'autre avec l'une ou avec l'autre*[1].

Ceci est une présentation du dilemme, ici formulé de la manière la plus concise, et que Renouvier avait déjà explicité dans une longue note à la fin de la 4e partie. Là est le nœud de la thèse métaphysique de Lequier. La

1. *La recherche*, p. 71. Ces textes sont de simples notes, visiblement inachevées et en suspens (Ms. 268, f° 3).

conclusion exposée n'a d'ailleurs rien d'une thèse, puisqu'elle n'aboutit qu'à deux hypothèses entre lesquelles il faudra choisir; ainsi la conclusion, celle qui décidera entre les hypothèses, est-elle à établir. On est exactement reconduit au dilemme; il faudra trancher, toute la question étant de déterminer s'il y a des raisons de trancher dans un sens ou dans l'autre[1].

Le dilemme est formulé à partir de deux apories. Des deux thèses contradictoires que sont la nécessité et la liberté, aucune ne peut être démontrée. Dans un fragment d'un manuscrit, intégré par Renouvier à sa note de la 4e partie, Lequier explicite les apories.

> Cet affreux dogme de la nécessité ne saurait se démontrer : c'est une chimère qui renferme le doute absolu dans ses entrailles. Il s'anéantit devant un examen sérieux et attentif, comme ces fantômes formés d'un mélange de lumière et d'ombre qui n'épouvantent que la peur, et que la main dissipe en les touchant. Mais ce qu'on ne remarque pas assez, c'est que la liberté, si réelle qu'elle soit, ne saurait se démontrer davantage[2].

Certes, dans cette exposition, la balance n'est pas égale entre la nécessité et la liberté, mais la conclusion est identique. La thèse de la nécessité totale est une chimère ou un fantôme qui ne résiste pas à l'examen, et pourtant ce

1. Explorant cette question dans la conclusion de son livre, X. Tilliette a bien marqué les enjeux en rappelant d'abord les tensions de l'œuvre. « Dans le *Problème de la science*, Lequier a suivi sans pitié cette hypothèse de la nécessité. Il en résulte que rien ne s'oppose à la nécessité, sinon l'excès même du doute, la protestation du bon sens, la conscience morale restée impérieuse et intacte. [...] La *Vue d'ensemble* du Système indique au contraire l'autre cheminement, l'hypothèse de la liberté, qui déroule la chaîne des "vérités primitives". Ce n'est qu'une supposition, qui attend d'être confirmée et validée. Elle l'est, au terme, par l'acte de croyance réfléchie, par le *Fiat* de la liberté qui s'affirme, bouclant un cercle dont le vice "se corrige en se connaissant". [...] Ainsi nous nous trouverions devant deux voies d'accès au postulatum, c'est-à-dire à la croyance en la liberté par la liberté : l'une dramatique, symbolisée par la *Feuille de charmille* et balisée par le *Problème de la science*, le ressaisissement de la liberté par un acte de liberté, avec l'évanouissement de la nécessité – l'autre raisonnable, consignée dans l'ébauche du système et les textes similaires, la confirmation de la liberté hypothétique par la volonté libre, elle-même poussée par l'élément "constitutif et nécessaire" "recelé dans le fond de notre nature". Y aurait-il pour lui aussi deux définitions du postulatum ? » *(Op. cit.*, p. 183-185). Mais X. Tilliette récuse le caractère définitif de cette dualité, en expliquant (avec la réserve et la part de conjecture que commande l'inachèvement des textes) comment, en traitant la question sur le mode d'un parcours, les deux voies s'accordent ou au moins se rencontrent. – On pourrait aussi reprendre la métaphore marine du flux et du reflux, appropriée à marquer l'unité d'une œuvre en tension et utilisée par J. Grenier. « La *Vue d'ensemble du système* [...] semble bien tracer l'axe de cette pensée flottante, ou plutôt fluctuante car soumise à un flux et à un reflux » (Introduction à l'édition des *Œuvres complètes*, p. XII). Toute la question est de penser le lien entre le flux et le reflux.

2. *La recherche*, p. 64 note (voir ms. 251, f° 66).

fantôme ressurgit toujours, n'étant jamais annihilé par la liberté. Quant à la liberté, si elle est requise pour la connaissance et la morale, on ne peut pas non plus en établir le caractère indubitable ; le sentiment de sa réalité et même la conscience intime de sa présence irréductible ne constituent pas une preuve stricte ; le doute perdure, d'autant que la nécessité invoque toujours de nouveaux arguments. Alors, puisqu'il y a une alternative entre nécessité et liberté, comment se déterminer ? Une seule ressource est là : affirmer la liberté comme postulat, c'est-à-dire l'affirmer comme ce qui seul peut permettre de fonder la connaissance et la morale. Ainsi tranchera-t-on en faveur de la liberté. Mais, à s'en tenir à cette argumentation (en somme faute de mieux), on n'évitera pas de poser la solution comme une simple préférence. Davantage même, on livrera la liberté au seul caprice et à l'arbitraire. On aura certes affirmé une première vérité, mais, l'ayant posée abruptement et sans raison déterminante, on aura totalement échoué puisqu'on se tiendra au plus loin de la raison. Aussi faut-il reprendre la question.

Or on trouve dans un autre manuscrit une formalisation du dilemme où sont énoncées toutes les possibilités.

> ou LIBERTÉ est
> ou NÉCESSITÉ est
> LIBERTÉ avec IDÉE de LIBERTÉ
> LIBERTÉ avec IDÉE de NÉCESSITÉ
> NÉCESSITÉ avec IDÉE de LIBERTÉ
> NÉCESSITÉ avec IDÉE de NÉCESSITÉ [1].

La question est de savoir comment chaque thèse résiste à l'épreuve de la cohérence, dans la conformité au principe de contradiction, c'est-à-dire sans qu'une solution dialectique soit envisagée, toute conciliation entre liberté et nécessité étant logiquement impensable, chacune niant l'autre. En effet, Lequier dénonce comme absurde tout essai de solution faisant fi du principe de contradiction. Tel est le sens de son opposition à Hegel, chez qui il remarque dans le procès d'*Aufhebung* un champ ouvert aux thèses les plus antagonistes, acceptant toutes les oppositions, livrant tout discours à la plus grande confusion. La critique est d'abord d'ordre linguistique, dénonçant l'équivoque d'un terme ordinaire dans lequel Hegel voyait la fécondité philosophique de la langue allemande. Pour Lequier au contraire, prendre appui sur l'*Aufhebung* ruine toute possibilité de science, toute forme de savoir (métaphysique ou positif).

> Notre siècle a été le témoin d'une incomparable prouesse de la pensée humaine. Un chef d'école qui a porté le courage de l'absurde

1. Ms. 250, f° 79r *(O.C.*, p. 398).

> jusqu'à l'héroïsme a rencontré dans une bizarrerie de la langue allemande toute une révélation : il a distingué, il a mis à part, il a admiré un mot à double sens qui signifie tout à la fois *poser* et *enlever*. Ce mot lui est devenu le fondement sur lequel il a construit un système où se retrouvent, mais rationalisés et désormais dignes des intelligences viriles, les dogmes de l'Église catholique, de l'Église éternelle, tout au plus bons avant lui pour les enfants de huit ans. "Je pose et j'enlève : j'affirme et je nie, je nie ce que j'affirme", il s'est fabriqué ces deux clefs pour s'ouvrir le royaume du savoir; et il a eu des disciples enthousiastes qui y sont entrés à sa suite... [1].

En vérité, la critique logique est de portée métaphysique, et elle est à double direction : contre Hegel et en faveur d'Aristote. Lequier défend une position logique stricte – qui est aussi une position ontologique –, celle de la logique binaire et du tiers exclu; toute autre position lui paraît ouvrir la voie des dérives spéculatives et du mépris de la raison. Pour lui, Hegel et Aristote sont des figures symétriques et exactement inverses : l'un est le seul à avoir nié le principe de contradiction, l'autre est le seul à avoir affirmé le libre arbitre (ou au moins à avoir rendu possible cette thèse grâce à la contingence des futurs). Or les deux thèses sont en conjonction. Affirmer le libre arbitre, c'est, dans un monde d'irréductible contingence et d'ouverture, reconnaître la capacité de choisir et de faire, et pour cela de discriminer en exerçant sa raison avec rigueur[2]. C'est là certainement l'un des points capitaux de la philosophie de Lequier : se placer, à propos de la liberté, sous l'égide d'Aristote et de la défense absolue de la non-contradiction, c'est évidemment se prémunir de garde-fous contre toute dérive irrationaliste, quels que soient pourtant les accents très pathétiques et romantiques de la liberté, entendue d'abord comme la spontanéité du libre arbitre. Précisément, c'est entre ces points limites, et même exactement dans leur rapport extrêmement tendu, qu'est à penser la liberté, une liberté de puissance et d'affirmation (hors de toute raison) qui soit aussi, de quelque manière, selon la raison.

La solution devra satisfaire au principe de contradiction et sera établie logiquement et métaphysiquement. Or, dans cette formalisation des possibles, aucune solution n'apparaît; les voies sont égales en apparence; il

1. Ms. 268, f°s 21-22 (*O.C.*, p. 346-347). Un texte similaire se trouve dans le manuscrit 267, f° 8. Des critiques très voisines se rencontrent à plusieurs reprises chez Kierkegaard (et d'autres).

2. « Pour Hegel, ce sophiste qui avait tant de mépris pour les enfants de huit ans qu'il trouvait les dogmes de l'Église assez bons pour eux, il a nié à la fois et le principe de contradiction et le principe du libre arbitre, au lieu qu'Aristote a eu la gloire de poser l'un et l'autre » (Ms. 268, f° 22; *O.C.*, p. 348).

s'agit seulement d'expliciter les deux branches du dilemme (soit liberté, soit nécessité). Pourtant ces quatre énoncés ne sont pas logiquement et métaphysiquement neutres. Déjà leur formulation révèle une dissymétrie; les propositions 1 et 4 redoublent le premier terme (liberté, nécessité) par sa représentation, tandis que 2 et 3 le contredisent par sa représentation. Ces deux hypothèses-ci ne sont là que pour épuiser l'ensemble des possibilités. Restent donc les deux propositions cohérentes (je suis libre et je me dis et me représente libre, je suis nécessité et je me dis et me représente nécessité). Apparemment équivalentes et en tout cas symétriques, y a-t-il moyen de discerner entre elles ? L'interrogation passe alors de la cohérence formelle à un examen des implications de chaque formule. Or c'est là que se découvre la différence décisive. L'analyse des deux propositions fait voir des éléments qui dans un cas ruinent la cohérence formelle, tandis que dans l'autre cas ils la confortent. Si en effet on examine la formule « nécessité avec idée de nécessité », l'apparente cohérence ne résiste pas; car, dans l'idée ou la représentation de la nécessité, intervient un acte qui n'a rien de nécessaire, qui est une affirmation; affirmer la nécessité ne relève pas de la nécessité; être nécessité et affirmer la nécessité de mon être sont même des choses tellement différentes que l'une nie l'autre, puisqu'il n'y a pas d'affirmation sans sujet capable d'affirmer, c'est-à-dire libre. Seule donc la proposition qui pose la liberté et la redouble en l'affirmant est cohérente.

D'une autre manière, la mise en perspective commune des diverses expressions, en reliant ce texte à d'autres, parallèles[1], fait comprendre que toujours un choix est en cause. L'expression « nécessité avec idée de nécessité » suppose que quelqu'un énonce et pose cette expression, et ce sujet peut le faire ou non; il y a ainsi, au principe de la proposition selon laquelle on affirme nécessairement la nécessité, un sujet dont c'est un acte libre d'affirmer nécessairement la nécessité, ce qui implique contradiction. Si donc la proposition 4 est contradictoire, on en conclura que la proposition 1 est établie, de manière apagogique. Mais surtout, cette proposition s'établit d'elle-même par le même procédé d'analyse des présupposés. Si je suis libre et que j'affirme la liberté, je l'affirme librement; la proposition est tautologique. Sa cohérence n'est donc pas seulement dans le redoublement de la réalité par sa représentation, mais elle est plus encore dans l'accord entre l'objet de la proposition et la position du sujet qui

1. C'est le travail qu'a entrepris X. Tilliette *(op. cit.*, p. 187 *sq.*). Outre les textes déjà cités, deux autres sont à mentionner. « Je ne puis affirmer l'une ou l'autre (la liberté, la nécessité) que par le moyen de l'une ou de l'autre » (cité par Renouvier, *La recherche*, p. 65). « Je dis : je suis libre. Je dis vrai ou je dis faux. Si je dis vrai, je suis libre; si je dis faux, cette erreur nécessaire est pour moi la vérité. Qu'est-ce, en effet, qu'une idée vraie si ce n'est une idée nécessaire ? Se tromper en se croyant libre, c'est être encore dans le vrai » (Ms. 251, f° 28r; *O.C.*, p. 399).

l'énonce. Ainsi, cette proposition tient par elle-même; elle se suffit; et peut-être est-ce la raison pour laquelle elle est énoncée en premier, ayant ainsi la fonction de principe, et non pas comme terme d'un parcours par élimination. Et pourtant, les autres propositions sont bien là; elles ont alors une fonction d'exhaustivité, et de ce fait elles accentuent, par différence, la puissance de la première proposition, celle qui, reconnaissant et affirmant la liberté, affirme par là la puissance. Il y a ainsi un mouvement qui, régressivement, conduit de la proposition réfutée à la proposition confirmée, par le biais et le repoussoir des propositions manifestement contradictoires, de sorte que, à l'analyse des implications, se trouve associée une démarche de découverte qui est aussi un acte existentiel. C'est là aussi que se tient un aspect majeur de la richesse et de la complexité de Lequier : faire jouer l'une avec l'autre ou l'une contre l'autre une démarche strictement logique et une investigation des significations des actes humains.

Précisément, au terme d'une autre démarche, non plus simplement logique mais d'examen des diverses possibilités, Lequier pose la liberté à titre de postulat. Dans un dialogue sur la liberté et la prescience, Eugène, le défenseur de la liberté, affrontant « le fantôme de la nécessité », qui s'est exprimé dans une prosopopée, se demande comment « établir scientifiquement la liberté ». Pratiquant la méthode d'exhaustion, il recense quatre possibilités; deux sont de type logique (l'évidence d'un principe, la déduction à partir de principes) et deux sont de type expérimental (l'observation intérieure, le sens commun)[1]. Or aucune de ces voies n'est à l'abri de graves objections, aucune de ces possibilités ne permet d'établir la vérité comme indubitable. On se retrouve ainsi face au dilemme. Si pourtant l'on peut vaincre l'aporie, c'est seulement en postulant la liberté; la liberté est posée comme une vérité première, sans preuve ni même argument, comme causalité absolue, excluant toute prévision, mais c'est aussi une liberté qualifiée de mystère. – Une démarche de même type est entreprise dans un passage du Cahier D, sur la faiblesse du sentiment intime de la liberté, avec une argumentation plus développée et systématisée. Elle comporte deux étapes, avec quatre possibilités, et, par la voie d'élimination, aboutit au postulat. La première étape est celle de l'observation, directe ou indirecte, de la liberté. Mais l'observation ne parvient jamais à un résultat

1. « Quand il m'eut fallu renoncer à établir scientifiquement la liberté, soit comme un principe évident, soit comme une conséquence déduite de certains principes, soit comme un pur fait tombant sous l'observation intérieure, absurdité plus grossière que les précédentes, soit enfin comme une vérité proclamée par le sens commun, le sens commun, ce juge aux arrêts contradictoires, qui n'a pas plus tôt prononcé que sur tous les points il se ravise, excepté sur la vanité de la dispute [...] » (*La recherche*, p. 317).

indiscutable. Cette étape n'étant pas concluante, puisqu'on ne peut jamais observer à coup sûr un acte libre, Lequier passe alors à l'examen de l'hypothèse logique. Or il n'est pas non plus possible de reconnaître la liberté comme un axiome ni de la trouver comme la conclusion d'un raisonnement. Reste pourtant une possibilité, logique encore, une possibilité limite, celle du postulat.

> Il existe encore dans la logique une troisième espèce de vérités qui sont les vérités indémontrées ou indémontrables, mais que l'on admet comme placées hors de toute contestation, par suite des innombrables vérifications qu'il est possible d'en faire *a posteriori*, sans qu'aucune de ces vérifications nous autorise néanmoins à établir cette vérité d'une manière parfaitement légitime et rationnelle [1].

Ainsi est posée la liberté, comme la solution la plus intelligible, mais sans qu'elle soit démontrée. C'est ce que Lequier exprime cursivement au moyen d'un enthymème dont la mineure est incertaine. « Je sens que je suis libre : donc je suis libre. Cette conclusion est vraie sans que le raisonnement soit juste »[2].

Ce qui importe surtout, c'est de restituer au dilemme son mouvement interne, qui aboutit au postulat de la liberté ; alors le postulat n'a rien d'arbitraire et il n'est pas de l'ordre d'une préférence, mais il est ce qui est commandé par la démarche. La liberté n'est certes pas démontrée ; mais dire qu'elle est postulée, c'est la reconnaître comme requise pour toute connaissance et toute action[3]. Aux assauts récurrents de la nécessité, fait face

1. Ms. 251, f° 35r *(O.C.*, p. 351).
2. Ms. 251, f° 38r *(O.C.*, p. 352).
3. C'est un point sur lequel insiste Renouvier. « Dans l'impuissance de rien *démontrer*, il reste une grande ressource ; c'est d'affirmer la liberté à titre de *postulatum*, et cela non pas seulement pour la morale, mais encore pour la connaissance elle-même, qui ne s'en peut passer. La vérité digne d'être choisie pour un tel *postulatum*, dès qu'il en faut un, "doit résoudre cette question mathématique : un maximum et un minimum à la fois : la plus petite dépense de croyance pour le plus grand résultat". L'affirmation de la réalité du libre arbitre a éminemment ce caractère » *(La recherche*, p. 65). Pour l'étude du dilemme par Renouvier, voir son *Traité de psychologie rationnelle* (1875, t. 2, p. 403-422). Après avoir reproduit le texte « La feuille de charmille », Renouvier expose et analyse les diverses hypothèses du dilemme, ce qui le conduit au postulat de la liberté et à la « formule de la science », par laquelle il conclut son livre, se plaçant ainsi entièrement sous l'égide de Lequier. Pourtant, il y a quelque chose d'insuffisant dans cette présentation du dilemme et du *postulatum*. Ayant remarqué (citant Lequier) que, dans le dilemme, le sujet se trouve dans un cercle dont il ne peut sortir, et qu'il faut pourtant vaincre l'aporie, Renouvier conclut que le postulat de la liberté relève d'une résolution de la volonté et d'une préférence personnelle. « Il faut en sortir pourtant. Ce sera par l'affirmation résolue de la liberté et par la soumission, par la réduction de la causalité à la liberté. [...] Je préfère affirmer la liberté, et affirmer que je

l'affirmation de la liberté, reconnue au terme d'une démarche réflexive où le *je* apparaît identiquement comme un *je libre*. Il y a un examen réflexif de la subjectivité qui, approfondissant ses représentations, découvre quelque chose qui, dans l'intime de la conscience, est principe de vision et d'abord d'action, comme une lumière qui, en deçà des méandres et des obscurités de la vie ordinaire, est le point qui oriente l'action et la connaissance. Ce point ultime est le symétrique inversé du démon de Socrate. « Le démon de Socrate, c'est l'Instinct obscur qui dit : Ne fais pas. Ce qui dit : Fais, c'est la lumière, c'est la conviction »[1]. Ainsi cette lumière, qui d'abord enjoint de faire, subordonne la vision à une action ; elle est la liberté. Or la liberté, qui est toujours celle d'un individu et qui donc agit d'une manière singulière, se tient pourtant en deçà des particularités du sujet, en un point irréductible en lui, un point aussi qui le transcende ; la conscience comporte des degrés, depuis les représentations communes, en passant par les analyses des psychologues, jusqu'à un noyau irréductible reconnu, et en cela posé, comme le principe de discrimination du vrai et du faux, du bien et du mal, et comme l'élément fixe à partir duquel prennent sens la connaissance et l'action. La liberté

> est la condition *nécessaire* qui rend *possible* l'œuvre à la fois imparfaite et admirable de la connaissance humaine et l'œuvre du Devoir qui en découle, et c'est assez peut-être pour nous assurer qu'elle n'est pas une vaine conception de notre orgueil. [...] On aurait beau la chercher dans la conscience des psychologues : si on la sent quelque part, c'est au fond de cette autre conscience plus clairvoyante qui ne confond jamais le bien avec le mal et nous crie sans hésiter de faire ou de ne pas faire[2].

Il y a ainsi un accord entre liberté et raison (théorique et pratique) puisque c'est au terme d'un cheminement rationnel qu'est atteinte la

l'affirme au moyen de la liberté. Mon affirmation me sauve, m'affranchit. Je renonce à poursuivre l'œuvre d'une connaissance qui ne serait pas la mienne. J'embrasse la certitude dont je suis l'auteur » *(La recherche*, p. 65). Cette interprétation, qui oriente la philosophie de Lequier vers un irrationalisme et un subjectivisme et qui revient à assimiler le *postulatum* à un pari (ce qui est certainement une tentation nette et forte), doit être corrigée par l'insistance sur le caractère rigoureux et rationnellement exigé de la démarche qui conduit à poser la liberté comme un absolu. C'est la seule attitude sensée qui se dégage de l'examen des voies du dilemme. Dans la mise à l'épreuve des hypothèses, est en œuvre un mouvement de sélection ; l'une des hypothèses, sans être déduite, s'impose pourtant parce que seule elle peut donner un sens à la connaissance et à l'action.

1. Ms 248, f° 23v, en marge d'une rédaction du 2e Dialogue *(O.C.*, p. 397).

2. *La recherche*, p. 64-65. Lequier retrouve les accents lyriques appliqués à la conscience morale dans la philosophie réflexive et spécialement par Rousseau, notamment cette thèse de l'*Emile* selon laquelle le premier des casuistes est la conscience. Voir aussi la lettre de Rousseau à Franquières du 15 janvier 1769.

liberté, reconnue par la raison comme condition de possibilité de la connaissance et comme fondement de la morale. Pour la connaissance, elle est condition négative (ce sans quoi) mais aussi positive (ce par quoi)[1] ; elle est même reconnue comme « l'éminent caractère de la raison ». Or, en même temps que Lequier insiste sur ce lien, il émet, certes sur le mode optatif, l'hypothèse tout inverse, celle d'une opposition radicale de la liberté à la raison.

> Admettre la liberté, c'est admettre la raison elle-même et la légitimité de la recherche. / La liberté est donc l'éminent caractère de la raison elle-même. C'est la condition de la recherche de la vérité. / Important : Je voudrais la ressaisir (cette croyance à la liberté) au prix du sacrifice de ma raison même...[2].

Si donc il le fallait – hypothèse limite, et certainement insensée, mais pourtant formulée –, pour sauver sa liberté (ou encore pour l'affirmer absolument, au moins par un acte de croyance), l'individu sacrifierait sa raison, l'abandonnerait, la renierait. S'il y avait à choisir (selon cette hypothèse hyperbolique, qui précisément peut révéler la liberté dans sa nudité) entre liberté et raison, c'est la liberté qui l'emporterait, vainquant toute raison, transcendant la raison elle-même. On retrouve ainsi les deux voies qui traversent toute l'œuvre et plus exactement la tourmentent, entre lesquelles il n'y a ni véritable composition ni non plus équilibre, mais tension extrême : la voie raisonnable, sinon sereine, autour de laquelle s'organise une pensée fermement ordonnée qui fait de la philosophie un système de la science, dans la grande tradition classique de l'idéalisme – et la voie pathétique et dramatique, ligne sans doute plus profonde et en tout cas bien plus accentuée, qui est celle d'un délire et de la puissance, dans la lignée du romantisme. Si la première est celle par laquelle une œuvre rigoureuse et très serrée se constitue et qui fait la précision et la finesse du *Dialogue du prédestiné et du réprouvé*, c'est en revanche la seconde qui, avec ses accents fulgurants et terribles (présents d'ailleurs dans le *Dialogue*, mais bien plus directs dans *Le problème de la science* et dans *Abel et Abel*), fait advenir ce que l'œuvre a de plus original ; c'est elle sa dimension de création, dans son acte de faire.

Pourtant le dépassement du dilemme est indiqué, de sorte que nécessité et liberté soient réunies. C'est ce qu'expose un fragment où, de nouveau,

1. « Me voici avec le phénomène, l'évidence logique, que je tiens pour de la certitude, et l'idée de la liberté que je reconnais pour mon premier dogme [...], que je reconnais comme condition générale, mais seulement négative de la connaissance des principes. [...] Nécessité et liberté, moyens de connaître, et voici la liberté comme condition positive » (Ms. 254, f° 62v, *O.C.*, p. 381). Voir aussi ms. 251, f° 18v *(O.C.*, p. 401).

2. Ms. 251, f° 12v *(O.C.*, p. 398).

croyance et science deviennent indistinctes; elles sont l'acte de la raison, elle-même alors comprise comme l'union de la volonté et de l'intelligence.

> La croyance ou la FOI est donc un acte réfléchi par lequel la volonté adhère de toute sa force au *Postulatum* conçu par l'intelligence. Ce concours de la volonté qui accepte et de l'intelligence qui montre (ce point de réunion) constitue l'acte double par où la raison humaine se pose et se conçoit elle-même. Nécessité et liberté. Ce *Postulatum* exprime la condition nécessaire de la Possibilité de la connaissance : deux choses l'engendrent : l'intelligence et le besoin de connaître, inhérent à la nature de l'homme. Or ce produit est lui-même nécessaire car il est conçu dans une intelligence dont les lois sont nécessaires, et le besoin de connaître qui la féconde est recelé dans le fond de notre nature comme un de ses éléments constitutifs et nécessaires. Mais l'acte par lequel ma volonté adhère à ce *Postulatum* est libre et nécessairement libre[1].

Au vrai, cette indistinction entre croyance et science n'est effective qu'au point limite où la volonté, qui est « à deux tranchants », qui se porte sur le oui comme sur le non, adhère pleinement à ce que lui montre l'entendement[2]. On retrouve ainsi les deux voies et c'est en fonction de ces deux voies qu'est à comprendre la formule de la science.

LA FORMULE DE LA SCIENCE

Dans une table des chapitres de l'ouvrage en cours de composition, Lequier indique ce qu'il mettra en épigraphe. « FAIRE. – *Qui facit veritatem... cognoscet de doctrina utrum ex deo sit, an ego a me ipso loquar* ». Ainsi le premier mot de son œuvre est « faire »; au principe, Lequier qualifie sa philosophie comme une philosophie de l'action, en un sens tout à fait indéterminé, le terme « faire » pouvant recevoir de multiples acceptions; « faire » sera, en tant qu'opposé au simple devenir et comme acte réflexif (« se faire »), le premier mot de la « formule de la science ». Ainsi encore, « la recherche d'une première vérité » (titre noté par Lequier sur cette même page) est une investigation de l'acte de faire. D'autre part, dans la citation du Nouveau Testament (Jean, 7, 17), *veritatem* est substitué à *voluntatem* (la citation sera donnée avec exactitude dans le *Cantique à la conscience*). Il n'y a évidemment pas identité entre « faire la vérité » et « faire ma volonté »; l'inflexion, ou même la transformation,

1. Ms. 251, f° 52r *(O.C.*, p. 399-400).
2. Voir la suite du fragment cité ci-dessus.

introduite par Lequier insiste sur la capacité d'un homme à faire lui-même la vérité, non pas à accomplir la volonté d'un autre, mais bien à faire advenir quelque chose de neuf et d'inédit ; cela signifie que le statut de l'homme est celui d'un être quasi créateur, de type divin. D'une autre manière, faire la vérité, ce sera d'abord, par un acte, découvrir la liberté en l'affirmant.

La formule de la science s'énonce ainsi : « FAIRE, non pas *devenir* mais faire, et en faisant SE FAIRE »[1]. Cette formule, qui constitue ce que l'on retient de Lequier et qui est frappée comme une devise philosophique, se trouve comme telle sur l'une des grandes feuilles rédigées juste avant la crise de folie de février 1851. C'est une formule soigneusement calligraphiée et détachée, presque en bas de la colonne de droite du manuscrit, c'est-à-dire aussi à la fin de cette ébauche des « Discours sur la recherche d'une première vérité ». Dans ce qui a été édité par Renouvier et ses successeurs, c'est même le dernier texte du manuscrit[2]. Quant à la formule, le terme « FAIRE » se dégage tout seul au milieu de la colonne, la suite étant une explicitation du terme qui, à lui seul, suffit pour caractériser l'acte philosophique. Ainsi, même si la formule n'est pas à l'écart de toute démarche argumentée, elle n'est pourtant une conclusion qu'en un sens faible. Elle vient après les développements sur la découverte de la première vérité et les conditions de la connaissance. Pourtant, ce qui est présenté comme une formule récapitulative est là comme une thèse certainement précise, mais sans liens très stricts avec une démarche qui en établirait rigoureusement la validité. On pourra certes y voir le signe de l'inachèvement de l'œuvre, la formule étant en attente d'une rédaction de l'ensemble ; mais c'est aussi (et même d'abord) la marque d'une pensée : celle où une volonté qui tranche dans l'action et qui s'exprime par aphorismes l'emporte sur une raison qui, en tout domaine, a comme fonction d'organiser des liens, rapportant toujours une conclusion à des prémisses. Ce n'est évidemment pas que Lequier soit incapable d'une argumentation très serrée et progressive (il suffit de lire le *Dialogue du prédestiné et du réprouvé* pour se convaincre de sa précision et de son acuité discursive) ; mais, là où les choses touchent à leurs limites et deviennent décisives, ce n'est plus une argumentation qui importe

1. *La recherche*, p. 72.

2. C'est le manuscrit 268, f° 3. Tout en reprenant l'édition de Renouvier, par fidélité à son œuvre d'amitié, mais aussi faute de mieux, nous avons remarqué dans notre édition, à la note des pages 66-67, que Renouvier avait proposé une mise en ordre des textes qui soulève des objections. En particulier, la formule de la science ne se trouve pas au milieu des textes fragmentaires, mais presque à la fin, et même tout à fait à la fin si l'on s'en tient à ce qu'a publié Renouvier. Dans le manuscrit, elle est cependant suivie de deux textes d'invocation à la conscience, ce qui, comme c'est le cas d'autres textes, rappelle un lien essentiel entre science et conscience.

absolument. Le caractère aphoristique de la formule et sa disposition graphique sont adéquats à la thèse même : l'affirmation du principe est à part, et son énoncé tient en un seul mot. Or – et c'est là toute la tension, sinon le caractère vertigineux de cette pensée – cette formule, nettement énigmatique, est supposée scientifique, au sens le plus fort, comme réponse ultime au problème de la science. Ainsi le projet de Lequier est-il à comprendre comme l'accomplissement de la métaphysique, son achèvement en ceci qu'elle peut tenir dans une seule formule. Cette formule qui, par les termes de « faire » et de « se faire », énonce la première vérité (ou en tout cas en est une expression), est surtout la formule qui englobe et résume la métaphysique. Aussi bien, faisant fi des critiques contre la possibilité même de la métaphysique, Lequier entreprend de constituer celle-ci et de prolonger cette grande tradition classique dont les figures éminentes sont à ses yeux Descartes puis Fichte.

D'abord, s'il y a une formule de la science, avant tout de la science première, la métaphysique, cela signifie qu'on peut connaître celle-ci, au moins dans son principe et dans ce qu'elle a d'essentiel. Or le mot ultime de la science n'est pas *connaître* mais *faire* ; ou encore, le premier connaître est un faire ; équivalemment, c'est une liberté. Qu'est-ce alors que faire ? On pourrait répondre : c'est agir, et dire que l'action est le premier mot de la philosophie (c'est bien la grande parenté avec Fichte). Et pourtant, Lequier n'écrit pas « agir », mais « faire », et il n'y a pas à tenir les deux termes pour synonymes. De plus, l'opposition n'est pas celle de l'action et de la connaissance, mais celle de *faire* à *devenir*. Dès sa formulation, la thèse de Lequier est vraiment originale. Déjà cette philosophie réflexive ne repose pas sur un acte intuitif d'un sujet qui se saisirait comme auto-connaissant, mais sur un acte qui est une action ; ainsi le sujet advient à soi par un mouvement initiateur (tel celui de l'enfant saisissant une feuille d'arbre) qui l'engendre. Reste que la formule est à considérer comme telle (indépendamment d'affinités éventuelles ou certaines). Et là un point initial, rhétorique mais capital, est à remarquer. C'est que, dans la formule, le premier terme, qui est posé comme indépendant, est un verbe à l'infinitif (donc générique et sans sujet). Le verbe n'est ni à l'indicatif (je fais, quelque chose a été fait), ni à l'impératif (je dois faire ou il faut faire), ni à l'optatif (il est souhaitable ou il est bon que je fasse ou que quelque chose soit fait). Autrement dit, posé à l'infinitif et de manière isolée, le verbe faire est soustrait à tout point de vue descriptif aussi bien que normatif ou évaluatif ; en somme, il leur est antécédent ; il ne comporte aucune subordination puisqu'il n'a aucune détermination, n'étant qualifié ni par un sujet, ni par un objet, ni par une modalité temporelle, ni par une finalité, ni par un commandement, ni par quoi que ce soit. Evidemment aussi, étant sans détermination ni qualification, faire est le concept le plus pauvre et indigent qui soit ; ce terme n'est même qu'un mot, qui ne dit encore rien sinon lui-même, par sa possible répétition tautologique. Mais, du fait de sa généralité, il est susceptible de toutes les déterminations possibles (et donc de la plus grande richesse), notamment celles de fait, de norme et de valeur, avec cette précision que faire aura toujours un sujet personnel (singulier ou pluriel). Exactement, il aura un sujet, au moins au sens où le verbe faire en contexte suppose un sujet grammatical. Ce ne sera d'ailleurs pas simplement un sujet grammatical, mais bien un sujet métaphysique et éthique, en ceci que la nature de ce sujet, initialement absent, ce sera de *se faire*. La nature du sujet, c'est d'être à lui-même sa tâche. Cela est évidemment le lieu d'une question ; c'est même la question de Lequier, à savoir celle de la liberté.

En second lieu, si Lequier écrit « faire » et non pas « agir », ce pourrait bien être pour se distinguer de Fichte et de toute philosophie du sujet pratique. Il importe en effet de reconnaître au faire son indétermination et sa généralité, sa plasticité aussi ou encore une créativité du concept, de sorte que si *faire* peut certes signifier *agir*, il comporte également bien d'autres significations, comme se mouvoir, travailler, produire et même connaître ; en effet, il reçoit toutes les significations qui peuvent être reconnues ou appliquées à quelque acte de quelque être humain. Au vrai, la question est moins celle de la signification de *faire* que du rapport entre *faire* et *se faire*. Or, dans la formule, « faire » est opposé à « devenir », et il est réfléchi en « se faire ». L'opposition n'est donc pas celle de l'action à la connaissance (c'est même un accord, au sens où faire est la condition de connaître), mais de l'action au devenir, au passage dans l'immanence d'un être potentiel à un être réel. Il y a bien une violence et une rupture dans l'acte de faire, qui est d'abord un acte séparateur. L'opposition au devenir accentue le côté créateur du faire, redoublé par le réfléchi « se faire ». Soutenir que le moi se fait par l'acte de faire, c'est le considérer comme un être créateur ou quasi créateur de soi ; c'est donc cette notion de création qui sera à préciser, par une interrogation sur le rapport de l'homme à Dieu ; la modalité supérieure et la plus accomplie de faire, c'est créer[1].

1. Ceci est la question du commencement, qui est aussi la question première. Commencer, c'est identiquement agir, être libre, créer. Cette thèse est, comme le remarquait J. Wahl en insistant sur la parenté avec Biran, ce qui spécifie Lequier. « Dans un univers où il n'y aurait pas d'êtres libres, il n'y aurait pas de commencements. Agir, c'est commencer. Et cette idée de commencement est liée à l'idée d'effort. Maine de Biran avait mis en lumière l'importance de cette idée. Pour Biran, je produis l'effort, et pour Lequier l'effort, en quelque sorte, se produit lui-même. Il se fait de rien, comme Dieu fait de rien. Mon effort est cause. C'est là la monstration. Biran avait montré tout le substratum passif de mes actions et il avait aussi mis en lumière, au delà de ce substratum passif, la présence de l'activité. C'est sur

Or ce caractère métaphysique et absolu du faire, le texte le marque avant même de le dire, simplement en faisant voir que faire est un terme tout à fait unique, strictement singulier. En effet, à deux reprises et à des moments capitaux, le terme *faire* est nettement séparé, énoncé à part, comme s'il transcendait tout autre terme, étant incomparable ; dans l'épigraphe prévue pour l'ensemble de l'œuvre, ainsi que dans la formule de la science, *faire* – d'ailleurs écrit chaque fois en majuscules – est posé en tête, de manière abrupte, marquant par cette position rhétorique sa place première, comme place majestueuse et sublime ; mais c'est aussi, en conséquence, une notion inanalysable, en tout cas non analysée ; l'analyser, ce serait en effet la ranger parmi les autres notions. Alors la force (probablement aussi la fragilité) de l'argument tient tout entière dans le rapport de reprise réflexive de « faire » par « se faire ». Dans la formule, « faire » a l'extension et la diversité maximales : mouvement naturel, production instrumentale, activité théorique, effort vers autrui, action morale – l'important étant qu'une action (finalement indifférente et quelconque) soit le moyen de la genèse d'un sujet qui s'anticipe déjà dans cette action. Ainsi, du « faire » au « se faire », s'effectue le passage du multiple et du divers à l'unité d'un sujet en quête de son identité. Dans ce but, remarquable est l'accord entre le dire et le dit, le faire et le fait. Par sa formule, Lequier accomplit ou « fait » un acte philosophique ; la rhétorique est le moyen d'une invention philosophique. Cette formule, digne de constituer un *topos* ou une référence dans l'histoire de la philosophie, est l'effet d'un travail très précis. La démarche, ou l'acte par lequel l'auteur passe du « faire » au « se faire », est scandée par deux étapes. La première, qui est de discrimination, conduit, par l'opposition de « devenir » à « faire », à réaffirmer « faire », et ainsi à lui conférer une signification nouvelle ; il était posé sans aucune détermination ; il a maintenant cette première détermination qui le distingue d'un processus de déploiement naturel[1]. La seconde étape, qui est de constitution, conduit de « faire » à « se faire », et cela par un moyen qui est encore un acte de faire.

cette activité qu'insiste particulièrement Lequier. L'effort est lui-même sa cause, il se produit, se fait, se fait de rien. C'est cela vouloir » (*Jules Lequier*, Genève-Paris, Les trois collines, 1948, p. 32). À la passivité originaire chez Biran, comme résistance inéliminable à l'effort d'agir, correspond chez Lequier la nécessité à laquelle se heurte sans fin la liberté, et c'est bien une nécessité interne, dont les expressions sont notamment les limitations et les divisions du moi. Dans ce texte, Wahl reprend presque à la lettre l'alinéa 6 de la 3e partie du *Problème de la science*, sur le cercle vicieux du commencement, que l'on ne peut résoudre que par l'acte de commencer, en rompant le cercle ; on ne prouve pas le commencement, on ne l'atteint qu'en le présupposant et en l'anticipant, en le posant.

1. Plus précisément, Lequier subordonne devenir à faire, comme il le fait remarquer à Renouvier dans une lettre du 1er septembre 1855. « Ne reprendrons-nous pas nos causeries ? Quand donc reconnaîtras-tu que, puisque quelque chose devient, c'est que quelqu'un a fait quelque chose ? » (*O.C.*, p. 545).

Ainsi, aux quatre occurrences du verbe faire, l'auteur donne à chaque fois une signification nouvelle, créant un sens neuf. L'acte de faire, qui est ici acte de se faire comme philosophe, prend la forme d'un acte de dire, faisant d'une signification totalement indéterminée une signification où vraiment s'effectue la première vérité. Trouver la vérité (et ici plus précisément la formule de la vérité), c'est bien la faire, la réaliser activement, et cela par le déploiement des diverses significations de faire (comme affirmation, comme moyen ou instrument, comme acte réflexif).

La question épineuse porte sur le rapport entre la science et la conscience. Pour être vraiment telle, la science transcende toute subjectivité, mais aussi elle n'a son principe que dans une subjectivité, un acte de connaissance. Comment ce renvoi double et réciproque peut-il être justifié ? C'est le thème d'un passage intitulé « Science ».

> La Raison ou la raison pratique. La Science ou la raison théorétique. La science commence à elle-même ; elle commence à sa recherche, à son nom de science qui rend la *recherche possible*. Mais elle *ne se sait pas tant qu'elle n'est pas accomplie*, tant qu'elle ne sait pas qu'elle est la science de la liberté. / Et cette science n'est pas complète, tant qu'elle ne se soumet pas la Raison, tant qu'elle ne se vivifie pas par l'adhésion totale de la Raison pratique, accomplissant ainsi un cercle. / Et cette science n'est pas vraie tant qu'elle n'aboutit pas réellement à l'ACTE. / [...] En sorte que la vraie science de la liberté aboutit à forcer la liberté ; la science du mystère de faire ou de ne pas faire aboutit à faire, ne pouvant pas ne pas faire, mais par cela qu'on a su qu'on pouvait ne pas faire. / Il n'y a point ici de cercle vicieux. Le cercle *vicieux se corrige en se connaissant*. Il y a eu cercle vicieux dans la recherche, parce qu'on espérait déduire, parce qu'on supposait comme affirmation ce qui ne pouvait être que supposition, et que l'on supposait sans s'en apercevoir ou qu'on se servait de sa supposition pour fonder, mais, quand la liberté s'affirme, il n'y a point d'autre cercle vicieux que *celui de la liberté même*[1].

La thèse est qu'il n'y a de science accomplie que celle qui reconnaît son principe, qui est la science de soi, c'est-à-dire la science de la liberté. L'argumentation vise à récuser toute fondation externe (la science serait hétéronome) et à découvrir au principe de la recherche, donc de la conscience, quelque chose qui fonde cette recherche. Lequier expose régressivement et même, à la limite, sous la forme d'un syllogisme, comment la science trouve son fondement dans un acte. L'examen vise à

1. Ms. 251, f° 30v *(O.C.*, p. 393-394). Voir *La recherche*, p. 31-32 : « La science commence à soi ».

coordonner, exactement à unifier, l'objectivité de la science et la subjectivité de la conscience en expliquant comment chacune requiert l'autre. Or il ne s'agit nullement de concilier les opposés, par exemple par une relation dialectique, mais de faire apparaître comment l'un conduit à l'autre. Lequier relève que le cercle se justifie par le progrès de la démarche; c'est le travail de la recherche, l'interrogation de la science sur elle-même, qui découvre que seul un acte du sujet peut fonder la science, mais aussi que ce sujet est la raison même, comme raison pratique. Il s'agit d'expliciter comment ce cercle de la science, selon lequel la science renvoie à elle-même et se fonde, requiert l'acte d'une conscience; le cercle s'éclaire par un mouvement qui va de la connaissance objective recherchée à une conscience comme acte de connaître, et cet acte ne se comprend que comme l'acte d'une liberté, qui est la raison pratique. Ici encore, l'interrogation se concentre sur le statut du « faire ». La philosophie de Lequier pourrait tenir en un mot, et ce mot serait: faire. Mais aussi, dans les argumentations, c'est sous la forme d'une alternative qu'est présentée la thèse : faire ou ne pas faire[1]. Or, de la formule « faire ou ne pas faire » à « faire », c'est tout un mouvement qui s'accomplit. Prenons d'abord la formule; elle est à comprendre selon deux accentuations fort différentes. On peut mettre l'accent sur *faire* (et aussi bien sur *ne pas faire*); ce qui est ainsi relevé, c'est le caractère de pouvoir et de réalisation. Mais on peut tout autant s'arrêter sur l'alternative *(ou)*; c'est alors un autre point qui est retenu, nous renvoyant directement au dilemme de la nécessité et de la liberté; il s'agit du moment de l'indétermination et du choix, du moment où tout est en suspens. Ce qui est capital, c'est le lien entre ces deux aspects qui, tout opposés qu'ils soient (à savoir une capacité et une indécision), sont strictement liés, en tant que tous deux signifient un aspect de la liberté : l'acte libre comme se cherchant et l'acte libre comme effectué. Lequier insiste sur ce lien qui caractérise le mouvement de l'acte libre. Faire, qui est certes initial dans l'œuvre et principiel dans la thèse, n'est vraiment affirmé qu'à la fin, et pour autant qu'il a traversé le moment de l'indécision, qu'il s'est même forgé, c'est-à-dire « fait », dans ce moment; il n'y a d'acte libre que si le sujet, ayant vécu l'indécision, l'a vaincue en tranchant le dilemme. Il est essentiel de penser l'acte libre selon son cheminement, en lui reconnaissant une diversité et une densité. C'est la liberté qui accomplit son propre mouvement, avec un moment dans lequel elle se tient elle-même en suspens, moment capital où précisément se révèle ou plutôt se constitue le

1. C'est une formule fréquente, déjà centrale dans le texte d'introduction. « Un jour, dans le jardin paternel, au moment de prendre une feuille de charmille, je m'émerveillai tout à coup de me sentir le maître absolu de cette action, tout insignifiante qu'elle était. Faire, ou ne pas faire ! Tous les deux si également en mon pouvoir ! » *(La recherche*, p. 12).

déséquilibre entre les deux possibilités, entraînant ainsi l'action. C'est par ce passage que la liberté, étant à l'épreuve de sa négation et ainsi se forgeant, sort de l'aporie. S'il y a bien une exigence de faire, une plus grande force en vue de faire (plutôt que de ne pas faire), cette différence ne s'effectue que par l'examen de l'alternative où se découvre la négativité de l'inaction. C'est là une version du principe du meilleur : l'être vaut mieux que le non-être, il est meilleur d'être et de faire que l'opposé.

Nous sommes ici exactement au cœur de la question de la liberté. Les deux expressions – l'une marquant l'alternative *(ou)* et l'autre la décision *(faire)* – contiennent dans leur rapport toute la complexité de la liberté. Si l'on considère la liberté comme libre arbitre, elle porte sur le choix préférentiel entre des buts possibles ; comme faculté de choix indifférent, la liberté a exactement une fonction d'arbitre. Mais cette liberté d'indifférence ne trouve son sens que rapportée à un pouvoir de faire qui est une cause, et même une cause primitive, puisqu'elle est une capacité de commencer une nouvelle série d'événements, de faire être du neuf. Le pouvoir de faire, comme capacité de réaliser quelque chose d'inédit, est antécédent (en tant que sa racine) au pouvoir de faire (ceci) *ou* de ne pas le faire. En deçà de la liberté d'indifférence, se tient la spontanéité d'un pouvoir. Mais, phénoménalement, cette spontanéité n'est jamais donnée comme telle ; elle est seulement ce que l'on peut induire ou plus exactement postuler à partir de l'expérience, si l'on veut rendre compte de l'alternative ; c'est bien par le pouvoir de choisir que nous pouvons aller vers le pouvoir de faire. Si l'on résout une alternative, c'est bien qu'on a la capacité de trancher ; mais ce pouvoir n'est donné que sur le mode d'un postulat[1].

Dans ce cheminement, la liberté s'anticipe elle-même, de sorte qu'il y a cercle ; mais c'est un cercle interne à la raison, un cercle qui *« se corrige »* par son propre progrès – ce qui fait aussi que jamais Lequier ne procède par sauts, mais que le mouvement de sa pensée est un acte à la fois d'élucidation par approfondissement et d'effectuation de la vérité.

1. Ce que Lequier rencontre là, c'est tout simplement le concept de liberté, tel qu'il est interrogé par Kant dans la thèse de la troisième antinomie. Est-il possible de penser une causalité par liberté ? Ce qui est en question, c'est la possibilité d'être responsable d'un acte. « L'idée transcendantale de la liberté [...] constitue seulement le concept de la spontanéité absolue de l'action, comme fondement propre de l'imputabilité de cette action ; mais elle n'en est pas moins la véritable pierre d'achoppement de la philosophie, qui trouve des difficultés insurmontables à admettre cette sorte de causalité inconditionnée » *(Critique de la raison pure*, Ak, III 310 ; édition Alquié, Gallimard « Pléiade », t. 1, p. 1104). Admettre la liberté, c'est reconnaître une spontanéité originaire capable de faire advenir de nouvelles séries de choses dans le temps. C'est bien le problème de la troisième antinomie que retrouve Lequier. Sans d'ailleurs aucune référence à Kant, il traite la question spécialement dans le *Dialogue du prédestiné et du réprouvé*, demeurant alors dans l'aporie ; le dilemme de la liberté et de la nécessité n'est jamais résolu d'une manière réflexive ni dialectique.

L'argumentation peut même prendre la forme d'un syllogisme, présenté comme un enthymême; c'est le mouvement de la connaissance qui, ayant reconnu l'alternative entre faire et ne pas faire, et compris qu'une des voies est impraticable, conclut que la science n'est possible qu'en posant « faire ». « C'est un syllogisme énergique et rapide de sa façon : Faire ou ne pas Faire. Conclusion : faire »[1]. Ainsi exposé, le mouvement de la liberté prend la figure d'une déduction. Or si cette présentation est vraie en tant qu'elle reconstitue un cheminement, elle est pourtant insuffisante et même fausse si elle est considérée comme exhaustive. Lequier soutient en effet que la science de la liberté aboutit à « forcer la liberté ». La liberté (l'acte de faire) n'est donc plus la conclusion d'un syllogisme, ou ne l'est que pour une présentation rétrospective; l'acte de faire, quelles que soient ses raisons, se pose lui-même. « On espérait déduire » : le syllogisme poserait la liberté comme une conclusion indubitable. Mais, s'il faut « forcer la liberté », l'acte libre échappe au syllogisme. Ainsi, la liberté se conçoit de deux manières très différentes : comme conclusion d'un raisonnement et comme affirmation absolue et séparée, et en cela première. Or ces deux manières sont tout à fait déséquilibrées; l'affirmation l'emporte, alors même que l'exposition logique n'est ni simple apparence ni pure reconstitution. Tel est le cercle de la liberté; dans l'argumentation où elle vise à s'établir déductivement, elle doit s'anticiper par un mouvement où elle ressaisit l'origine, en deçà de l'alternative.

Mais aussi, le point remarquable, c'est que cette recherche, en même temps qu'elle est exposée par un syllogisme, est l'interrogation d'un mystère et renvoie également à une énigme, se constituant donc toujours selon deux voies très différentes. Le faire a un statut double; il est la conclusion qui, par élimination, se déduit d'un examen des présupposés de la connaissance; mais aussi cette conclusion est reconnue comme un mystère et une énigme – ce qui signifie une nouvelle dualité. En effet, si le mystère et l'énigme sont à concevoir en opposition avec la raison, ils sont eux-mêmes très distincts. Que la liberté relève bien du mystère, c'est ce que Lequier soutient dans plusieurs textes. Notons d'abord un passage de sa lettre à Renouvier du 10 novembre 1850.

> Sois sûr que j'ai passé cette année du commencement à la fin, du commencement de l'idée de faire à l'accomplissement du fait. Regarde, avant je ne pouvais à peine penser. Seul, je me détruisais, je me hachais, je me réduisais en poussière. Pourquoi ? Je le sais. Ah ! je le sais. Tout ceci est de la connaissance de la pensée; je crois avoir trouvé un mystère merveilleux de simplicité, de profondeur,

1. Ms. 251, f° 31r; *O.C.*, p. 395.

> de lumière et de ténèbres, quelque chose à quoi nul ne pensa et que tous font[1].

D'une manière plus argumentée, c'est aussi comme mystère qu'est qualifiée la liberté au terme d'un bref dialogue sur la prescience divine et la liberté humaine. Théophile défend le point de vue de la prescience et Eugène celui de la liberté. Le sens du débat consiste à exposer que le mystère est bien plus dans la liberté humaine que dans la prescience qui, selon Lequier, ne peut se soutenir. Que Dieu connaisse ce qui a été (mais non pas ce qui sera puisque cela n'est pas), c'est une thèse intelligible. Mais que la liberté soit, cela dépasse l'intellect. La difficulté n'est pas d'accorder la prescience et la liberté ou de voir dans cet accord un « mystère impénétrable »[2], en tenant ensemble les deux bouts de la chaîne à la manière de Bossuet. Si l'on prend au sérieux les objections de la nécessité, le mystère est dans la liberté. « Ce n'est plus la prescience qui est pour moi un mystère ; le mystère c'est la liberté »[3]. Il y a un mystère de la liberté, posée comme capable de limiter le pouvoir de Dieu puisque, si la liberté est, l'avenir n'est pas déterminé ni prévisible. Que l'homme soit doté d'une telle liberté comme créatrice, voilà le mystère. Comme mystère, l'action (faire) reste impénétrable à l'explication rationnelle, et en ce sens lui est transcendante. Un mystère est à recevoir et à contempler ; si la liberté est le pouvoir de choisir et de faire, elle est d'abord, comme mystère à accueillir, ce par quoi l'action est possible (de sorte même que, antérieurement à la liberté comme faire, il y a la liberté comme être – ou plutôt la liberté comme faire est aussi bien liberté comme être, ou encore l'être de la liberté, c'est de faire). Si en revanche on envisage l'action comme énigme, elle relève de l'art du devin ou de l'interprète qui dénoue l'écheveau ou qui s'efforce de découvrir le mot ultime. Or le texte qui laisse entendre que la liberté est le mot de l'énigme est lui-même énigmatique, enveloppant son dit par son dire et redoublant ainsi l'énigme. « Le mot de l'énigme est l'énigme de FAIRE. La science est une énigme dont le mot est Enigme : l'énigme de FAIRE »[4]. Telle est la tension, qui peut même aller au vertige – mais également la relation –, entre une voie logique et une voie religieuse, typique de la philosophie de Lequier, chaque voie paraissant l'emporter tour à tour sur l'autre. En vérité, la voie rationnelle conduit ultimement, et cela sans rupture, à une contemplation mystique[5].

1. *O.C.*, p. 541.
2. *La recherche*, p. 316.
3. *Ibid.*, p. 318.
4. Ms. 251, f° 36v *(O.C.*, p. 395).
5. C'est un point que nous avons relevé dans une note de notre édition de *La recherche* (p. 66-67). Le texte qui énonce la formule de la science n'est pas tout à fait terminal dans le

Enigme ou mystère, le faire est à explorer. Dans des notes éparses, Lequier s'est interrogé sur l'acte de faire comme principe, notamment dans un passage intitulé « Analyses et preuves ».

> J'en appelle à la conscience. Je soumets tout dans mon respect à la conscience et je ne soumets la science qu'à elle. Mais la science doit être par elle-même. / [...] C'est toujours Dieu, le vrai Dieu qui parle dans la conscience. / [...] Ici mon point d'appui FAIRE. / [...] Mais rappelons-nous que ce que je ne trouverai que sur l'ancienne base n'est pas de la science. La science commence à soi. Il ne me reste donc que cette hypothèse et rien autre : FAIRE. / Dans cette science Dieu est FAIRE FAIRE [1].

Plusieurs points sont ici en cause. On y retrouve le cercle de la science, comme interne au sujet, de sorte que, à la limite, science et conscience s'identifient. Soutenir que la science (la philosophie) ne commence qu'à soi, c'est requérir une autofondation, comme découverte du principe de la science par un acte d'analyse et de réflexion qui conduit à la conscience ; si on accepte un principe extérieur au sujet, on livre la science au doute et on la soumet à la nécessité ; le seul principe solide, parce que le seul saisissable par un acte réflexif et le seul indubitable pour le sujet, est dans le sujet ou même est le sujet, la conscience. Mais qu'est-ce qui, dans la conscience, est strictement pur et irrécusable ? Commençant à soi, la science se fonde sur une vérité première que la conscience découvre au plus intime d'elle-même. Or se pose la question de la valeur d'une telle fondation, c'est-à-dire de la capacité de la conscience à être principe. Aussi bien faut-il distinguer entre deux notions, conscience et faire, notions qui certes se conviennent, mais qui renvoient à deux interrogations : *où* peut-on rencontrer le principe ou la première vérité ? Quelle est la *nature* de cette vérité, et par là de toute vérité ? Ainsi y a-t-il un déplacement de l'interrogation. Si la science ne peut commencer que dans et par la conscience, elle ne commence que par la reconnaissance de la nature de la conscience comme capacité de faire. C'est donc la conscience, en tant que lieu du faire mais non pas comme telle, comme faculté de voir ou de saisir d'un coup, qui est principe ; est alors à explorer et à éprouver la nature de ce faire, notamment sa capacité d'être un

manuscrit Il est suivi d'un texte qui est une hymne à la conscience et qui comporte des invocations mystiques. Il nous paraît correct d'y voir le cheminement ultime de l'œuvre.

1. Ms. 251, f° 36v-37r *(O.C.*, p. 396-397). Cette expression de redoublement pour qualifier Dieu n'est pas unique. On la retrouve dans l'un des tout derniers textes connus, un brouillon d'une lettre (peut-être du 1er janvier 1862) à un ami de jeunesse, Epivent, devenu évêque d'Ayre et Dax. « Mon Dieu ! Que c'est beau ! Que c'est beau ! Ô parole de Dieu ! PAROLE de Dieu ! Qui ne commandez pas seulement, mais qui FAITES FAIRE ! » (Ms. 274, p. 3 ; *O.C.*, p. 528).

appui suffisamment résistant – ce qui revient à rechercher dans le sujet quelque chose qui aussi lui soit transcendant, irréductible à son être particulier.

Ce qui est en cause, c'est le *postulatum*, la liberté comme faculté de faire. La conclusion est celle même du dilemme ; par une régression logique, l'interrogation sur la signification de la science conduit à reconnaître un acte libre comme principe. Mais intervient une référence nouvelle, qui est le rapport de l'homme à Dieu, un rapport entre des libertés. Or entre ces deux libertés, il y a certes une identité, si bien que l'homme et Dieu se ressemblent en ce que, pour l'un et l'autre, le premier caractère est la capacité de faire – mais aussi une différence capitale, la différence entre « faire » et « faire faire », de sorte que l'un soit redoublé par l'autre, qu'il se reconnaisse comme insuffisant et ait besoin de l'autre pour être fondé, que l'insuffisance de l'un renvoie même à l'autosuffisance de l'autre ; ceci fait que l'identité de nature quant à l'élément essentiel est corrélative d'une différence, pensable comme dépendance et transcendance, mais une transcendance qui pourtant est bien en continuité avec l'immanence, dont elle n'est (et d'abord par l'expression linguistique) qu'un redoublement ou une répétition qui elle-même ne peut plus être redoublée. Le seul acte vraiment absolu est le « faire faire », dont le « faire » n'est plus qu'une image, pensable comme moyen ou comme instrument, alors même qu'il est le point de départ. Ainsi, en Dieu, la liberté est-elle puissance illimitée et absolue. Et le « faire » en l'homme n'est une liberté limitée que par la reconnaissance d'un « faire faire » en Dieu, seul créateur au sens strict. Cette subordination est encore exprimée d'une autre manière, au point même que faire ne s'applique strictement qu'à Dieu et que, pour l'homme, faire consiste d'abord à invoquer Dieu, la liberté de l'homme se réduisant à une incapacité. « Instinct † FAIRE / C'est-à-dire *ne pas faire* de soi-même. / Ne pas user de sa liberté propre, – ne pas faire ce que Dieu n'aide pas à faire. / Mais FAIRE, entendu comme invocation ; appeler à son aide celui qui s'appelle faire »[1].

Or une autre formule, très elliptique, exprime autrement le rapport entre l'homme et Dieu, d'une manière telle que l'on passe de l'insistance sur l'identité à l'insistance sur la différence. « Dieu, c'est Être et Faire ; l'homme c'est faire et être »[2]. D'abord la qualification de Dieu vient en premier, et l'homme est qualifié à partir de Dieu et en fonction de lui. Egalement, si Dieu et l'homme sont caractérisés par les mêmes termes (à la

1. Ms. 248, f° 44 *(O.C.*, p. 398). Dans le même sens, on relève cette formule : « L'Idée de Faire, c'est-à-dire l'Idée de Libre Arbitre Divin » (Ms. 257, f° 10r).

2. Ms. 257, f° 23v (formule lapidaire et peut-être unique).

majuscule près cependant), c'est dans un ordre inverse – ce qui change tout. Dans la formule précédente, c'est l'homme qui introduit à Dieu, qui est l'accomplissement de l'activité en étant le redoublement de l'activité de l'homme ; l'activité de l'homme apparaît comme ce à partir de quoi se pense l'activité de Dieu, celle-ci se redoublant comme l'activité de l'homme portée à sa limite ; mais aussi l'activité de l'homme est subordonnée puisqu'elle prend la figure d'une action transitive, le moyen par lequel Dieu agit. Au contraire, selon la seconde formule, dans la symétrie inversée des qualifications, faire n'est plus que la qualification seconde pour Dieu ; l'être est premier et le faire lui est subordonné (ou au moins est second), alors que c'est l'opposé pour l'homme. Précisément, la première parole de Dieu est « je suis », alors que celle de l'homme est « je fais », c'est-à-dire « j'existe ». Mais, si faire n'est plus que second par rapport à être, il y a une transcendance de Dieu comme modèle pour l'homme, et c'est le faire qui doit se régler sur l'être. En affirmant Dieu d'abord, en le reconnaissant comme (un) être – verbe et nom – et en insistant sur la différence d'avec l'homme, Lequier n'est plus dans une philosophie première de l'action ; mais peut-être aussi, pour affirmer Dieu en premier, faut-il avoir déjà accompli le passage par la première formule, qui est une autre version du « j'existe », un approfondissement de la conscience – chaque formule s'éclairant par son rapport à l'autre. C'est là d'ailleurs une position limite de Lequier, avec cette primauté de l'être en Dieu, une position qui sera reprise d'une autre manière, puisque les concepts d'être et de force seront compris comme identiques et que c'est autour du concept de force que s'ordonne la conception de Dieu dans le discours sur « Les personnes divines »[1]. Au moins la formule est-elle une expression de l'ontothéologie – mais précisée, c'est-à-dire infléchie et ainsi modifiée, par ce caractère de « Faire » qui ailleurs a la primauté. Sans doute touchons-nous là à la pointe du mystère : cette union mais pourtant cette distinction d'être et de faire. Que l'être (pleinement accompli et immuable) et le faire (puissance d'agir et d'inventer) soient réunis, c'est quelque chose d'à peine pensable, quelque chose en tout cas que Lequier cherchera à penser à partir d'autres éléments, dans une interrogation sur les personnes divines. Mais aussi, à ce point, qui est peut-être le plus névralgique de l'œuvre, être et faire sont indiscernables ; dit autrement, on ne sait pas comment, dans la liberté, être et faire se rapportent l'un à l'autre.

Cette difficulté, un autre fragment aide à l'éclairer, en insistant encore sur un caractère divin de l'homme, mais aussi sur sa dualité, deux moi étant à distinguer.

1. Nous reprendrons cette question pour elle-même au chapitre III.

> Ma propre divinité m'étonne. À coup sûr je ne me suis pas donné à moi-même de faire ou ne pas faire ; et, comme ce que je fais étend mon être et est moi-même, je me fais donc moi-même. / Je suis quelque chose qui se cherche. Il n'est pas juste dire : "Je suis quelque chose" ; il faut ajouter, de peur de dogmatisme, "quelque chose qui se cherche, quelque chose qui cherche à se connaître". / Ce "quelque chose" est donné avant de se connaître ; il ne dépend point de sa connaissance, c'est plutôt sa connaissance qui en dépendrait. Or, au lieu de saisir dans cette formule un élément qui, pris à part et dans sa plénitude, résolve toutes les exigences, ce qui est peut-être impossible, il faut considérer tous les éléments qui y entrent, les considérer en eux et dans leurs rapports ; voilà ma seule ressource, voilà toute ma ressource[1].

C'est la thèse, que nous retrouverons, d'un créateur créé. Si c'est bien le faire qui caractérise l'homme, ce faire est lui-même dépendant d'un être, à savoir tout simplement que je suis. C'est cette dualité d'être et de faire en moi, et plus précisément du moi, qui est à concevoir, comme une reprise de l'être par le faire et comme une rétroaction du faire sur l'être, de sorte que mon être ou mon moi, c'est un être donné, mais aussi un être que je fais. L'être initial, comme donné là, est bien quelque chose qui me circonscrit, et en ce sens je ne puis sortir de moi-même ; mais ce donné est transformé, « fait » par moi, devenant ainsi mon œuvre.

La liberté comme première vérité

Il est admis, depuis Renouvier puis Grenier, que Lequier est le philosophe de la liberté. Nous examinerons plus loin comment il convient de préciser cette thèse jusqu'à lui donner une figure nouvelle. Mais il est indiscutable que la liberté est au centre de la philosophie de Lequier. Reste alors à voir comment est établie cette pensée. Parmi les multiples textes, quelques-uns sont spécialement topiques ; c'est le cas de celui qui, à la fin du *Problème de la science*, énonce la première vérité. Il est suffisamment énigmatique, et d'abord inachevé, pour qu'on s'y arrête ; nous le donnons avec ses points de suspension.

> Et à présent… à présent je possède, désormais je tiens sous ma garde les plus certaines des vérités et les premières en ordre : je suis libre ; je suis par delà ma dépendance indépendant, et dépendant par delà mon indépendance ; je suis une indépendance dépendante ; je

1. Ms. 254, f° 66r ; O.C., p. 329-330.

> suis une personne responsable de moi qui suis mon œuvre, à Dieu qui m'a créé créateur de moi-même. / Enfin je respire. Je l'ai trouvée cette première vérité…[1].

Ce texte prend place dans une démarche qui aboutit à la formule de la science. Nous avons la bonne fortune de disposer d'une autre version partielle dans une importante lettre à Renouvier du 10 novembre 1850, où Lequier utilise le singulier (« La plus certaine des vérités et la première en ordre »)[2]. Or cette vérité, en même temps qu'elle est affirmée, demeure encore sujette au doute, comme Lequier l'écrit à Renouvier.

> Comprends la difficulté, ce travail, cette trame est telle que tout est suspendu jusqu'à la fin. Or la fin n'est pas la fin et tant s'en faut et pour de grandes raisons. Enfin cette première fin est une longue phrase qui se termine ainsi […][3].

Il y a là quelque chose de proprement étonnant. Cette phrase capitale, dont nous avons deux fois la fin (quasi identique dans la lettre et dans le manuscrit), nous n'en connaissons pas le début ; elle est, au sens strict, en suspens, écrite entre deux séries de points de suspension. Elle tient ainsi toute seule, mais pourtant amputée de son commencement, elle qui doit être le support de toute la métaphysique. Ceci est de grande conséquence, au sens où c'est une fin sans commencement ; elle énonce une première vérité, mais rapportée à quelque chose qui nous échappe, qui n'est pas dit. Ainsi est-ce une première vérité qui, tout apodictique qu'elle soit, conserve un côté aporétique. Si donc la première vérité est trouvée, on ne sait pas comment elle l'est ; on ne connaît pas non plus ses conséquences. Elle a une position isolée, séparée – ce qui certes accentue son caractère d'absolu – alors même qu'elle doit être le premier élément d'une chaîne. Ensuite, ayant exposé la première vérité, Lequier ajoute, sur un ton pathétique, dans sa lettre à Renouvier : « Je respire alors oui je respire si j'en étais là je respirerais aussi. Je respire, mais je ne vis pas. Enfin je renonce à te dire tout cela »[4]. Lui-même caractérise son texte comme tâtonnant et énigmatique, toujours en train de se faire et de se refaire.

> Le temps me manque pour te dire la phrase qui commence, claire, obscure, demi-claire, demi-obscure, pleine d'erreurs qui se détruisent et de vérités qu'on n'aperçoit pas, et cela avec un sens plausible qui reste et qu'on reconnaît à la fin, qui change sans

1. *La recherche*, p. 71.
2. *O.C.*, p. 538.
3. *Ibid.*, p. 538. Suit une autre version de la phrase de *La recherche*, p. 71.
4. *Ibid.*, p. 539.

> changer. C'est-à-dire qui se débarrasse de liens factices et se renforce. Là est l'écheveau. C'est de là que je le débrouille[1].

Or, dans une autre lettre en rapport avec la précédente, Lequier fait une remarque qui transforme le rapport à la vérité.

> Hé bien donc j'ai trouvé, je te parle comme je crois, j'ai trouvé non pas cette vérité que j'avais trouvée et qui n'est réelle que quand cette chimère de la Prescience est chassée (je ne sais pas si j'aurai seulement un § sur cette prescience). J'ai donc trouvé distinctement l'erreur que faisaient tous les autres dans toutes ses formes principales, et cela m'a mené très loin[2].

Ainsi, ce qui est trouvé, ce n'est pas encore la première vérité, mais c'est seulement l'erreur des autres. Trouver la vérité suppose d'avoir d'abord écarté le fantôme ou la chimère de la nécessité, et cela est une tâche sans fin, accompagnée d'épouvante.

Revenons au texte de la découverte et repérons les verbes. Nous avons d'abord « je possède », « je tiens sous ma garde », puis à la fin « je l'ai trouvée ». Ces verbes sont très différents. Les premiers signifient un acte de volonté, avec la connotation d'une emprise et d'une maîtrise. En ce sens, la première vérité est elle-même une œuvre, sa propre œuvre, l'acte d'une liberté s'affirmant et transcendant toute forme de nécessité. C'est aussi ce qu'indique un autre texte. « Il semble que l'on cherche à affirmer quelque chose qui contraigne d'affirmer. Or c'est un acte de la liberté qui affirme la liberté »[3]. Mais si le premier accent du texte est bien d'insister sur l'autogénération de la liberté, exactement même sur son caractère créateur, le dernier accent est nettement différent. Trouver est tout autre chose que faire ou créer ; c'est, au terme d'une démarche et d'une recherche, reconnaître ou découvrir quelque chose que l'on ne produit pas, mais que l'on rencontre et que l'on reçoit, quelque chose qui est donné là, inscrit au cœur du sujet, mais le transcendant aussi. En ce sens, c'est bien par un acte de méditation qu'est trouvée, c'est-à-dire reçue, la première vérité. Ainsi la liberté est-elle essentiellement ambiguë, comme le remarque un autre texte, selon lequel, si la liberté est certes créatrice, elle est d'abord créée. « L'homme, auteur de ses actes par sa liberté, ne l'est pas de sa liberté »[4]. On comprend ainsi que la liberté est originaire, c'est-à-dire qu'elle est donnée à tout homme ou qu'il y a la liberté en tout homme. Mais alors, c'est la première vérité qui est ambiguë, d'une ambiguïté qui est celle de l'action et de la vision,

1. *Ibid.*, p. 539.
2. *Ibid.*, p. 542.
3. *La recherche*, p. 68.
4. *Ibid.*, p. 72.

ambiguïté qui porte sur le point que Lequier a sans fin interrogé et auquel il s'est constamment heurté. Cette ambiguïté est telle qu'elle conduit même à un retournement, puisque la liberté, comme pouvoir de faire, est maintenant seconde par rapport à la liberté comme être donné, comme essence de l'homme à découvrir et même à contempler. Ainsi donc, dans la liberté humaine comme en Dieu, être a finalement la priorité sur faire [1].

La liberté, reconnue comme première vérité, est aussi le premier caractère de l'existence ; exister, c'est être libre, selon l'être d'une liberté qui apparaît d'abord comme arbitraire ; en effet l'existence, sous sa modalité la plus élémentaire, est le fait de vivre selon le libre arbitre, qui est l'absolu de la liberté. Il y a d'ailleurs là une thèse remarquable. Si Lequier mérite d'être considéré comme l'un des initiateurs modernes de la philosophie de l'existence, c'est d'une manière bien spécifique, où nulle opposition ne paraît entre philosophie de l'existence et métaphysique. On peut même dire : la métaphysique est philosophie de l'existence sans cesser d'être métaphysique. La fonction de la métaphsique est de penser l'existence, c'est-à-dire avant tout la liberté, qui est l'objet d'une véritable connaissance, qui est tout simplement la première vérité. Dans l'introduction de son livre, qui peut être lue comme une histoire de son esprit, Lequier est à la recherche d'une première vérité au plus intime de soi, vérité qui se révèle dans une histoire. Cette première vérité est découverte par et dans une activité simple du sujet, un acte libre ; exactement, l'auteur chemine de la découverte de l'acte libre à celle de la liberté, selon le parcours du texte « La feuille de charmille », qui conduit du libre arbitre (« ces grandes questions

1. On peut appliquer à Lequier ce que Bergson dit de tout philosophe : il a une intuition dont il cherche sans fin à écrire la formule. Cette formule, qui porte sur la liberté, est si difficilement établie et si partiellement étayée qu'elle est le point auquel le philosophe aboutit sans être en mesure de reconstituer tout son cheminement. D'où les réexamens et les corrections. Ce que Bergson dit dans « L'intuition philosophique » est topique ici. « En ce point est quelque chose de simple, d'infiniment simple, de si extraordinairement simple que le philosophe n'a jamais réussi à le dire. Et c'est pourquoi il a parlé toute sa vie. Il ne pouvait formuler ce qu'il avait dans l'esprit sans se sentir obligé de corriger sa formule, puis de corriger sa correction » *(La pensée et le mouvant*, in *Œuvres*, p. 1347 / 119). C'est à exposer l'intuition du « je suis libre » qu'est consacrée l'œuvre de Lequier ; c'est son seul point, son unique pensée. La thèse de Bergson trouve ici une application et une confirmation. « Un philosophe digne de ce nom n'a jamais dit qu'une seule chose : encore a-t-il plutôt cherché à la dire qu'il ne l'a dite véritablement. Et il n'a dit qu'une seule chose parce qu'il n'a su qu'un seul point : encore fut-ce moins une vision qu'un contact » *(Ibid.*, p. 1350 / 122-123). Notons ce que Lequier écrit dans sa lettre citée à Renouvier, lettre qui affirme le caractère irréductible et impénétrable du point originaire ; la découverte de ce point par un sujet renvoie bien plus à une présence qui s'impose qu'à une action qui fait être quelque chose. « Tout ceci est de la connaissance de la pensée ; je crois avoir trouvé un mystère merveilleux de simplicité, de profondeur, de lumière et de ténèbres, quelque chose à quoi nul ne pensa et que tous font » *(O.C.*, p. 541).

du libre arbitre et de la Providence », § 2) à la liberté (« Ressaisissant la foi en ma liberté par ma liberté même », avant-dernier §)[1]. Le libre arbitre est initial, mais c'est la liberté qui est première, fondatrice. S'il n'y a pas de thématisation de la différence entre libre arbitre et liberté, de sorte que c'est le libre arbitre qui caractérise d'abord la liberté, pourtant Lequier n'emploie pas indifféremment les deux termes. Ce qui lui importe, c'est moins la liberté (comme faculté de l'homme) – pourtant l'un des éléments du dilemme dans l'affrontement à la nécessité – que l'acte libre, marqué par un surgissement, un côté abrupt ou une spontanéité. C'est dans les textes les plus métaphysiques, comme le *Dialogue du prédestiné et du réprouvé*, que la liberté trouve vraiment sa place. Mais remarquons aussi que les *Dialogues* sont une partie d'un ensemble qui s'intitule *Indications de l'idée du libre arbitre*. Pourtant l'équité commande de noter que le titre prévu dans la table des matières est : *Indications de la liberté*... Au moins cela signifie-t-il qu'il n'y a pas à majorer la différence entre les deux concepts. Reste alors à déterminer le statut de la liberté, et notamment à comprendre comment le libre arbitre en est bien l'élément central ou le plus essentiel, et pourtant insuffisant[2].

1. *La recherche*, p. 11 et 15.

2. J. Wahl a fortement marqué l'importance de ce point qui, à ses yeux, fait de Lequier l'un des grands initiateurs de la philosophie de l'existence. « L'acte libre est, dans sa qualité même et indépendamment de toute comparaison avec d'autres actes, possible. Cette qualité de l'acte libre, on ne peut pas aller beaucoup plus loin pour la définir ; pourtant on peut dire qu'elle s'identifie avec ce qu'on appelle depuis et avec ce que Lequier lui-même appelle l'existence » *(Jules Lequier*, p. 51). C'est par le même acte que se reconnaissent liberté et existence. « Existence et liberté sont une seule et même chose ; étant différent, on aurait agi différemment. "J'existe" par l'irrésistible besoin de croire en mon être, par la mémoire naissante, par la vie, par l'amour de la vie, qui s'indigne de tant de discours. [...] C'est toujours dans le sentiment de l'existence, mais non plus dans le sens de Maine de Biran, quand Maine de Biran essayait de saisir les variations de son être et d'identifier l'existence avec ses sentiments. C'est dans le sentiment de l'existence que se réalise l'idée de liberté. Et de nouveau apparaît cette idée qu'au delà des discours ou en deçà des discours, il y a une réalité plus profonde. C'est l'inexplicable, ce qui échappe à toute loi, "et qui ne relève que du fait de l'existence". Lequier, ici, n'est plus seulement le précurseur de Boutroux et de James ; il se classe avec Schelling et Kierkegaard comme un des premiers et des plus grands philosophes de l'existence » *(Ibid.*, p. 54-55). Une confrontation entre Kierkegaard et Lequier, presque exactement contemporains et aux destinées parfois proches, hommes vraiment singuliers qui explorent les limites de la pensée, mettrait pourtant en évidence des différences majeures entre les œuvres, non comparables dans leur démarche et leur constitution, ayant aussi un rapport très différent à la métaphysique. Quant à la thèse sur la liberté, la différence serait capitale ; à l'affirmation vigoureuse de la liberté (certes difficilement conquise contre la nécessité et toujours menacée), ferait face la thèse de la non-liberté et de la non-vérité initiales du sujet. Mais aussi, dans l'un et l'autre cas, c'est par une mise en scène de l'individu dans l'existence que se réalise la solution au problème, celui du devenir soi. Les points de rencontre les plus évidents seraient à explorer par une étude corrélative de *Crainte et*

Dans la troisième partie du *Problème de la science*, explorant la nature de l'acte libre et s'interrogeant sur l'origine et les fondements de l'idée de liberté, Lequier expose sa thèse de l'acte libre comme arbitraire, purement contingent et gratuit. La méthode est celle de l'analyse par purification et par décomposition de l'acte libre en ses éléments ; si, par abstraction, on enlève tous les motifs de se décider dans un sens ou dans un autre, il ne reste qu'un vouloir arbitraire, une puissance de se décider et d'agir en deçà de toute raison, un pur vouloir. Ainsi est atteint le noyau du vouloir, quelque chose de résistant, d'indépendant et donc d'absolu, ce que Lequier nomme une liberté d'aséité, transcendante à tout motif et toute raison, et par là une liberté irrationnelle et vraiment effrayante.

> Et voilà les origines et les fondements de cette idée de la liberté ! Ses fondements ne sont que ses origines obscurcies. Comme à mesure que l'on dépouille successivement la volonté de tel ou tel de ses motifs on lui rend son indépendance à l'égard de ce motif, et qu'elle reste toujours une volonté, il semble qu'il reste un pouvoir absolu de vouloir, le vouloir pur, quand l'abstraction des motifs est conçue comme universelle. On imagine donc un certain pouvoir de vouloir arbitrairement, une volonté à la fois active et indifférente à se porter dans tous les sens, une sorte de folie de la volonté. Cette imagination qui fait peur, on la tient dans l'ombre, elle n'est pas l'idée de liberté, mais elle en est le fonds[1].

Ce qu'il y a de proprement libre dans la liberté relève ainsi de la spontanéité du désir et de l'imagination ; c'est un pouvoir aveugle, incontrôlé, et d'ailleurs inconnaissable, toujours caché et irréductible à la lumière, livré à lui-même, une liberté de type romantique, qualifiée comme une « sorte de folie de la volonté ». Par cet accent porté uniquement sur l'irrationnel, la liberté n'a pas d'autre caractère que celui d'un pouvoir sans détermination ; elle est seulement un pouvoir. On notera aussi que ce pouvoir, exempt de tout motif et de toute détermination, constitue le « fonds » de la liberté mais non pas son « idée » ; il n'est donc pas son essence, ou du moins pas toute son essence ; mais on entendra le fonds comme les propriétés naturelles qui constituent le support de l'acte libre, son origine et sa racine, et en cela tout de même ce qu'elle a de plus essentiel : une puissance ou une force indifférente aux raisons, plus

tremblement et de *Abel et Abel*, précisément avec les rapports entre le père et le fils ; alors, conformément à chacune de ces philosophies, les singularités de chaque œuvre se dégageraient nettement. – La parenté est sans doute plus précise avec l'œuvre de Blondel, comme philosophie où l'action est première et où la réflexion sur l'action se constitue comme mouvement du sujet vers Dieu (sur ce point, voir X. Tilliette, *op. cit.*, p. 148).

1. *Ibid.*, p. 54-55.

profonde que les raisons. Alors une possibilité demeure pour une autre conception de la liberté, une conception qui mettra en relation liberté et loi. La qualification adéquate de ce fonds est « arbitraire », comme le précise Lequier :

> La liberté sans l'arbitraire est la chose sans le mot, ou le mot sans la chose. Avec la liberté, le *fortuit* et *l'arbitraire* sont au cœur de nos actes les plus excellents. Quels postulats pour la doctrine des mœurs, et quels points de départ pour la méthode [1] !

Là encore, l'arbitraire n'est pas dit l'essence de la liberté, mais ce sans quoi il n'y a pas de liberté, une composante irréductible de la liberté, l'un de ses caractères, à vrai dire le plus élémentaire, présenté comme le cœur ou le noyau, c'est-à-dire la force. La puissance est en ce sens le principe de l'acte libre, un principe redoublé, comme cause plus profonde que toutes les autres, cause initiale agissant par soi ; l'arbitraire est la liberté comprise du point de vue dynamique.

> Pour qui serait assez osé que d'admettre comme principe de nos déterminations, comme principe de ce principe, au delà de tout ce qui peut se penser comme une cause, au delà des motifs, qui sont des désirs aperçus, et des instincts, qui sont des désirs mal démêlés, quelque chose d'extérieurement et réellement fortuit, rien de mieux que de poser avec franchise quelque chose d'arbitraire dans la volonté : cette cause conviendrait à cet effet [2].

C'est ainsi par un acte hyperbolique et forcé, exprimé au conditionnel, acte d'une audace insensée, qu'est posé un arbitraire originel. Exactement, cet arbitraire, inconnaissable, n'est que postulé ; il est le point limite de la liberté : en ce qu'elle a d'ultime, la liberté est concevable seulement comme arbitraire, ce terme n'étant encore qu'un mot sans détermination. D'une certaine manière, qualifier la liberté d'arbitraire, c'est n'en rien dire. Lequier examine « les origines et les fondements » de l'idée de liberté, remarquant que le fondement renvoie à l'origine. Le fondement est ainsi compris comme une dérivation, mais non pas comme une raison ; également, les origines de la liberté ne sont pas dans la raison ; elles ne sont pas non plus dans l'instinct, mais dans quelque chose de plus profond, qui est à peine dicible : l'arbitraire.

Poursuivant son exploration par la méthode d'abstraction, Lequier examine ce qu'il y a de plus pur et irréductible dans le libre arbitre.

1. *Ibid.*, p. 56.
2. *Ibid.*, p. 56.

> Je discerne, dis-je, et j'enlève, au sein de ma détermination que je considère, la part de ces influences et de ces causes : que va-t-il donc rester qui soit du libre arbitre ? Quelque chose reste encore, quelque chose d'inexpliqué et d'inexplicable qui échappe à toute loi, qui s'est produit sans raison aucune, qui ne relève que du fait de son existence ; à savoir ma détermination elle-même, non pas en tant que telle ou telle, mais en tant qu'ayant eu lieu, en tant que devenue un peu plus qu'une idée pure ; ma détermination en tant qu'elle se consomme ; sa réalité propre : une superfétation tout à fait spontanée, le non-rien issu de la non-cause, dont il y a seulement à dire qu'il pouvait être ou n'être pas, n'être pas ou être ; dans son indifférence à l'être et au non-être, il a été : c'est un accident absolu[1].

Sans doute est-ce ici, dans ce texte aux formules particulièrement aiguës, que Lequier expose le plus topiquement le caractère premier de la liberté ; il tend à faire saisir la liberté dans ce qu'elle a d'unique et d'absolu, en procédant à une décomposition des actes humains en vue d'atteindre la pureté d'une réalité première, ce qui, rhétoriquement, est effectué par un enchaînement de formules négatives. Ce que révèle l'analyse d'un acte, c'est l'identité entre liberté et existence ; plus exactement, le fait d'être libre, c'est le fait d'exister, précisément comme un pur fait, comme le simple acte d'être là. Lequier procède ainsi à une définition de la liberté par élimination de l'inessentiel ; une fois enlevée toute détermination, on atteint quelque chose qui n'est pas de l'ordre d'une détermination, mais qui est pourtant le seul élément qui ultimement caractérise le libre arbitre : le fait d'être. C'est bien l'essence de la liberté (du libre arbitre) qui est recherchée, et cette essence n'est rien d'autre, à la limite, que le fait d'exister, un fait indéductible nommé « accident absolu » ; c'est ce terme seul qui qualifie l'acte libre. Les expressions utilisées situent la recherche dans le cadre d'une philosophie négative de la liberté. Lequier effectue une description du libre arbitre en extériorité, en ôtant tout ce qui ne l'identifie pas positivement (et rien ne l'identifie positivement), ce qui aboutit à reconnaître la présence d'un pur fait, sans aucune détermination ; il n'y a pas de définition par précision successive, mais une découverte du fait d'être là, comme purement contingent. Le moment décisif de l'examen, c'est le passage de l'idée à l'être, dont on peut seulement dire qu'il a eu lieu, que quelque chose est advenu ; on passe de l'exploration d'une idée à la position d'une réalité, d'une essence à une existence. Positivement, on dira seulement que l'acte libre a été, mais ce qu'il a été ne peut être dit que négativement (ce que marque la formule remarquable « le non-rien issu de

1. *Ibid.*, p. 56-57.

la non-cause »)[1]. En vérité, cette représentation de l'acte libre est liée à l'hypothèse du néant. Il faut concevoir l'acte libre comme un acte qui ne soit précédé par rien, qui ne soit dépendant d'aucune sorte d'être. Agir librement, c'est agir comme si rien n'était déjà donné là, comme si je pouvais, de mon entière initiative et par ma seule puissance, faire surgir quelque chose d'absolument neuf à partir de rien, et cela indépendamment de toute raison, comme si donc j'étais une origine première – un *comme si* qui certes signifie un irréel, mais aussi qui pose un horizon métaphysique. En elle-même, la liberté n'est en rien raison ; elle se passe même de toute raison ; elle dépasse d'ailleurs la raison. Elle est cause, et cette cause est antécédente à toute raison. Entre cause et raison, la relation est celle d'une subordination de la raison à la cause. L'acte libre a une cause (la puissance libre elle-même), mais il n'a pas de raison, ou encore il est à lui-même sa raison d'être[2].

Apparaissant ainsi comme l'effet d'une spontanéité antécédente aux raisons, l'acte libre est plus exactement la source et la racine de raisons. Devant les incertitudes des actions et face aux assauts de la nécessité, il reste un noyau du libre arbitre, étranger aux raisons, non définissable, nommable seulement comme puissance arbitraire et sans mesure, et en cela effrayant. « En comprenant que la liberté est incompréhensible, vous en avez compris tout ce qu'on en peut comprendre »[3]. Non prouvée, non déduite, la liberté relève pourtant d'une affirmation nécessaire, un postulat, la position de quelque chose d'incompréhensible certes, mais sans quoi on ne pourra rien comprendre à l'homme. Dans sa pureté et à sa limite, une fois ôté tout ce qui ne caractérise pas strictement son essence, la liberté n'est même pas le libre arbitre comme pouvoir des contraires ou comme liberté d'indifférence, mais tout simplement puissance ou spontanéité. Là est bien l'essentiel de l'essence de la liberté. On comprend ainsi que l'expression « faire ou ne pas faire » ne se rapporte pas encore au noyau de la liberté, qui est signifié exactement par « faire », connotant une activité sans choix, en deçà de toute alternative, comme absolue affirmation. « Faire ou ne pas faire » n'est plus alors qu'une formule seconde de la liberté, en tant qu'elle s'applique à un moment de son exercice (le premier moment perceptible et analysable), qu'elle en qualifie l'expression médiane. Encore une fois, le

1. De même qu'on ne peut définir la liberté par des caractères positifs, de même on ne peut définir l'amour ; ainsi est-il dit à la fin de *Abel et Abel* : « Nul ne dira ce qu'est l'amour » (*La recherche*, p. 275).

2. En ce sens, Lequier se situe bien dans la filiation de Descartes (auquel, nous le verrons, il s'oppose d'autre part très vivement). Il reprend (ou retrouve) la thèse cartésienne de la liberté comme faculté positive, capable de transcender toute raison, ne serait-ce que pour affirmer l'absolu du libre arbitre. Voir la lettre à Mesland du 9 février 1645.

3. Ms. 254, f° 28v (*O.C.*, p. 401).

premier mot, celui qui seul peut qualifier de manière pure l'essence de la liberté, c'est : faire, sans aucune détermination.

Comme capacité d'initiative (à la limite même : de création), le libre arbitre prend la figure d'un pouvoir : de dire et de faire, de dire oui ou non, de faire ou de ne pas faire ; comme s'opposant à la nécessité et à la rationalité, il est contingence. La réunion de ces deux caractères conduit à la seule qualification déterminée de la liberté.

> La liberté humaine peut être définie la plus haute puissance de contingence. Le contingent n'existe pas dans la nature, hormis dans la sphère d'action de la puissance humaine. / La contingence résulte du combat que se livrent le possible et le nécessaire dans l'organisation humaine [1].

Contingence et puissance sont corrélatives ; la contingence est l'indétermination qui permet à la puissance de se déployer. Si la contingence est entière, ne se distinguant plus du hasard, l'acte est totalement arbitraire ; il se déploie selon le pouvoir de l'individu. Or il y a une ambiguïté de ce pouvoir ou puissance, qui se comprend en des sens presque opposés. En effet, la puissance, c'est la force, donc la capacité de réaliser le choix du vouloir. C'est une thèse que Probus explicite dans le deuxième dialogue.

> Dieu, qui est la Force et à qui rien n'est difficile, a mis dans notre âme une force par laquelle il est en notre pouvoir d'agir ainsi et d'agir autrement, de prendre cette voie ou cette autre [2].

L'activité du vouloir, c'est sa capacité de faire, qui s'exerce dans l'alternative. Mais de cette acception toute positive de la puissance (dont le modèle est Dieu, comme entière capacité), se distingue une autre acception, marquée surtout de négativité, d'ailleurs signifiée aussi par le pouvoir de faire ou de ne pas faire. C'est ce que fait bien saisir un échange du premier dialogue.

> (Le prédestiné) : Voudriez-vous me dire quand on est libre autant qu'il faut et pas plus qu'il ne faut ? – (Le réprouvé) : Quand on est libre, c'est-à-dire quand on possède le pouvoir de faire ou ne pas faire qu'on appelle la puissance [3].

La puissance est alors l'indétermination ; elle est, peut-on dire, le minimum de capacité, demeurant dans l'alternative, n'ayant aucun moyen précis de se diriger plutôt vers ceci ou cela, une liberté de totale indifférence, une liberté qui en somme se paralyse elle-même, les motifs se contredisant et

1. Ms. 249, p. 35 *(O.C.*, p. 475).
2. *La recherche*, p. 168.
3. *Ibid.*, p. 152.

ainsi s'annulant; c'est donc une puissance inactive ou à peine active; et même, en portant cette hypothèse à sa limite, la puissance devient complètement nulle, tout en étant métaphysiquement entière, si elle est sous la dépendance de la nécessité. C'est un « possible par impossible ». En ce sens, le réprouvé pourrait (comme tout homme) être sauvé; mais étant déjà, par anticipation, réprouvé, il est impossible qu'il soit sauvé. « Une chose qui n'est possible que sous une condition elle-même impossible ! Quelle possibilité ! »[1]. C'est librement, mais pourtant de manière inévitable, qu'il va à sa damnation. – Ainsi les deux significations de la puissance, nettement différentes jusqu'à être opposées, puisque l'une marque la pleine capacité de faire et l'autre la simple potentialité, et pourtant connexes par leur rapport à la contingence, délimitent le champ où, entre le possible et le nécessaire, se réalise la liberté comme contingence; l'acte libre, comme « accident absolu », est contingent; possible, il advient à l'être comme l'effet de la force décisive d'un vouloir. Alors, si la puissance circonscrit tout le champ de la liberté et si l'on peut même identifier la liberté à la puissance, c'est à la condition de considérer la puissance dans toute son extension et selon toutes ses formes : depuis une potentialité absolue mais vaine et incapable d'effectivité, parce que placée sous l'emprise d'une nécessité, jusqu'à une force ou une capacité entièrement maîtresse de son action – mais sans que cette thèse trouve place dans une doctrine des degrés de la liberté, ce qui peut-être accentue encore la tension dramatique de la liberté. Le fait de considérer des modalités variables et diverses d'application de la liberté risquerait d'en atténuer le tranchant et presque de la dénaturer. La liberté ne peut-être elle-même qu'en incarnant la figure de l'absolu.

LEQUIER FACE À DESCARTES ET À FICHTE

Affirmer que la liberté est la première vérité, c'est la thèse originale de Lequier, qu'il considère comme tout à fait neuve; il se présente même comme le véritable inventeur de l'idée de liberté, estimant que presque aucun philosophe ne l'a exactement comprise.

> Cette grande vérité du libre arbitre que tous les philosophes, excepté un seul, ont méconnue, aussi bien ceux qui ont prétendu la soutenir que ceux qui se sont appliqués à la combattre, vérité par excellence, la racine et le fruit de toutes les autres, la première en ordre et en importance, l'alpha et l'oméga (selon qu'on l'envisage) de la connaissance humaine, est <la> propriété de l'église

1. *Ibid.*, p. 137.

> catholique. Chaque fois qu'un homme a dogmatisé de lui-même, il a débuté ou conclu par la négation du libre arbitre, s'il n'a pas débuté par là[1].

Cette vérité, qui est première, est donc aussi bien initiale que finale, ayant ainsi un caractère de totalité et enveloppant toutes les vérités. Egalement, elle n'est pas l'acte d'un simple sujet particulier, ce qui la détruirait en l'abaissant; la liberté, caractère de tout sujet, transcende tout individu. Cette thèse est encore rappelée dans la table des matières de l'ensemble, où le Livre VIII a pour titre complet : « Indications de la liberté considérée comme principe de la science et dogme fondamental du catholicisme ». On précisera d'abord deux points.

1) Qui n'a pas méconnu (ou défiguré) la liberté ? On a pensé à Fichte, mais Fichte, dont Lequier connaissait *La destination de l'homme*, est réputé panthéiste et n'a pas une conception vraie de la transcendance de Dieu, avec comme conséquence que la conception de la liberté de Dieu est dépendante de celle de l'homme. Ce pourrait être Descartes, mais il est considéré comme incohérent, soutenant deux thèses incompatibles (nous y reviendrons). Seul Aristote, avec sa doctrine de la contingence des futurs et son application rigoureuse du principe de contradiction, paraît répondre à la conception de Lequier[2]. Il y aurait cependant à examiner si ce point ne pourrait pas concerner également Duns Scot, dont Lequier est souvent proche et auquel il portait un grand intérêt, notamment à propos de la thèse de l'éternité successive et de l'impossibilité de la prescience. La parenté repose sur l'importance de la contingence pour une pensée de la liberté, Duns Scot étant le défenseur de la contingence peut-être le plus irréductible, en lui reconnaissant une stricte positivité. Précisément, il est requis d'admettre la contingence pour pouvoir soutenir la thèse de la liberté conçue comme une cause primitive. Sans contingence, la liberté ne peut être pensée comme réelle ; toute autre thèse ne conduirait qu'à une apparence de liberté, éventuellement comme conscience de ce qui est, mais en fin de compte une liberté vaine. C'est de nouveau le dilemme entre la nécessité et la liberté. « Il faut choisir ou de la réalité du libre arbitre avec l'ambiguïté des futurs, ou de l'apparence du libre arbitre avec les futurs infaillibles »[3]. Aucun doute pour Lequier; toute doctrine de la nécessité de ce qui arrive

1. Ms. 252, f° 20v (*O.C.*, p. 408-409) ; « méconnue » a une variante : « défigurée ».

2. Renouvier rappelle ce point dans sa préface. « Les plus grands philosophes, avec leurs tâtonnements ou leurs contradictions avérées, et à l'exception d'un seul qui est Aristote, lui semblaient en avoir parlé comme des enfants » (*La recherche*, p. 2). Nous avons déjà noté cette thèse, avec l'opposition de Lequier à Hegel.

3. *La recherche*, p. 76.

(celle des stoïciens aussi bien bien que de Spinoza) ne peut reconnaître la liberté.

2) Quel est le lien à la doctrine catholique ? C'est un lien intrinsèque. La théologie catholique et la philosophie ne sont pas deux disciplines opposées ni même disjointes ; il y a au contraire une relation telle que c'est un acte philosophique de chercher à pénétrer par la raison les dogmes catholiques, en particulier celui de la Trinité, qui constitue un objet permanent et de plus en plus affirmé de la réflexion de Lequier. À la limite, philosophie et théologie se rejoignent, ou la philosophie se fait théologie. Ceci conduit à la thèse suivante : « La religion est le centre où viennent aboutir toutes les vérités »[1]. En vérité, la séparation ou au contraire l'articulation de la philosophie et de la théologie ne font pas l'objet d'une difficulté. S'il y a cependant une nette distinction entre la philosophie et le christianisme[2], elle ne porte pas sur l'objet, qui est le même, à savoir la personne. En cela, il ne s'agit d'ailleurs pas d'une méditation ni d'une réappropriation rationnelle de textes bibliques, et cela même dans *Abel et Abel*, où est mis en scène et présenté d'une manière phénoménologique le devenir soi de deux êtres ; plutôt y a-t-il un accord, supposé hors de doute, entre la raison et le dogme catholique[3]. Cet accord se marque surtout à un point limite, la philosophie (spécialement avec la liberté) et la théologie scrutant toutes deux le mystère.

Pourtant, même s'il s'affirme original et unique en philosophie, Lequier se reconnaît des proches ou des parents. C'est une parenté attestée par la raison, mais aussi une parenté multiple et antagoniste, aux affinités fort diverses, au point de faire question. « Et tu avais raison, ô Pascal ! – Et tu avais raison, ô Descartes ! Et tu avais raison, ô Fichte ! »[4]. Cette référence quasi lyrique à trois philosophes a une signification distincte dans chaque cas. De ces trois philosophes, ici loués mais à d'autres endroits critiqués, c'est Pascal dont Lequier est le moins proche. Certes, on peut retrouver chez l'un et l'autre une composition aphoristique, tenant d'ailleurs à l'inachèvement des œuvres. On y trouve aussi une inspiration et des thèmes très apparentés, spécialement avec les références religieuses ; certains textes de Lequier peuvent même passer pour une imitation de Pascal et une reprise de sa rhétorique. Ainsi celui-ci.

1. Ms. 255, p. 66 (*O.C.*, p. 477).

2. « Mais n'oublions pas que la philosophie et la révélation sont profondément et absolument distinctes. La philosophie porte sur des vérités que l'esprit conçoit être éternelles ; la religion repose sur un fait contingent, sur la chute originelle qui aurait pu ne pas avoir lieu » (Ms. 255, p. 17 ; voir *infra*, p. 177). Voir aussi ms. 255, p. 100 et 140, sur lequel nous reviendrons au prochain chapitre.

3. Ceci était un point capital de controverse et de divergence entre Lequier et Renouvier.

4. Ms. 250, f° 73r (*O.C.*, p. 346).

> O faiblesse ! O incertitude ! O misérable orgueil de la raison ! / Où est donc cette base immuable, cette unité absolue, ce terme de comparaison auquel je puisse rapporter tout le reste ? / Nain parmi les géants, géant parmi les nains… Monde ou atome suivant l'œil qui le considère, qu'est-ce donc que l'homme ? C'est dans la pensée qu'est la dignité de l'homme ou en face de l'aveugle nature, de la matière inerte ; mais que deviendrait son orgueil devant d'autres êtres pensants qui ne verraient dans notre intelligence que le degré le plus humble… Comme nous reconnaissons chez les animaux l'image ou plutôt le faux semblant de la volonté dans l'instinct obscur qui les pousse[1] !

Or la différence de thèse est très vive, et Lequier est presque un anti-Pascal. Face à une orientation janséniste selon laquelle le pouvoir de l'homme est très restreint sinon nul, Lequier est un défenseur résolu et même exalté de la liberté comme pouvoir de faire : quelle que soit l'emprise de la nécessité, il reste un pouvoir souverain de la liberté. Lequier effectue d'ailleurs une âpre critique de la thèse pascalienne sur la conciliation entre la liberté et la grâce, thèse qu'il considère comme inconsistante : on ne peut soutenir sans contradiction la liberté agissante de la volonté (faire ou ne pas faire) et la prescience divine. C'est aussi la critique adressée à Bossuet contre la thèse des « deux bouts de la chaîne ». Si l'homme est libre, la prescience, qui n'est pas une perfection en Dieu, ne peut être que limitée, Dieu ne pouvant connaître le futur, qui précisément n'est pas. Les textes visés se trouvent dans la *18 ᵉ Provinciale*, dont la thèse de conciliation entre liberté et grâce est dénoncée comme dérisoire et sophistique. On retrouve d'ailleurs à l'encontre de la solution pascalienne exactement les propos du réprouvé à l'adresse du prédestiné. « Une certaine chose qui n'est possible que sous une condition elle-même impossible ! Quelle possibilité ! »[2]. La critique de Lequier se termine en ces termes :

> Nulle solennelle niaiserie, nulle extravagance, nulle stupidité ne devraient étonner quand il s'agit de cette capitale vérité du libre arbitre de laquelle on peut dire aussi qu'elle est la *pierre où l'on se heurte, la pierre de scandale, lapis offensionis… et scandali*[3].

1. Ms. 250, fº 5 (*O.C.*, p. 365). Voir dans les *Pensées* le grand fragment « Disproportion de l'homme » (Lafuma, § 199) et celui sur le « roseau pensant » (§ 200).

2. Ms. 268, fº 19r (*O.C.*, p. 409-410).

3. Ms. 268, fº 20r (*O.C.*, p. 411). Pascal distingue deux types nécessité : la nécessité absolue ou métaphysique et la nécessité d'infaillibilité, qui est une nécessité de fait. Tout le propos de Pascal face à ses adversaires (molinistes ou semi-pélagiens) tend à déterminer une position tierce entre molinistes et luthériens, une position qui puisse tenir ensemble la grâce et la liberté, ou tout simplement accorder entre eux les termes “infailliblement” et “librement”. C'est précisément une telle solution que Lequier dénonce dans le premier *Dialogue*, en

Et puis surtout, le projet de constituer une métaphysique, prenant appui sur une confiance en la raison, place Lequier à l'opposé de Pascal. Face aux invectives pascaliennes à l'encontre de la raison, Lequier est un apologiste de la raison[1]. Mais ce qui l'éloigne de Pascal le situe dans la lignée de Descartes et de Fichte, plus précisément sur la question de la liberté.

1/ Interrogation du cogito *et critique de la liberté cartésienne*

Les références à Descartes portent sur le *cogito* et sur la liberté. Ce sont des références distinctes, mais néanmoins liées et critiques dans les deux cas. La signification de la référence au *cogito* est d'abord de situer Lequier par rapport à l'idéalisme. C'est une position de distance et même d'opposition. Dans l'acte de penser, interprété de manière restreinte, compris comme la saisie de soi par une contemplation ou une vision de soi, on ne rencontre pas l'être ou l'existence (sinon comme être de pensée, comme idée, mais non pas comme réalité vécue, comme existant sensible et agissant). Lequier procède ici encore par l'examen d'une proposition. Reprenant un type d'objection qui n'a rien d'inédit, il examine la formule du *cogito* et y découvre soit une tautologie soit une conclusion injustifiée. Comprise de manière analytique, la proposition n'apporte rien ; et comprise de manière synthétique, elle excède les prémisses dans la conclusion, donnant même libre cours à l'irrationnel.

> *Deux moi – Cogito*, logique ou métaphysique. – Je pense, donc je suis. Or en disant : "Je suis", après avoir dit : "Je pense", ou je dis moins, ou je dis plus. Si je dis moins, je marche à coup sûr ; mais je

s'élevant contre la distinction, bien trop avantageuse à la thèse du prédestiné et tout simplement dérisoire, entre la nécessité du conséquent (logique et métaphysique) et la nécessité de la conséquence (simple nécessité de fait). Peut-être même vaudrait-il mieux soutenir les thèses atroces de Luther et de Calvin, plus simples et franches (voir ms. 252, f° 20v ; *O.C.*, p. 408).

1. « Connaissez donc, superbe, quel paradoxe vous êtes à vous-même. Humiliez-vous, raison impuissante ! Taisez-vous, nature imbécile, apprenez que l'homme passe infiniment l'homme et entendez de votre maître votre condition véritable que vous ignorez. / Ecoutez Dieu » *(Pensées*, § 131). S'il y a certainement chez Lequier une dimension tragique et infiniment tourmentée de la pensée, cela n'est pas de même nature que la thèse pascalienne du conflit entre la raison et la foi, dont l'intellection relève d'une herméneutique de la condition humaine, spécialement avec le thème des « figuratifs », qui trouve son accomplissement dans le fragment sur les trois ordres (§ 308), reposant sur le schème de la « distance infinie ». Même la thèse pascalienne, qui pourtant ne manque pas de mesure, de la liasse XIII des *Pensées*, « Soumission et usage de la raison », serait récusée par Lequier. « Soumission. / Il faut savoir douter où il faut, assurer où il faut, en se soumettant où il faut. Qui ne fait ainsi n'entend pas la force de la raison » (§ 170). Précisément, l'accent majeur reste posé sur « soumission ». Pour Lequier, la raison n'a pas à se soumettre, mais à chercher et trouver la vérité ; sa force ne passe pas par la reconnaissance d'une subordination.

> recule ; si je dis plus, j'avance en effet, mais de quel droit ? Quelle perplexité ! Ou je dis moins que je ne sais, ou je dis plus que je ne savais. Me voici entre une opération sûre, qui, ce semble, n'aboutit quelque peu qu'à m'ôter la connaissance de mon objet, et une opération qui hasardera quelque chose, mais qui me ferait en effet gagner quelque chose si elle ne me faisait tout perdre. N'ai-je pas lieu de me tenir en défiance contre celle-ci, puisque si je cherchais à me tromper moi-même, je ne saurais mieux faire qu'y avoir recours. Ne voilà-t-il pas la porte ouverte aux chimères ? Qui la distinguera de la fantaisie ? D'un côté c'est l'avare qui, en recomptant son million, s'arrête à dire : "J'ai dix pistoles" ; de l'autre, c'est l'homme à projets, qui, avec dix pistoles, se complaît dans l'idée qu'il tient un million. Telles sont les deux faces de cette proposition tour à tour évidente et stérile, féconde et obscure pour l'esprit qui l'examine. Mais au sens où elle est évidente, elle est stérile ; au sens où elle est féconde, elle est obscure [1].

Il y a ainsi deux intellections du *cogito*. La question est celle du rapport entre la pensée (l'acte de penser) et l'existence (la réalité d'un sujet réflexif qui s'affirme dans son être). Si l'on adopte une intellection purement logique, celle d'une stricte déduction, la conclusion est vraie ; mais c'est une intellection qui ne conduit à rien, sinon à l'évidence d'une tautologie ; mon être n'est que ma pensée, c'est-à-dire mon intellect. Et si l'on s'engage dans une interprétation métaphysique, en passant de la pensée à l'être, c'est-à-dire en quittant une intellection strictement logique, on entre en pleine confusion. De la pensée à l'être, on ne peut tirer de conséquence. Exister ne se déduit pas de penser, il n'en dérive pas. Ce qui est en cause, c'est bien le rapport entre la logique et la métaphysique. Non point que Lequier entende opposer logique et métaphysique ; il y a vraiment pour lui une rationalité de l'être, soumis au principe de contradiction. Mais aussi, il faut effectuer une dissociation entre ce qui est purement logique (au sens de déductif) et ce qui a de la réalité. On peut aller de la réalité à la rationalité, mais non de la rationalité à la réalité. Penser et être ne sont pas réciprocables.

En vérité, ce qui est le plus significatif, c'est la conjonction des deux critiques, à propos de la pensée seule et à propos de la liberté. Un texte réunit ces deux critiques.

> Descartes reprend la méthode de Socrate, procède par le doute, et tient la véritable méthode ; mais il ne la pousse pas assez avant ; il établit le fondement de l'édifice en nous, et il ne s'aperçoit <pas> que l'homme, étant un être créé, se manque à lui-même, et ne saurait fournir en soi une base solide pour y asseoir la vérité éternelle.

1. Ms. 254, f° 65r ; *O.C.*, p. 329. Ce texte, écrit au crayon, comporte de multiples ratures et surcharges.

> Descartes donne un rôle trop exclusif à la pensée, il sent à peine cette puissance libre qui nous constitue personnes, et croit qu'il peut se passer de Dieu pour asseoir la base de l'édifice de nos connaissances ; puis il revient à Dieu, et cette tendance conduit un grand nombre de ses disciples dans le panthéisme[1].

Ce qui réunit les deux critiques, c'est une certaine conception du sujet, compris comme un sujet théorique, réduit à la capacité intellectuelle, exactement comme simple faculté réflexive et critique. Ainsi Descartes ne fait-il que reprendre la méthode socratique, entendue comme méthode intellectualiste d'interrogation et d'approfondissement de soi. Mais il lui manque de percevoir, et cela par la méthode réflexive même, que le sujet ne peut pas se suffire, qu'il se déborde lui-même, qu'il est immédiatement un sujet au monde, vivant, sentant et agissant dans le monde. Il doit donc être possible, en ayant une autre conception de la pensée, en la concevant non plus comme raison ou intellect essentiellement, mais d'abord comme liberté, c'est-à-dire comme capacité de faire et de s'affirmer, de quitter la pensée pure et de reconnaître que l'homme, précisément comme être libre, se caractérise comme puissance et, par là, participe à un monde qui dépasse et enveloppe son être particulier[2].

Pourtant, la méthode cartésienne est la vraie, mais à la condition de la comprendre comme une méthode pratique, une méthode qui établit un lien intrinsèque entre le doute et l'action, afin de vaincre le doute par la seule voie possible, celle de la liberté.

> La vraie méthode, la méthode naturelle, est de douter de tout ; on trouve alors, en effet, qu'il n'est pas possible de prendre pied en nous-mêmes, et il nous reste, ou à rester dans ce scepticisme volontaire, ou à en sortir à l'aide de la raison pratique, du sentiment des devoirs que chaque <homme> a à remplir, c'est-à-dire de la liberté[3].

Le sujet, s'il porte assez loin le doute, et surtout s'il passe d'une attitude théorique à une attitude pratique, atteint en soi-même quelque chose qui lui révèle sa finitude, par un acte qui est beaucoup moins la reconnaissance de l'altérité d'un être différent que celle d'une différence de puissance. Le sujet

1. Ms. 255, p. 77 *(O.C.*, p. 343).

2. Resterait évidemment à examiner la validité de cette présentation de Descartes. Rappelons seulement l'explicitation que Descartes donne en deux moments dans la *Méditation seconde*. « Je ne suis donc précisément parlant qu'une chose qui pense, c'est-à-dire un esprit, un entendement ou une raison [...] » (AT, IX 21). « Mais qu'est-ce donc que je suis ? Une chose qui pense : mais qu'est-ce qu'une chose qui pense ? c'est-à-dire une chose qui doute, qui conçoit, *qui affirme, qui nie, qui veut, qui ne veut pas*, qui imagine aussi et qui sent » (IX 22 ; nous soulignons).

3. Ms. 255, p. 76 *(O.C.*, p. 343).

est à concevoir comme agissant, et non d'abord comme pensant, ou la pensée est elle-même incluse dans la pratique, dans l'acte de faire. Tel est bien le point en question dans la liberté, qui se caractérise comme puissance, étant reconnu que, si le sujet est caractérisé par la puissance, celle-ci est un concept qui n'est pas lié ni limité à un sujet. En marquant et certes en accentuant la différence avec Descartes, on pourrait dire que l'on passe d'une philosophie du sujet à une philosophie de la puissance ; la puissance n'est pas un prédicat possible du sujet métaphysique ; au contraire, c'est elle qui peut être le support d'un sujet. Reconnaître la liberté du sujet, c'est même sortir de la subjectivité, c'est en découvrir un en-deçà et un au-delà. Autrement dit, la puissance est une substance, et même, nous le verrons, la première substance.

La liberté est en premier lieu libre arbitre. C'est sur ce point que Lequier s'oppose à la doctrine cartésienne, réputée incohérente. S'il y a liberté, elle ne peut être que pouvoir absolu d'affirmation et, secondement, de choix, en toute circonstance ; c'est bien une liberté d'indifférence, au sens de transcendante à tout motif, donc indépendante de l'intelligence. Sur la liberté, Descartes est l'un des interlocuteurs de Lequier, qui pourtant ne s'y réfère que dans des ébauches et notes (mais non pas dans le *Dialogue du prédestiné et du réprouvé*). Le texte le plus élaboré, encore que seulement ébauché, porte directement sur la conception de la liberté, dénoncée comme contradictoire [1]. Pourtant Descartes est d'abord reconnu comme quelqu'un qui a bien vu le caractère essentiel de la liberté, à savoir l'aséité, déterminée comme puissance absolue, son défaut étant d'avoir pris appui uniquement sur la conscience, ce qui l'amène à tout reconstituer à partir de celle-ci, dans la seule immanence du sujet à soi-même.

> Descartes a l'instinct de cette puissance qu'a l'homme d'être *a se*, et il prend son appui en lui-même ; le monde physique lui apparaît comme étranger, il sent qu'il ne l'a point fait ; pour en reconnaître l'existence, il va trouver Dieu. – Ne voit-on pas qu'il n'a pu se passer et de lui-même et de Dieu ? On reconnaît là le rapport qui unit Dieu au monde [2].

Le monde étant mis entre parenthèses, c'est en soi-même que l'homme éprouve la liberté, par ce que Lequier nomme un « instinct », l'instinct d'une puissance absolue ; la liberté est bien l'expérience d'une puissance de type divin. Lequier rencontre ici la thèse (disons : l'un de ses côtés) de la *Méditation quatrième* sur la liberté infinie comme marque de Dieu sur son

1. Ce texte est sur une grande feuille (Ms. 267, f° 9) à l'état de premier jet, avec de multiples renvois.

2. Ms. 255, p. 91 *(O.C.*, p. 332).

ouvrage. Ainsi, de l'homme à Dieu, la liberté établit une ressemblance. Mais ce qui est une approbation se transforme en critique, si l'appui sur soi devient l'appui unique, marquant un défaut de transcendance ; ainsi s'explique la thèse selon laquelle les vérités éternelles auraient été différentes si Dieu l'avait voulu, le vouloir mobile de l'homme constituant un modèle ; alors aucune transcendance par rapport à un vouloir, conçu comme pouvoir arbitraire et indifférent, ne garantit une permanence et une fixité de la vérité ; tout est livré à une puissance sans raison. « Ceci tient à ce qu'il a pris son appui unique en lui-même, sans remarquer que la *croyance* à la vérité absolue est la première condition de toute affirmation »[1]. C'est ainsi le côté trop uniquement réflexif de la démarche cartésienne qui est mis en cause ; pour Lequier, la liberté, tout absolue soit-elle, est une liberté au monde, découverte comme liberté dans le monde ; elle est rapport au monde, et non d'abord à soi ni à Dieu. Elle n'est pas d'abord un pouvoir sur soi, sur ses représentations, mais un rapport au monde ; comme pouvoir de faire, elle est éprouvée dans le monde, comme la capacité d'agir dans et sur le monde.

Mais surtout, considérée dans son ensemble, la doctrine cartésienne de la liberté est inconsistante ; Lequier dénonce en effet une contradiction entre la thèse des *Principes de la philosophie* et celle des *Méditations métaphysiques*. Des *Principes*, il retient la thèse que « nous sommes tellement assurés de la liberté et de l'indifférence qui est en nous qu'il n'y a rien que nous connaissions plus clairement »[2]. Ainsi la liberté, comme indifférence devant le choix à faire, est-elle la vérité la mieux connue ; reconnaître (c'est-à-dire affirmer) la liberté comme indifférence, c'est attester en nous un entier pouvoir de choix, une faculté positive de se déterminer (selon les scolastiques), une transcendance par rapport à tout motif, comme l'absolu de la liberté. En revanche, de la *Méditation quatrième*, il retient surtout la thèse que « l'indifférence, l'indétermination n'est pas nécessaire pour la liberté du choix »[3]. Il peut donc y avoir liberté sans indifférence, ou encore la liberté ne requiert pas l'arbitraire ni le caractère créateur, ce que Lequier appuie sur un texte des *Méditations*, cité deux fois, avec quelque approximation et avec un ajout, dans les termes suivants.

> Elle consiste en ce que pouvons faire une même chose ou ne la faire pas, c'est-à-dire affirmer ou nier, poursuivre ou fuir une même chose (c'est la doctrine de l'Église) ou plutôt, continue Descartes, cette liberté consiste seulement en ce que pour affirmer et nier,

1. Ms. 255, p. 93 *(O.C.*, p. 334). Voir aussi le ms. 255, p. 77 *(O.C.*, p. 343), selon quoi Descartes, en appuyant nos connaissances sur la seule pensée, conduit au panthéisme et donc est proche de Fichte.

2. Ms. 267, f° 9 *(O.C.*, p. 335, n. 5). Voir *Principes*, I, 41.

3. Ms. 267, f° 9 *(O.C.*, p. 335. n. 5).

> poursuivre ou fuir les choses que l'entendement nous propose, nous agissons de telle sorte que nous ne sentons point qu'aucune force extérieure nous y contraigne. Car, afin que je sois libre, il n'est pas nécessaire que je sois indifférent à choisir l'un ou l'autre des deux contraires, mais plutôt, d'autant plus que je penche vers l'un, soit que je connaisse évidemment que le bien et le vrai s'y rencontrent, soit que Dieu dispose ainsi l'intérieur de ma pensée, d'autant plus librement j'en fais choix et je l'embrasse[1].

Lequier précise que « ces deux notions contradictoires du libre arbitre » se trouvent affirmées dans le même article des *Principes* (I, 37). Sa critique prend appui sur une remarque de Descartes, présentée comme une simple inflexion conduisant à une précision (« ou plutôt »), alors qu'elle révèle une difficulté et tend à masquer une contradiction. En effet, admettre en même temps le libre arbitre comme liberté de totale indifférence (c'est-à-dire comme pouvoir absolu de choisir et de faire) et la liberté comme pouvoir de se déterminer d'après ce que propose l'entendement, en se guidant sur le vrai et le bien, voilà une thèse contradictoire. C'est bien le fond de la thèse qui est en cause. La thèse de Lequier (et sa critique à l'encontre de Descartes) est que, à propos de la liberté, il faut choisir. La liberté n'est pas seulement le pouvoir de choisir un acte ou un type d'actes, mais d'abord le pouvoir de *se* choisir, de s'affirmer elle-même. Entre elle et l'intellect, si elle ne se choisit pas absolument, elle se ruine, puisqu'elle introduit en soi une dépendance, fût-elle infinitésimale. On ne peut soutenir la thèse de la liberté que si l'on conçoit la liberté comme indépendante de tout motif et toute raison. Pour être, la liberté ne peut être que pure. Toute conception où la liberté compose avec quelque autre élément conduit à une négation subreptice ou voilée. De là vient la contradiction dans la doctrine cartésienne, alors que pourtant Descartes avait tous les moyens de l'éviter. « Cette contradiction, ou plutôt ce faisceau de contradictions dans Descartes est d'autant plus remarquable qu'il a donné une part à la volonté dans la connaissance »[2]. Ce qu'il y a de meilleur, ou exactement de juste,

1. Ms. 267, f° 9 *(O.C.*, p. 335). Voir *Méditations*, AT, IX 46. Lequier reprend à son compte presque littéralement le début de ce texte, mais il s'oppose catégoriquement à l'inflexion introduite par le « ou plutôt », qui, à ses yeux, introduit une contradiction. – Dans un autre manuscrit, Lequier, ayant cité ces mêmes textes de Descartes, ajoute simplement cette remarque : « La contradiction est formelle : c'est tout ce qu'un philosophe peut, dans ses oscillations ; mais un sophiste peut davantage » (Ms. 268, f° 21). L'appréciation est donc identique. On notera aussi que, dans ce fragment, trois philosophes sont critiqués : Pascal (ce sont les critiques rapportées ci-dessus), Descartes puis Hegel. C'est ce dernier qui est qualifié de « sophiste », du fait d'avoir construit son système sur l'ambiguïté du terme *Aufhebung* (texte cité *supra* p. 59-60). Cela relativise (et en tout cas situe) la critique à l'encontre de Descartes.

2. Ms. 267, f° 9 *(O.C.*, p. 336).

dans la conception de Descartes (l'absolu de la volonté ou la liberté d'aséité) est vicié par ce renversement qui conduit à une subordination de la volonté à des raisons, alors même que sa doctrine devait le conduire à maintenir la suprématie de la volonté. Ce déplacement, qui va du libre arbitre comme pouvoir de faire sans raison (ou simplement puissance) à une liberté se guidant sur la connaissance, traduit une hésitation et une incertitude qui sont la marque d'une faiblesse métaphysique.

À quoi tient, selon Lequier, la contradiction inaperçue par Descartes? On rappellera d'abord que ceci est une difficulté bien connue des études cartésiennes. Descartes sert à Lequier de révélateur d'un problème. Comment est-il possible de penser l'unité de la liberté? Il faut pour cela la saisir dans ce qu'elle a de strictement pur, dans le caractère qui la distingue absolument. La liberté ne peut être pensée que séparée de toute autre faculté; elle est tout à fait unique; elle est la capacité d'être une initiative radicale ou une cause originelle. Tel est le sens de « faire ». Quant à l'intérêt de la conception cartésienne, il est de bien faire saisir que la liberté ne peut être pensée sans qu'on pose la question de son rapport à l'entendement. Or, pour Lequier, il est impossible de concilier deux thèses; on ne peut soutenir à la fois la liberté d'indifférence (au sens de pouvoir de faire, de se déterminer absolument, hors de tout motif) et la liberté rationnelle (qui est aussi la liberté morale); l'opposition est telle qu'il faut choisir, c'est-à-dire trancher, entre une liberté comme pur vouloir et une liberté selon la raison. Considérée à sa limite, toute position est de type abrupt et conduit à récuser tout ce qui porterait atteinte au caractère entier de l'acte libre. Précisément, nous avons là un exemple de la méthode de Lequier, procédant par dilemme, en exacerbant les différences et en portant à leur limite les oppositions, excluant tout accord et toute conciliation. Or, là où Lequier, en fonction d'une conception éminemment pathétique et dramatisée, et en cela violente, décèle une contradiction, Descartes avait bien remarqué une différence, exprimée par un « ou plutôt », indice non pas d'une contradiction mais d'une précision et certainement d'abord d'une inflexion. C'est d'ailleurs cette nouvelle présentation de la liberté qui permet de réunir toutes les expressions de la liberté en acte, signifiant ainsi qu'il s'agit bien toujours de la même liberté, une seule et unique liberté qui, dans son effectivité et dans les différences de situation et de connaissance, ne peut que comporter des degrés. Mais il reste vrai que Lequier a mis l'accent sur un point très controversé de la doctrine cartésienne : une thèse de la liberté comme absolue et infinie est-elle compatible avec une thèse des degrés de la liberté ? C'est le but de Descartes de concevoir un tel accord, que Lequier dénonce comme un tour de passe-passe[1].

En vérité, il faut replacer cette critique de Descartes dans un cadre plus vaste ; elle s'étend à tous les philosophes qui ont prétendu sauver la liberté en s'appuyant sur des distinctions en fonction des facultés, alors qu'on ne défendra la liberté qu'en la caractérisant par le libre arbitre comme pouvoir absolu de choisir entre des contraires et surtout de faire, pouvoir lui-même reconnu en se référant à des choix effectifs. Si c'est évidemment dans le sujet que se tient la liberté, c'est le sujet comme agissant, c'est-à-dire se rapportant au monde, un moi dans le monde. Il faut alors reconnaître la liberté s'affirmant comme telle dans des actes, mais sans relation, sans aucune composition, comme absolue, comme l'absolu que nous sommes. Cela, les grands idéalistes modernes l'ont méconnu.

> Descartes, Kant, Fichte, en se contredisant sur la liberté, ne faisaient que céder au penchant de la pensée libre, qui est de nier la liberté. Descartes, comme chef d'école, n'a garde de se dispenser de cette négation du libre arbitre, qui semble comme un tribut obligatoire à tout philosophe[2].

1. Sur cette question, et notamment sur l'ambiguïté et les sens différents reconnus par Descartes à la liberté d'indifférence (comme indifférence dans la perception de la situation et comme faculté positive de se déterminer quelle que soit la situation), on se reportera, en plus de la *Méditation quatrième*, à la lettre au P. Mesland du 9 février 1645. On notera que, d'une manière différente, Lequier rencontre cette même difficulté ; il s'efforce de la résoudre en la thématisant selon la dualité de la liberté d'aséité et de la liberté de responsabilité. Il lui faut alors expliquer que, pour devenir effective et surtout avoir une dimension morale, la liberté est tenue de se rapporter à une loi et de prendre en compte les rapports d'altérité et d'extériorité. Cela le conduit (nous y reviendrons) à reconnaître une forme de subordination de la liberté lorsqu'elle est en acte, donc à une conception transformée de la liberté, qui est bien « une indépendance dépendante ». Egalement, Lequier a bien remarqué le « ou plutôt », qu'il reproduit et que lui-même utilise, précisément à l'encontre de Descartes : « Cette contradiction, ou plutôt ce faisceau de contradictions ».

2. Ms. 267, f° 9 *(O.C.*, p. 336). Ce sera aussi l'argument bergsonien de l'*Essai*, selon lequel « toute définition de la liberté donnera raison au déterminisme » *(Œuvres*, PUF, 1959, p. 144 / 165) ; on ne saisira la liberté que dans un acte, dans un « fait s'accomplissant » *(Ibid.*, p. 144 / 165) ; l'activité du moi, ou sa spontanéité, se réalise dans le temps vivant ou la durée, et c'est là seulement qu'on la saisira. « La liberté est donc un fait, et, parmi les faits, il n'en est pas de plus clair » *(Ibid.*, p. 145 / 166). Pour Bergson comme pour Lequier, la liberté a ce caractère tranché qui la situe à la racine de nos actions personnelles et qui en fait le premier principe de notre identité ; aussi nos actes libres sont-ils rares. « L'homme est libre en quelques-uns de ses actes ; de là dérive pour lui la responsabilité de tous ses actes » (Ms. 249, p. 70 ; *O.C.*, p. 369). « Le nombre des actes libres restreint » (Ms. 251, f° 10 ; *O.C.*, p. 391). « Il se pourrait donc qu'il y eût illusion quant à la fréquence des actes libres, sans que l'on fût en droit d'en conclure que la liberté n'est pas » *(La recherche*, p. 50). – Quant à savoir si

2/ Fichte : l'affrontement de la nécessité et de la liberté

Reste que le rapport à Fichte, bien plus qu'à Descartes, est décisif. Fichte est le vrai parent de Lequier, qui avait lu *La destination de l'homme* (et, semble-t-il, uniquement ce livre), comme en témoignent ses cahiers[1]. Mais d'abord, ce rapport est marqué d'ambiguïté (comme pour d'autres philosophes). Une apostrophe est significative, avec l'aveu de l'accord; et même Fichte a été un guide et un précurseur. « Nous nous sommes rencontrés, ô Fichte ! La pensée de toute ma vie m'a conduit dans cette terrible solitude que t'ouvrit un jour une des méditations de ton Génie »[2]. Certes, Fichte est rangé parmi les panthéistes[3]; ou encore, il méconnaît totalement la transcendance de Dieu, au point d'en faire une créature de l'homme[4]. Et de nouveau, Descartes et Fichte sont réunis en tant que, philosophes de la seule conscience, ils se représentent Dieu sur le modèle de l'homme.

> Faire reposer la certitude de Dieu sur la certitude de la conscience de soi-même, comme l'a fait Descartes, c'est ne donner à Dieu qu'une existence relative à soi, c'est frapper la connaissance et la vérité du caractère de subjectivité, c'est lui ôter le caractère d'absolu ; avec un peu plus d'audace, Fichte crée Dieu. – On veut donner à la conscience une certitude spéciale, indépendante de la certitude de l'existence de Dieu[5].

Si cette dénonciation du panthéisme (assez commune et non critique), corrélative de l'affirmation de la thèse de la création divine et de la différence irréductible entre Dieu et l'homme, éloigne nettement Lequier de Fichte, un autre point les rapprochera toujours, le caractère originaire de l'action, en tant précisément que l'action, révélatrice de la liberté et de la moralité, est aussi au principe de la science.

Bergson est tributaire de Lequier, qu'il a pu connaître par les publications de Renouvier, c'est une question qui demeure ouverte.

1. Lequier a lu attentivement ce livre dans la seconde édition de la traduction de Barchou de Penhoën (Paris, 1836) ; les notes de ses cahiers (notamment le Cahier D, ms. 251) montrent qu'il s'est attaché surtout à la 1re partie, « Doute », les autres s'intitulant « Savoir » et « Croyance ». Il ne paraît pas avoir connu les grands traités de Fichte et s'en tient à cet écrit de « philosophie populaire ». Voir J. Grenier, *op. cit.*, p. 55 *sq.*, qui cite plusieurs passages de cette traduction en consonance avec la philosophie de Lequier. Voir également X. Tilliette, *op. cit.*, chap. IV : « Lequier philosophe : la rencontre avec Fichte ».

2. Ms. 250, f° 73v *(O.C.*, p. 346).

3. « Le Panthéisme est au fond de l'idéalisme comme au fond du matérialisme. – Ex. : Schelling, Fichte qui arrive à une sorte de Panthéisme » (Ms. 249, p. 160 ; *O.C.*, p. 371).

4. « Fichte dit : Moi suis Moi, et plus tard il crée Dieu, quand il est las de lui-même, et par une sorte de condescendance. C'est pure libéralité » (Ms. 254, f° 36v ; *O.C.*, p. 346).

5. Ms. 255, p. 91 *(O.C.*, p. 332).

Qu'a « rencontré » Lequier dans le Fichte de *La destination de l'homme*, dont les thèmes des trois parties sont accordés à ses propres questions et ont comme fonction de s'élever de la conscience commune jusqu'au savoir, se reposant lui-même dans la croyance ? La première partie, celle sur laquelle Lequier s'est spécialement arrêté, expose le conflit toujours résurgent entre la nécessité et la liberté. Fichte, par un processus d'oppositions réitérées, se place au point de vue de la nécessité (ou de la nature) puis à celui de la liberté (ou de la conscience immédiate) ; ceci prend la forme d'un dilemme. « Dans la *conscience de soi immédiate*, je m'apparais comme libre ; par la *réflexion* sur la nature prise dans son ensemble, je trouve que la liberté est absolument impossible »[1]. Si l'on considère les choses d'une manière rationnelle, tout ce qui arrive dans le monde se range sous la domination de la nécessité, comme une totalité dont les éléments se tiennent dans un enchaînement rigoureux, selon une conception spinoziste où la liberté est la simple conscience de la nécessité.

> Ce qui existe dans la nature est nécessairement tel qu'il est, et il est absolument impossible qu'il soit autrement. J'entre dans une chaîne fermée de phénomènes, où chaque membre est déterminé par le membre qui le précède et détermine celui qui le suit ; j'entre dans une rigoureuse connexion avec tous les phénomènes... [...] Je reçois le Tout dans chaque partie, parce que chaque partie n'est ce qu'elle est que par le Tout, et l'est nécessairement par lui[2].

C'est la notion de connexion d'une totalité qui est adéquate à ce qui est ; rien ne demeure en dehors de cet enchaînement sans faille. Dans le tout qu'est la nature, toute chose et tout événement sont soumis à un ordre infrangible.

> Je suis celui que je suis, parce que, dans cette cohésion du Tout de la nature, nul autre que moi n'était possible. [...] C'est cette connexion avec le Tout de la nature en laquelle je vis qui détermine donc tout ce que j'ai été, ce que je suis et ce que je serai : et le même Esprit pourrait infailliblement déduire de chaque instant possible de mon existence ce que j'ai été avant cet instant et ce que je serai après lui. Tout ce que je suis ou serai jamais, je le suis et le serai d'une manière absolument nécessaire, et il est impossible que je sois quelque chose d'autre[3].

1. *La destination de l'homme* (trad. J.-C. Goddard ; Paris, GF Flammarion, 1995, p. 65).
2. *Ibid.*, p. 54.
3. *Ibid.*, p. 63-64.

Si tout élément, tout événement et tout acte sont repris dans un ordre de la nature, la conclusion s'impose. « Je suis soumis à la puissance inflexible de la stricte nécessité »[1].

Mais, contre cette conception, certes conforme à la raison, proteste le cœur ; et si, en prenant les choses par « l'autre bout », je m'interroge à partir de moi en écoutant mon cœur et ma volonté, c'est alors une liberté que je découvre, comme un pouvoir par lequel je peux me faire. C'est un pouvoir créateur de moi-même que je rencontre, un pouvoir qui est ma raison d'être. Fichte s'exprime ici dans des termes que l'on pourrait exactement retrouver chez Lequier.

> *Moi-même*, celui dont j'ai conscience comme étant moi-même, comme étant ma personne, et qui apparaît dans ce système comme simple manifestation de quelque chose de supérieur, moi-même, je veux être autonome, non pas être quelque chose en un autre et par un autre, mais pour moi-même ; et je veux, comme tel, être même la raison dernière de mes déterminations[2].

C'est par l'acte d'un je libre que s'affirme absolument la liberté, en s'anticipant dans l'acte qu'elle pose.

> Que je veuille être libre de la manière que je viens d'indiquer, cela signifie la chose suivante : je veux me faire moi-même ce que je serai. Il me faudrait en conséquence – c'est là ce qu'il y a de plus surprenant et à première vue de tout à fait absurde dans ce concept –, il me faudrait en conséquence être déjà d'un certain point de vue ce que je dois devenir, avant même de l'être, afin de pouvoir seulement me faire être ce que je serai ; il me faudrait avoir un double mode d'être, tel que le premier contienne la raison d'une détermination du second[3].

L'esprit humain se trouve ainsi devant un conflit entre la raison et le cœur, entre la connaissance de la nécessité et l'affirmation de la liberté ; et ce conflit est insoluble, puisque c'est un dilemme ; l'examen des deux voies ne parvient pas à vaincre l'aporie ; le sujet demeure dans l'incertitude et aucune raison d'opter pour un parti ne s'impose.

Que Lequier se soit inspiré (ou non) de l'écrit de Fichte, ce qui est certain, c'est une vraie rencontre. Et dans cette lutte sans merci et sans issue entre la nécessité et la liberté, c'est bien, chez les deux philosophes, la nécessité qui paraît avoir le plus de poids, revenant sans fin à la charge et reprenant toujours ce qu'elle semble avoir concédé, alors que la liberté a

1. *Ibid.*, p. 71.
2. *Ibid.*, p. 73-74.
3. *Ibid.*, p. 75.

toujours le plus grand mal à se faire reconnaître. En témoigne chez Lequier une longue et pathétique prosopopée de la nécessité – précisément dans le Cahier D – où celle-ci, s'adressant à l'auteur sur le mode lyrique, récapitule en soi tout ce qui arrive et se produit, jusqu'au plus intime, avec là aussi un accent spinoziste. C'est une thèse plusieurs fois répétée sur le mode lyrique, où le philosophe rationaliste en vient à fusionner avec le poète romantique.

> Peu à peu une lumière terrible, inévitable, inonde mon intelligence, occupant à la fois toute la région et toutes les issues de la pensée. Hélas ! que je regrettais mes erreurs et que la vérité me parut triste ! Le cœur serré de détresse, il me semblait entendre la nécessité m'adresser des paroles cruelles et moqueuses : "Il est temps de bannir les vaines rêveries, il est temps de considérer les choses réelles…/ Usant de la force que je t'ai départie, il t'arrive de produire certains efforts, de vaincre certaines résistances et de dominer des êtres plus faibles que toi ; c'est qu'alors la force que j'ai mise en toi triomphe de celle que j'ai mise ailleurs. Tu appelles cela ta Puissance ; ne te vante pas de cette puissance ; tout ce que tu peux vient de moi et tu ne peux rien sans moi ; les facultés dont tu te sers ne sont autres que celles-là mêmes dont je t'ai doué, et tous les modes de ton existence dérivent d'un exercice de ces facultés déterminées par leur nature et le concours des circonstances extérieures. / Ta puissance n'est au fond que ton ignorance […] / Crois-moi, visible ou invisible, je suis toujours. Je suis toujours au fond de ton âme. Pour cesser d'apparaître dans ton esprit, je ne cesse pas d'y être. Tes aveux, tes dénégations passionnées d'enthousiasme, de mépris, ou de colère, c'est MOI, c'est toujours MOI"[1].

Le point capital de cette apologie, où la nécessité marque son emprise totale, c'est bien cette affirmation de la puissance sans limite. S'affirmant comme toute puissante et envahissant tout, la nécessité est comme un stratège protéiforme. Or nous savons que c'est aussi par la puissance qu'est d'abord qualifiée la liberté. Alors se fait entendre quelque chose d'absolument étonnant, puisque, à cette limite, les oppositions se trouvent réduites. En effet, la nécessité et la liberté sont reconnues comme puissance, chacune se qualifiant comme puissance. À ce point est peut-être atteint le commencement de la métaphysique. Si la nécessité et la liberté sont essentiellement puissance, si d'ailleurs tout est, en fin de compte, puissance, c'est comme si une indiscernable complicité unissait les deux antagonistes, comme si même, à la limite, il devenait impossible de savoir si une différence subsiste entre elles ; ainsi, à la pointe du vertige, tout

1. Ms. 251, f°s 63r, 57r et 55v (*O.C.*, p. 363-364).

dilemme s'évanouirait. La nécessité ne serait vraiment qu'un fantôme toujours résurgent et la liberté serait un espoir toujours fragile; mais surtout, nécessité et liberté, ce serait tout un, ce serait toujours puissance, une puissance tout équivoque, aux racines indistinctes. À ce point radical, nécessité et liberté seraient vraiment deux jumelles [1]. Peut-être est-ce là le vrai lieu de la rencontre avec Fichte, et certainement un point nodal de toute l'œuvre.

En tout cas, et quoi qu'il en soit du rapport à Fichte sur ce point précis, cet entrelacement ou ce repli ultime de la nécessité et de la liberté l'une sur l'autre doit être examiné; il y va du statut de l'être et des principes. Or on trouve un texte très étonnant sur l'ambiguïté de la puissance. Il y a déjà cette ambiguïté selon laquelle la puissance peut être comprise comme faiblesse et précarité, sinon même comme impuissance, en tant qu'elle est l'opposé de l'acte, en même temps qu'elle signifie la force et la pleine capacité; la puissance est aussi bien le minimum d'être que la plénitude d'être. Mais surtout Lequier attire l'attention sur une autre ambiguïté, qui nous conduit très directement à ses thèmes majeurs, en particulier celui de la gémellité des êtres différents (ou des identiques qui deviendront différents). Le texte est une hymne à la puissance.

> Au sein de l'âme qui agit est la puissance : la puissance, ce qui n'est pas, ce qui ne devient pas, mais la matière confuse du devenir : la puissance; ce qui n'est ni la vie ni la mort, mais une commune anticipation et de la mort et de la vie, dans une aptitude commune à la vie, à la mort; ce qui, dans sa complexité, est à la fois et ce qui sera et ce qui ne sera pas, et l'ambiguïté de l'un et de l'autre; la puissance, ce Couple; cette double Idée présente de soi dans l'avenir, ce double Projet d'existence, cette Double Face de l'être avant d'être. Les voilà, ces deux objets prochains de l'adoption et du rejet de l'homme, ces deux prédestinés à l'être et au néant, au néant et à l'être; éclairés chacun, formés chacun de cette lumière qui les représente : lumière mystérieuse : ou le crépuscule d'une nuit sans fin, ou l'aube d'un jour immortel. Ils sont là ces deux jumeaux conçus ensemble, là, côte à côte, au cœur de l'être, dans le même berceau, dans le même tombeau; prêts à surgir, prêts à s'engloutir [2].

1. La question du rapport entre la nécessité et la liberté est également posée dans un dialogue entre deux personnages, Eugène et Théophile. Eugène, partisan de la liberté et récusant la prescience divine (que pourrait signifier une connaissance de ce qui n'est pas ?), cède pourtant aux objections de Théophile (celles du "fantôme de la Nécessité", évoquées dans la prosopopée) et admet la toute-puissance de la nécessité; il reconnaît alors que la difficulté passe de la prescience à la liberté, c'est-à-dire à une causalité primitive ou une création. Voir ms. 268, f° 10; *La recherche*, p. 315-318.

2. Ms. 268, p. 23-24 *(O.C.*, p. 383).

Ainsi la puissance est-elle la totale indétermination, assimilée à la matière informe des Anciens ; mais pourtant elle agit, et surtout elle agit dans les directions les plus opposées, portant en elle toutes les possibilités, si bien que l'on hésite sur ce qu'il convient de retenir : soit qu'il s'agit seulement de possibilités, soit qu'il s'agit de la totalité de celles-ci, c'est-à-dire d'un genre de plénitude. La puissance de la puissance, c'est bien de contenir toutes les paires d'opposés (avant tout la nécessité et la liberté), et cela dans une compénétration telle que chaque élément est rivé à son opposé – comme le traduit parfaitement la métaphore des jumeaux, ces jumeaux que seront les Abel, mais que seront aussi bien le prédestiné et le réprouvé ainsi que tous les êtres à la fois très proches et très distants. Que cela soit la leçon tirée de la rencontre avec Fichte, on ne l'affirmera pas ; au moins est-ce une thèse que cette rencontre a pu contribuer à affiner et à conforter.

La liberté : aséité et responsabilité

Le premier caractère de la liberté, c'est l'arbitraire ; la liberté, comme libre arbitre, est le pouvoir absolu de choisir et surtout de faire ; en cela, elle se définit comme aséité, donc comme un pouvoir transcendant toute autre faculté. C'est par elle d'abord que l'homme est apparenté à Dieu, ce que Lequier exprime par une formule lapidaire : « Liberté de Dieu, type de la liberté de l'homme. Création. Arbitraire »[1]. Mais, caractérisée par le pouvoir de création, la liberté est également une liberté créée, ce qui fait que la question de la liberté est le lieu privilégié pour l'examen du statut de l'homme. La liberté a ainsi un statut double, indiqué dès la formulation de la première vérité. « Je suis une personne responsable de moi qui suis mon œuvre, à Dieu qui m'a créé créateur de moi-même »[2]. Par la liberté, l'homme a un statut de type divin, ce que rappellent de nombreux fragments. Mais, rapportée à Dieu et créée par lui, la liberté de l'homme est seconde, selon une autre formule. « L'homme, auteur de ses actes par sa liberté, ne l'est pas de sa liberté »[3]. Comment penser un acte créateur qui soit pourtant un acte second ?

La liberté est puissance absolue, et en cela faculté de transcendance ; elle peut neutraliser toute raison, suspendre toute connaissance, faire la nuit dans l'intelligence ; elle effectue une mise à l'écart de tout ce qui n'est pas

1. *La recherche*, p. 72.

2. *Ibid.*, p. 71. Dans le même sens, voir la lettre à Renouvier du 10 octobre 1850 *(O.C.*, p. 538, où il faut lire « créateur de moi-même », et non « créature »).

3. *La recherche*, p. 72.

elle. Cette prééminence de la liberté sur l'intellect est telle qu'elle peut s'élever contre une raison, inverser la force et la valeur des raisons, et même se décider hors de toute raison, ne serait-ce que pour s'affirmer; ainsi s'expliquent l'erreur et la faute. La liberté est l'ultime principe et le fondement de la personne, se rapportant aux autres éléments comme à des instruments. Cette thèse, s'appliquant à tout homme, trouve son application paradigmatique dans la conduite d'Adam et Ève. Si la liberté agit toujours selon le principe du meilleur, c'est au sens où c'est elle qui détermine souverainement ce qui est le meilleur; ainsi le meilleur est-il second par rapport à la puissance qui peut, à son gré, créer le meilleur pour elle.

> Il est donné à l'homme de pouvoir à son gré faire <la> nuit dans son intelligence; Adam avait une vue claire et nette des choses, et cependant il pouvait obscurcir cette lumière naturelle et la voiler de ténèbres; ce pouvoir incompréhensible a sa raison dans l'aséité humaine, laquelle est un miracle perpétuel. Si Adam n'avait pas eu ce pouvoir de faire <la> nuit dans son intelligence, il n'eût pas péché, parce que l'homme se détermine toujours pour ce qu'il croit le mieux eu égard à tout; seulement il est donné à l'homme, et c'est là le mystère de sa liberté, de faire prédominer ce qui est de moindre raison sur ce qui est de meilleure raison, comme si ce qui est en soi de moindre raison était de meilleure raison. C'est qu'en effet son aséité, sa liberté qui constitue le fondement de sa personnalité, se sert de l'intelligence, de l'amour comme d'instruments, si bien qu'il est vrai de dire en ce sens que l'homme en vertu de son aséité s'appartient tout entier; on comprend ainsi qu'il puisse agir à son gré sur son intelligence, la contenir dans la sphère du vrai ou l'en faire sortir, et traiter comme indifférentes des choses qui en soi ne sont pas indifférentes[1].

La question est celle de la signification de l'aséité en l'homme ou du statut de la liberté. La liberté a la capacité de pratiquer une *époché* totale, donc de neutraliser tout ce qui lui est extérieur, y compris en l'esprit humain. Or si la liberté, étant par soi, peut comme telle s'affirmer absolument, elle est pourtant, dans ses actes, relative, spécialement à l'égard de l'intelligence. Mais l'examen des facultés révèle que la liberté est tellement à part, tellement transcendante à toute autre faculté, qu'elle règne sur toutes les actions de l'homme au point même de pouvoir transformer une chose en son contraire. Notamment, face à la faculté de lumière qu'est l'intelligence, elle l'emporte au point que cette lumière peut devenir obscurité; par la liberté, le plus clair apparaît comme obscur si la liberté le veut ainsi. La

1. Ms. 255, p. 24 *(O.C.*, p. 326).

transcendance de la liberté, ou sa différence ontologique, est telle par rapport à l'intellect que celui-ci est comme rien face à celle-là. Ce pouvoir de choisir et de faire est lui-même incompréhensible, puisqu'il passe toute intelligence, et il engendre le vertige ; ainsi est-il qualifié de miracle (pour ses effets inattendus, sinon merveilleux) et de mystère (pour son caractère impénétrable). Il y a un concept de liberté selon lequel la liberté – celle d'Adam, mais aussi bien de tout homme – est absolue et en même temps totale ; elle peut tout, et pour elle c'est comme si rien d'autre n'était. Par elle, tout advient, au sens où tout est modelé et transformé ; par ce pouvoir quasi créateur du bien et du mal, du vrai et du faux, l'homme est vraiment maître de soi. Le remarquable en cela, c'est que, dans cet acte d'un sujet, tout s'opère selon le principe du meilleur, étant admis que c'est la liberté elle-même qui décide du meilleur et qui tout simplement est le meilleur ; il n'y a vraiment de raison que par la liberté. Mais aussi, une telle liberté, pour être effective, doit elle-même se transmuer, en ceci que, relative à l'intelligence et à l'amour (présentés ici comme ses instruments) et s'affrontant à la nécessité, elle doit devenir une liberté située et déterminée. De pure et absolue qu'elle est comme aséité, la liberté, rapportée à ses conditions d'exercice, devient liberté de responsabilité. L'application entraîne ainsi un retournement du concept de liberté. Se pose alors la question de la cohérence du concept, une cohérence qui, à vrai dire, n'est pas interrogée par Lequier. Mais, si la question de la liberté demeure aporétique, au moins peut-on explorer les aspects et les dimensions de la liberté.

> Toute liberté suppose l'arbitraire ; en Dieu, la liberté s'exerce arbitrairement d'une façon absolue dans l'ordre du *quantum*. Dans l'homme la liberté s'exerce arbitrairement dans les deux ordres, l'ordre des choses qui lui paraissent indifférentes et l'ordre du bien ; rien pour l'homme n'est indifférent, mais il est certaines choses qui lui paraissent indifférentes, bien qu'elles ne le soient pas ; dans cet ordre de choses, il lui paraît qu'il agit librement, mais rien ne l'en assure. Dans l'ordre du bien, il a le pouvoir d'agir arbitrairement, il voit apparaître la liberté avec l'idée de responsabilité ; ce pouvoir d'agir arbitrairement dans l'ordre du bien est une perfection, puisque c'est là la liberté de l'homme ; agir en fait arbitrairement d'une certaine façon, *id est* se déterminer pour une mauvaise action, voilà le mal. La liberté de l'homme comme celle de Dieu suppose et implique un arbitraire absolu ; seulement Dieu agit librement sans pouvoir faire le mal, parce que sa liberté s'exerce simplement dans l'ordre du *quantum*, des choses indifférentes ; la

liberté de l'homme s'exerce de plus dans l'ordre du bien, et alors apparaît la notion de responsabilité[1].

De nouveau, la liberté est caractérisée par l'arbitraire (qui est son premier élément) ; mais ici, l'arbitraire reçoit une portée déterminée, sinon précise, s'appliquant à tous les genres d'activité. Et surtout, curieusement, c'est comme s'il y avait des domaines d'exercice de l'arbitraire, ce qui conduit à soutenir que l'arbitraire est plus vaste en l'homme qu'en Dieu, que donc l'arbitraire en Dieu (et sa liberté) est bien moindre que pour l'homme. Alors aussi, l'arbitraire et la perfection sont disjoints. Le simple fait de comparer l'arbitraire en Dieu et en l'homme révèle une faiblesse et une faillibilité dans le libre arbitre humain. L'argumentation de Lequier repose sur une distinction entre deux ordres de réalité : l'ordre des choses de soi indifférentes (le *quantum*) et l'ordre du bien (le *quale*). Si Dieu ne se rapporte qu'au premier ordre (qui, à vrai dire, n'a rien d'ordonné, mais est quelque chose comme un simple plan d'être), c'est du fait de sa totale transcendance ; étant purement créateur, il n'est rapporté ni soumis à rien ; il n'a à répondre de rien ; la liberté de Dieu est, au sens strict, irresponsable, de sorte que, en lui, l'arbitraire et la création ne se distinguent pas, ou encore il est en adéquation avec le bien ou même est le bien. Mais c'est du fait qu'un ordre du bien préexiste à l'homme, ordre créé qui aussi constitue une norme, que la responsabilité acquiert un sens ; pour qu'il y ait responsabilité, il faut que la puissance soit corrélative d'une dépendance ; par là même, la perfection qu'est la liberté (comme pouvoir de choisir absolument) a son revers : la possibilité de mal faire, de choisir et de faire le mal.

La liberté, conçue seulement comme étant par soi, est aussi une liberté repliée sur soi, autoréférée ; antagoniste de la nécessité, elle est un pur acte d'auto-affirmation, une liberté métaphysique sans qualification éthique, une liberté absolue mais non déterminée. Précisément, pour devenir une liberté morale, elle doit se déterminer, se rapporter à des normes, se mettre en relation avec des circonstances et des éléments autres qu'elle-même. La liberté morale de responsabilité suppose ainsi un double rapport de subordination, à la loi et au bien, et la question se pose de concevoir le rapport entre ces deux rapports ; puisque cette question n'est jamais explicite, il revient à l'interprète de la formuler et de l'argumenter. D'abord, quel est le rapport de la liberté à la loi ?

> Difficultés sur l'idée de liberté ; idée qu'il faut distinguer de l'idée d'arbitraire ; et qui est corrélative de l'idée de loi. Il faut la distinguer de l'idée d'arbitraire. – Si je suis tout nécessité, impossible de rien chercher, si je suis tout liberté, impossible de rien connaître. /

1. Ms. 255, p. 92 (*O.C.*, p. 333).

> Nécessité et liberté, moyens de connaître, et voici la liberté comme condition positive. Mais cela suffit-il pour que je proclame la liberté avec certitude ? Il semble ainsi – je l'avoue – et pourtant, de fait, je ne le puis. J'ouvre Descartes, contradictions. Qu'y a-t-il de plus absurde que l'idée d'arbitraire, etc.... [1].

Il s'agit maintenant de discriminer entre liberté et arbitraire, afin d'éviter que la liberté devienne absurde, donc afin de reconnaître à la liberté une dimension de rationalité. C'est l'idée de loi qui permet cela, disqualifiant le libre arbitre. Or la question est celle de la nature de la loi. Le concept de loi est-il à entendre au sens moral, comme la norme universelle et intime qui commande en conscience, selon la thèse d'une éthique de l'autonomie ? Rien de tel n'est dit. Plutôt la loi signifie la nécessité, qui est celle de la nature, mais non pas la nécessité d'une loi intérieure. En vérité, il y a un rapport double entre liberté et loi. C'est, d'une part, un antagonisme, qui nous renvoie au dilemme de la liberté et de la nécessité ; en ce cas, la liberté se caractérise comme arbitraire ; elle est la pure initiative de chercher, le pouvoir d'inventer, le libre jeu des facultés, la spontanéité qui ne reconnaît pas de limite ni d'entrave. Lequier s'en explique dans un autre texte où la liberté, livrée à elle seule, est strictement irrationnelle et frôle constamment l'abîme.

> Mais ou l'exercice de l'activité humaine est soumis à des lois nécessaires et inviolables, qui en déterminent avec précision tous les modes, et alors cette activité, purement illusoire, n'est plus qu'un jeu d'apparences, tel que celui qui dans l'ordre physique attribue le semblant du mouvement à des objets immobiles, ou l'exercice de l'activité humaine dans un certain nombre de cas est absolument libre, auquel cas il est *arbitraire*. Or cet exercice arbitraire, inexplicable pour la raison, lui répugne, la révolte. Qu'est-ce, en effet, que l'*arbitraire*, sinon ce qui n'a pas la raison d'être ? Autrement, l'existence engendrée par le néant [2].

D'autre part, la liberté s'oppose à l'arbitraire, et c'est en cela qu'elle est corrélative de la loi. Une liberté ne peut s'exercer, comme liberté raisonnable, qu'en prenant en compte les lois de la nature, donc en se pliant, en un sens, à ces lois. En conséquence, l'initiative de la liberté est réduite au point d'être annulée. Ainsi la liberté occupe-t-elle une position médiane entre l'arbitraire et la loi, ce qui est un déplacement considérable. Mais c'est aussi une position extrêmement tendue, où la liberté est comme ballottée entre deux extrêmes intenables, une position qui revient à admettre dans l'idée de liberté les deux incompatibles que sont l'arbitraire et le nécessaire,

1. Ms. 254, f° 62v *(O.C.*, p. 381).
2. Ms. 251, f° 7r *(O.C.*, p. 390).

et cela sans qu'une impossible synthèse soit même envisagée. Ce qui au moins demeure indiscutable, c'est que la liberté est une condition métaphysique de connaissance, en ceci que c'est par elle seule que s'exercent le jugement et d'abord la discrimination [1].

Aussi bien n'est-ce pas seulement le rapport à la loi qui détermine la liberté comme responsable. Certes, le rapport à la loi est indispensable, étant tout simplement le rapport au monde ; mais cette loi (de la nature) n'est pas une instance ; elle signifie uniquement la régularité et les contraintes. Il faut encore et surtout que les rapports aux multiples expressions de la nécessité soient redoublés par un rapport au bien. Or ce rapport au bien est second ou dérivé ; la transcendance de la liberté par rapport aux motifs et contraintes n'est qu'une transcendance seconde, seulement une quasi transcendance ou, selon le terme précis, donnée. Ainsi la philosophie de Lequier n'est-elle ni une éthique de l'autonomie (et pas davantage de l'hétéronomie), ni non plus une éthique de la création des valeurs ; en effet, plus originaire que le rapport à une loi (extérieure ou intime), plus originaire même que l'acte de créer, il y a ce préalable qui est un don, précisément le don de la liberté. C'est ainsi une éthique de la donation et de la réception du bien, une éthique qui même est expressément reconnue comme religieuse, étant connaturelle à la foi.

> Aussi la liberté, cette faculté de se faire être celui qu'on veut entre plusieurs hommes possibles que contient dans son sein la volonté de l'homme est-elle un mystère aussi impénétrable que ces mystères de la Foi qui étonnent le plus ce qu'on est convenu d'appeler la raison. Qu'il ait été *donné* à l'homme d'*être par soi*, à certains égards, voilà ce que nulle philosophie n'expliquera jamais, et il faut attribuer la méprise universelle des théoriciens sur le libre arbitre autant à la prétention instinctive d'expliquer tout, prétention qui est comme l'âme même de la philosophie et qui pousse à nier l'inexplicable, qu'à cet aveuglement qui empêchait de l'apercevoir si éclatant dans la première démarche de la spéculation, de quelque côté qu'elle se tournât. Or, cette vérité, ôtée de sa place, qui est en effet la première, est impossible à retrouver [2].

La méprise est précisément dans cette méconnaissance, dans l'absence d'un dessaisissement du moi qui, ou bien s'enfle au point de prétendre tout dominer en l'expliquant, ou au contraire, par faiblesse et repli, ne va pas au terme de la démarche spéculative qui l'ouvrirait à la contemplation de la liberté, à la vision de l'originaire. S'il y a bien ici une critique et une

1. « Distinguer, c'est-à-dire mettre à part, n'est-ce pas là une opération qui a pour condition la liberté ? » (Ms. 255 ; *O.C.*, p. 478).

2. Ms. 268, f° 24r (*O.C.*, p. 384).

limitation de la philosophie par un examen de ses capacités, ce n'est cependant pas en dehors de la philosophie qu'est atteinte la liberté, mais bien par une intellection où le philosophe se laisse conduire et même envahir par la puissance de la liberté. On touche au point limite du statut de la liberté, qui a la forme d'un paradoxe : la liberté, caractérisée comme aséité, est pourtant un don. Or Lequier n'emploie pas la qualification de paradoxe, mais celle de mystère, ce qui comporte des connotations précises. Si la liberté est rebelle à une totale intellection, si elle est inexplicable, néanmoins elle ne heurte pas la raison (étonnement n'est pas scandale), elle n'est pas l'antagoniste de la raison. Elle est bien à la limite de ce que peut atteindre la philosophie, mais non pas son envers ni même son au-delà ; elle est plutôt atteinte en ce point où philosophie et théologie – qui ne sont ni disjointes ni antagonistes – sont indiscernables, de sorte que le vocabulaire théologique du mystère est approprié. Soutenir que la liberté est un mystère, et un mystère comparable aux mystères de la foi (plus particulièrement de la Trinité), c'est à coup sûr affirmer que la liberté est inexplicable et incompréhensible (et en cela irréductible à la raison), mais c'est surtout l'entendre selon le sens théologique et contemplatif de ce qui est donné de manière inépuisable, qui est à voir et à recevoir comme la puissance absolue. Par là encore, l'acte libre ne tombe pas sous une loi mais, en tant qu'originaire, lui est transcendant, et il s'oppose à tout fait se produisant selon une loi.

> Remarquons que chaque acte libre est un miracle dans le sens vulgaire du mot. Car d'après l'École et d'après la notion commune, qu'est-ce qu'un miracle ? C'est un fait qui ne relève d'aucune loi, un fait hors de toute loi, au-dessus de toute loi et par là même un fait que la science désavoue, car elle sait bien qu'elle périt si elle le tolère [1].

Reste que la responsabilité requiert autre chose que le rapport de confrontation à la nécessité, et la question est de penser la liberté selon ses relations positives. Si, dans l'examen réflexif, c'est comme une réalité absolue ou comme un élément simple qu'est atteinte la liberté, et si de même, dans les dialogues, elle est pensée selon une stricte opposition à la nécessité et par une différence irréductible à tout autre élément ou propriété, en revanche dans l'exposition brève du système (la vue d'ensemble de 1845), la liberté n'est plus seule ; elle ne peut même être pensée que dans un système de relations. Ceci conduit évidemment à un entier réaménagement de la conception de la liberté. Or, dans cette exposition, la liberté n'est plus une

1. Ms. 254, f° 34v (*O.C.*, p. 400-401).

notion d'abord anthropologique mais théologique, et elle devient le premier élément d'une pensée trinitaire.

> Je ne risque rien ; prenons la liberté comme hypothèse, voyons où elle nous conduira, nous réservant toujours le pouvoir de revenir sur nos pas et de renverser l'édifice que nous aurons essayé d'élever en prenant pour base la liberté qui n'aura d'autre valeur que la valeur d'une supposition. Je vais donc essayer de croire à la liberté ; je suis un être libre, c'est-à-dire que je puis choisir entre deux alternatives et en réaliser l'une à l'exclusion de l'autre. Si je suis un être libre, je suis un être responsable ; car les motifs entre lesquels je suis appelé à choisir ne sont pas indifférents. Parmi ces motifs je trouve l'idée de bien, l'idée de vrai, l'idée de beau, etc. ; les idées de mérite et de démérite naissent à la suite des déterminations que je prends ; je suis donc responsable. Vis-à-vis de qui suis-je responsable ? Est-ce vis-à-vis de moi-même ou vis-à-vis d'un autre être ? Considérons tous les aspects de notre être ; ai-je la raison de mon existence ? Je ne trouve dans les profondeurs de moi-même que ténèbres, je ne sais d'où je viens, où je vais ; si j'étais l'auteur de moi-même, je me rendrais compte de ma propre existence. Je m'apparais de toutes parts comme un être borné, imparfait ; en considérant ma liberté qui constitue en moi mon aséité, je rencontre une puissance qui est à la racine de mon être, quelque chose qui peut ; comment existe cette puissance, quelle est la nature de cette puissance ? Mystère ; je considère ce principe non moins étonnant qui me représente des objets, qui me transmet des images, et qui fait de moi un miroir où se peignent l'univers et moi-même. Je ne puis pas plus me rendre compte de ce principe que j'appelle intelligence que de celui que j'ai appelé puissance. Même mystère pour cet autre principe qui m'entraîne vers les objets contemplés par mon intelligence, et que je nomme amour. Je ne puis me rendre compte de moi-même, et je reconnais en même temps que je suis constamment partagé entre l'erreur et la vérité, le bien et le mal. Je ne suis donc pas un être absolu ; car je suis imparfait ; car je suis à moi-même une énigme inexplicable. Et cependant je suis responsable en tant qu'être libre[1].

On remarquera la qualification appliquée à celui qui interroge et qui parle en première personne ; il reçoit simplement le nom « être », comme qualification la plus générale (non pas substance ni sujet ni même moi, par exemple). L'existant qui s'interroge sur soi-même n'est qu'un certain être, qui recevra des déterminations (notamment : libre, responsable). Ceci est d'ailleurs la question métaphysique élémentaire : moi qui suis un être, quel

1. Ms. 255, p. 2-4 (voir *infra*, p. 168-169).

être suis-je ? Or cette détermination ne se fait que sous hypothèse, celle de la liberté. Ainsi, la liberté doit-elle être supposée, c'est-à-dire anticipée. Je ne pourrai comprendre ma liberté qui, dans l'hypothèse, est bien ce qui me détermine en premier, que si je me la donne par anticipation. À la limite, la liberté doit se donner à elle-même. En ce sens, la liberté ne sera établie que par un processus d'analyse de la pensée. Il faut alors expliciter ce qui est contenu dans la notion d'être libre ; on y découvre la notion de responsabilité, puis ce qui conditionne la responsabilité. Le point de départ est en effet une simple hypothèse, l'idée de liberté, non pas dans l'absolu, mais appliquée à l'homme. Pour en exposer les implications, Lequier procède à une analyse de ses conditions d'exercice, puis des facultés. Il se donne une certaine représentation de la liberté, comme faculté de choix entre des possibles. Ce n'est donc pas la forme pure de la liberté, mais une liberté située dans le monde, et en cela une liberté responsable, comme exigence de répondre dans une situation donnée, – non plus la pure liberté métaphysique, mais la liberté morale, une liberté très ambiguë ; précisément, c'est une liberté face à des contraintes, ayant à les prendre en charge, mais étant aussi un pouvoir, à la limite absolu, de dire et de faire. Appliquée à l'homme, la liberté est à la fois absolue et finie ; mais, tout absolue qu'elle soit, comme pouvoir transcendant tout motif, elle est, dans son effectuation, située dans un monde, affrontée à des contraintes, rapportée à des normes. Comme arbitraire, comme faculté de choix, elle transcende les motifs (c'est son caractère absolu) ; pourtant les motifs qui la sollicitent ne sont pas égaux ; la liberté les discerne, les mesure et les pèse. Là est l'exercice de la responsabilité ; alors le mouvement de la liberté se renverse ; elle n'est plus rapport à soi, mais à autre chose que soi. C'est la prise en compte de l'altérité et de l'extériorité, sous les formes les plus diverses : les circonstances de la vie, les autres libertés et aussi les transcendantaux (le bien, le vrai et le beau). Tous ces éléments ont, face à la liberté, une fonction de référence et de délimitation, ce qui produit une détermination éthique. Plus précisément, il y a un réquisit de la responsabilité, à savoir qu'elle suppose un agent et une autorité (l'être libre est appelé à répondre de quelque chose devant quelqu'un comme instance); ainsi seul un être dépendant peut être responsable. Il faut donc penser la liberté comme absolue mais aussi comme finie, comme indépendante et dépendante, comme « une indépendance dépendante »[1] ; absolue, c'est-à-dire transcendante, indépendante de toute raison et de tout motif ; finie, c'est-à-dire dépendante à la fois comme subordonnée à un auteur et comme relative à son antagoniste, la nécessité. Là est bien le point d'inflexion et même de bifurcation de la doctrine. Une pure liberté d'aséité, totalement

1. *La recherche*, p. 71.

indépendante, serait vaine; c'est par les limites qui sont imposées à son exercice que la liberté se détermine; en ce sens, c'est la nécessité qui révèle la liberté à elle-même en lui permettant d'avoir de l'effectivité, en lui donnant un corps. La liberté morale est dans les actes, mais précisément tout acte comporte dépendance et limitation. « Considérée dans chaque acte où se manifeste réellement l'aséité personnelle où est vraiment l'indépendance, l'indépendance n'est pas absolue; il y a dépendance morale, c'est-à-dire responsabilité »[1].

C'est là qu'intervient une analyse des facultés, exactement des principes, qui sont au nombre de trois : la liberté comme pouvoir de choix, l'intelligence (avec l'imagination) comme faculté de représentation des objets, l'amour comme faculté de relation et d'ouverture vers quelque chose d'autre que soi. S'il est traditionnel de concevoir une tripartition des facultés (liberté ou volonté, intelligence ou entendement, sentiment ou désir), la tripartition de Lequier est inhabituelle et empruntée à Lamennais[2]. Le problème est alors de comprendre les relations entre ces facultés, atteintes par un acte réflexif, un examen complet de soi nommé considération (« Considérons tous les aspects de notre être »[3]). Cette analyse est elle-même effectuée en fonction d'une question précise, celle d'une auto-fondation (« ai-je la raison de mon être ? »). Celle-ci est reconnue comme impossible, l'exploration de soi découvrant la finitude de l'homme. Il reste à explorer les profondeurs de l'être; alors trois éléments hétérogènes sont reconnus. Or ces trois éléments sont admis comme exhaustifs, ou au moins comme suffisants, et la question (non examinée ici) est bien de savoir en quoi ils constituent un système. L'exposition, en présentant ces principes dans un ordre de succession, les donne comme juxtaposés; et pourtant aussi, ils sont articulés. À partir de là se noue l'interrogation, selon deux voies croisées : un ordre de progression ou de développement, mais également un ordre de relation ou d'union.

Si nous prenons l'ordre de progression, la liberté est principe en un sens très spécifique. Elle est principe comme toute faculté, à savoir une propriété irréductible; mais ce principe dans le sujet est aussi principe dans la constitution du savoir; en effet, la liberté est le point de départ et la base de

1. Ms. 254, f° 69v *(O.C.*, p. 332).

2. Dans *La philosophie de Jules Lequier*, J. Grenier replace cette tripartition dans l'histoire de la philosophie. Voir p. 198-211. Voir aussi notre édition de *La recherche*, p. XLIII. Il faut surtout noter (nous y reviendrons) l'enracinement théologique de cette distribution, notamment par l'intermédiaire de saint Augustin.

3. Un fragment du même manuscrit 255 précise ce point. « Une fois la puissance libre, l'amour ou sensibilité et l'intelligence reconnus, toutes les facultés secondaires ne sont que les différentes opérations de ces trois pouvoirs principaux, ne sont que ces trois pouvoirs considérés en tant qu'agissant chacun de diverses manières » (p. 72).

la connaissance ; c'est d'elle que procède le savoir et c'est sur elle qu'il s'appuie, étant la capacité de juger, de discerner le vrai et le faux. Le premier principe subjectif est donc le principe de la science. Lequier explicitera ce point dans les fragments, déjà rappelés, de la fin du *Problème de la science*. Alors la liberté, principe dynamique de toutes nos activités, est aussi le principe logique de toute vérité et de toute action ; étant en deçà de toute raison, elle donne signification à tout acte et toute connaissance, faisant précisément surgir les raisons. Dire que la liberté est la première vérité, c'est exactement la reconnaître comme condition (négative et positive) de toute vérité ; elle n'est pas une vérité saisie par une intuition intellectuelle, mais est seulement présupposée comme la condition originaire de la connaissance et de l'action. Elle est, au sens strict, *le principe*. – L'intelligence est la faculté de représentation, plus généralement de connaissance, et donc s'applique aussi aux principes, notamment à elle-même ; mais précisément, les trois principes de la subjectivité sont eux-mêmes inexplicables ; on ne peut les comprendre ni en rendre raison ; il y a une incapacité, à savoir une limitation, de l'intelligence à rendre compte des principes, et notamment d'elle-même ; c'est une limitation qui ne porte pas tant sur l'étendue des connaissances que sur l'intellection de soi. Si en cela une négativité caractérise l'intelligence, incapable de pénétrer la nature des facultés, ouvrant même vers un fond d'irrationalité, jamais pourtant l'intelligence n'est humiliée ; limitation n'est pas abaissement. Cette limitation est elle-même qualifiée par deux caractères déjà rencontrés et dont aucun n'est négatif : le mystère et l'énigme. L'intelligence est vraiment principe. Elle est seconde par sa place et sa fonction ; et, si elle sait qu'elle ne peut pas tout pénétrer, elle sait aussi qu'elle est l'auxiliaire indispensable de la liberté pour son exercice. – Quant à l'amour, reconnu simplement comme élan ou attrait, comme ouverture à autre chose que soi-même, il est le principe de relation, le facteur d'union ; il tend à réunir les éléments différents ; il a ainsi une fonction de médiation entre la liberté et l'intelligence. Mais alors, sa position de principe tiers, qui certes le subordonne aux deux autres, lui confère aussi une fonction très spécifique ; nous aurons même à examiner s'il n'a pas en fin de compte la priorité.

Alors précisément, avec ce troisième principe, s'effectue une dialectisation – Lequier n'employant pas ce terme – qui transforme le problème ; la liberté, n'ayant plus la position d'unicité, n'a plus son caractère absolu et tranché, mais devient relationnelle ; exactement, l'interrogation sur la liberté s'inscrit dans une autre recherche, dans une problématique trinitaire, celle de la puissance, de l'intelligence et de l'amour, où la puissance occupe la place de la liberté, ce qui est déjà le signe de la modification de la problématique. Nous passons donc à une conception transformée, mais aussi complétée, de la liberté. Si la liberté est toujours ce qui en l'homme est premier et le plus profond, ce principe, marque de Dieu, est relatif aux deux autres que sont l'intelligence et l'amour, eux aussi divins selon des modes différents. Cette conception trinitaire, réinterprétation du dogme catholique, est une doctrine spéculative sur laquelle Lequier est souvent revenu, notamment dans ses discours sur « Les personnes divines ». La thèse tient dans une formule où les trois principes sont réunis sous le point de vue dynamique de la force. « La force est puissance, intelligence, amour »[1]. La puissance est première, comme modalité par laquelle la force s'affirme ou agit, étant dans sa pure identité ; l'intelligence est ce par quoi la puissance ou force agissante se représente elle-même, se différenciant par là d'elle-même ; et l'amour est ce qui réunit les deux premiers principes[2]. En vérité, il suffit, comme nous l'avons remarqué, d'examiner la proposition ordinaire « j'existe » pour découvrir les principes et leurs relations, et obtenir ainsi une vue globale du système.

Dans le réseau de relations que constitue le système des principes, la liberté est relative à l'intelligence et à l'amour, et confrontée à la nécessité ; elle est alors liberté de responsabilité en tant qu'elle prend en compte des contraintes. La nécessité n'est évidemment pas la norme, qui est la liberté elle-même dans son rapport au bien, comme liberté donnée, en accord avec le bien ; dans la liberté, créée mais aussi créatrice, est incluse la norme (liberté d'autoréférence) ; la liberté est l'instance. Mais c'est en affrontant la nécessité, en la prenant en charge, en se réalisant dans l'espace et la durée, que la liberté devient effective dans l'histoire ; si la nécessité n'est nullement le critère de la responsabilité, c'est bien elle qui en est la condition d'émergence et en permet la constitution. Ainsi est-il dit de Dieu qu'il est irresponsable et de l'homme qu'il est responsable par le fait de son rapport à la nécessité ; celle-ci ne lui est pas externe mais immanente, ce qui fait que l'homme vit par essence un dilemme, celui de la liberté et de la nécessité. Ce dilemme, exactement ce double dilemme, ne peut être résolu, nous l'avons vu, que par l'affirmation de la liberté. Au vrai, il faut distinguer entre ce dilemme métaphysique, dont la seule issue est la libre affirmation de la liberté, et la réalité de la vie morale qui transpose le dilemme métaphysique au plan de l'histoire d'un individu et le transforme en une relation dialectique de la liberté et de la nécessité – à ceci près que,

1. Ms. 267, f° 43r.

2. On notera également que ces principes sont mis en rapport avec les transcendantaux. « L'idée de bien a un rapport plus direct avec la puissance ; l'idée de vrai avec l'intelligence ; l'idée de beau avec l'amour » (Ms. 255, p. 85). « Un triple but est proposé aux trois pouvoirs de l'âme : le bien à la volonté ; le vrai à l'intelligence ; le beau à l'amour ou sensibilité » (Ms. 255, p. 107 ; *O.C.*, p. 486).

dans cette dialectique, le dernier mot revient à la liberté ; dans cette relation, si la liberté est principe à la fois de décision et de normativité, comportant ainsi les deux dimensions essentielles de la vie éthique (le rapport à la fin et le rapport à la norme), elle ne peut s'exercer et devenir responsable que dans un rapport reconnu et assumé à la nécessité. Ce dont elle doit répondre, si elle le crée ou le recrée, lui vient pourtant de la nécessité.

La responsabilité se caractérise par une relation entre la liberté et la raison ; elle suppose que la liberté n'est pas absurde, donc que l'action est justifiée. La thèse de Lequier consiste alors à reconnaître dans la liberté, nous l'avons déjà dit, à la fois le principe dynamique et le principe logique, à expliquer que le principe dynamique (la liberté comme puissance de vouloir et de faire) est aussi le principe logique (c'est la liberté qui, de manière ultime et souveraine, donne des raisons à l'action) ; le principe de l'action est ainsi tout entier dans la liberté ; la liberté, transcendante à toute nécessité, à toute contrainte, à tout motif, est à la racine des raisons ; elle trouve en soi-même des raisons, exactement elle les crée. Les éléments objectifs qui poussent à l'action (spécialement les motifs) ne sont déterminants que pour autant que la liberté les assume et les accepte ; la liberté en acte requiert certes de reconnaître des motifs à l'action (impulsion, contrainte, intérêt…), mais en s'affirmant d'abord comme transcendante à ces motifs. Il y a une suprématie de la liberté telle que les raisons (et aussi bien les normes de l'action) proviennent finalement d'une décision ou d'une résolution, qui peut approuver les motifs ou les récuser ou en modifier l'importance ; les motifs sont présents mais gradués, et la liberté est au-delà des motifs ou plutôt est le motif suprême, ce qui fait aussi que les raisons sont incluses dans une décision ou émanent d'une décision. Ainsi la liberté agit-elle selon le principe du meilleur, mais en ce sens que c'est elle le principe du meilleur, d'après une interprétation singulière où le meilleur, tout intériorisé, n'est autre que la liberté. Lequier expose là une figure extrême, et peut-être sublime, éventuellement dramatique, de la liberté, tentée par l'abîme et en proie au vertige, où la liberté, si elle n'est effective qu'en situation, transcende pourtant les situations en ce que, à son gré et par sa spontanéité, elle peut seule faire qu'une situation devienne le lieu d'une responsabilité. Dans l'analyse d'un acte humain, y a-t-il quelque chose qui soit assez résistant au point d'échapper à toute réduction et d'être transcendant à toute détermination ? S'il y a un tel élément, il ne peut être qualifié autrement que d'arbitraire, au delà de toute raison, mais aussi à la racine des raisons. En effet – et c'est bien le tour de force à assumer – il faut que l'arbitraire soit coordonné à la situation mondaine, donc ne soit plus arbitraire. Ceci marque chez Lequier non pas une hésitation, mais bien une tension telle que, affirmant absolument la liberté, il est également requis de la penser comme relative au monde, puisque c'est là seulement qu'elle a de l'effectivité. À ce monde, elle donne d'ailleurs sens, selon cette expression très forte : c'est l'homme qui crée la raison de ses actions [1].

> Qu'est-ce donc qu'être libre ? L'homme serait-il vraiment libre si, parmi les différents motifs d'action qui à un moment donné le sollicitent, il y en avait un qui dût, à l'exclusion des autres et en vertu de son influence, entraîner sa volonté ? Non, l'homme ne serait pas libre, puisqu'il obéirait à une impulsion déterminante. Peut-on concevoir qu'il résultât d'un certain nombre de motifs d'action, comme la haine, le désir de vengeance, le devoir, le souvenir d'une ancienne amitié, etc., un sentiment particulier qui ressortît du concours même de ces motifs et qui fût capable d'entraîner la volonté de l'homme ? Non, ce sentiment qui serait comme la résultante de tous les autres, serait plus fort que chacun des autres, et l'homme entraîné infailliblement par ce motif le plus fort ne serait point encore libre ; car ce motif, résultante de tous les autres, serait un motif déterminant. S'ensuit-il qu'il n'y ait pas de motif plus fort que les autres ? Au contraire ; seulement il faut, pour que l'homme soit libre, que nul motif, aussi fort qu'on voudra, ne soit capable de *déterminer* l'acte de la résolution. Tout acte libre est donc sans raison ? Non encore ; car la liberté implique l'idée de responsabilité, et un être dont la nature serait d'agir sans raison ne serait point libre. Toute action a donc une raison d'être ? Comment accorder cela avec ce que nous venons de dire ? C'est que c'est l'homme lui-même qui, à son gré, crée la raison par laquelle il se détermine d'après un certain motif ; la présence des motifs est la condition même de l'exercice de la liberté ; mais la raison qui fait que l'homme se résout pour tel ou tel motif, règle son acte sur tel ou tel motif, cette raison, c'est lui qui la crée *arbitrairement*, c'est-à-dire *parce qu'il le veut ainsi* ; c'est l'homme qui, par le fait seul de sa détermination, crée non pas les motifs sur lesquels s'exerce sa liberté, mais la raison qui fait qu'il agit ainsi. [...] Mais, dira-t-on, l'homme a toujours en vue ce qui est *meilleur pour lui*, tout considéré ? C'est vrai ; mais c'est lui qui veut *arbitrairement* que telle ou telle chose soit pour lui le meilleur ; c'est lui qui place où il veut ce qu'il juge être le meilleur pour lui ; il place *ce mieux, ce meilleur*, où il lui

1. S'il y a bien une parenté entre Lequier et Sartre, c'est là qu'elle se reconnaît, avec la thèse de la liberté comme absolue et créatrice, tirant de soi-même ses motifs d'agir. On peut encore relever ce texte où Lequier, critiquant Hegel et défendant le principe de contradiction, s'exprime dans des termes qui sont quasiment ceux de Sartre, mais avec un jugement tout opposé pour dénoncer cette conception de l'homme. « Sans ce principe, tout est ténèbres : l'homme qui pense n'est plus qu'un animal qui rêve ; moins encore : il n'est plus qu'une contradiction vivante, il est ce qu'il n'est pas, il n'est pas ce qu'il est, et chaque idée distincte est un mensonge dans la confusion universelle » (Ms. 268, f° 22 ; *O.C.*, p. 347).

> convient, c'est-à-dire arbitrairement, sans autre raison que celle par laquelle il prend cette détermination ; c'est-à-dire qu'en prenant cette détermination, il en fait par ce seul acte la raison d'être[1].

Dans les textes très fragmentaires de la fin du Livre I, est présentée la thèse de la liberté sous la figure d'un je libre, d'un sujet existant et s'identifiant comme libre ; être, c'est être libre ; ce « je suis libre » est à comprendre comme l'affirmation d'un existant et comme la reconnaissance d'une identification (le verbe être ayant les deux fonctions) ; le sujet est libre au moins en tant qu'il s'affirme et se reconnaît comme un je libre. Or cette identité est elle-même si tendue et quasi impensable que Lequier la caractérise, dans un texte déjà cité, comme « une indépendance dépendante », par une formule rhétorique et néanmoins précise.

> À présent je possède, désormais je tiens sous ma garde les plus certaines des vérités et les premières en ordre : je suis libre ; je suis par delà ma dépendance indépendant, et dépendant par delà mon indépendance ; je suis une indépendance dépendante [...][2].

Pourtant, dans cette exposition, entièrement composée à partir du je (comme sujet grammatical et métaphysique), indépendance et dépendance ne sont nullement égales ; si les deux qualifient l'être libre, signifiant la liberté d'aséité et la liberté de responsabilité, la dépendance est seconde ; seule une indépendance peut être dite dépendante, mais non l'inverse[3]. Si c'est bien l'indépendance qui est première, le fait de la qualifier immédiatement comme dépendante marque à la fois l'irréductibilité de son aséité et la vacuité de celle-ci ; c'est seulement dans la dépendance que la liberté d'aséité peut être quelque chose ; et cela n'est pas pour elle une négation ou une suppression, mais au contraire son seul mode d'effectivité. De plus, le fait que Lequier s'en tienne à la formule paradoxale de l'« indépendance dépendante », marquant ainsi la tension suprême inhérente à la première vérité, mais sans vraiment en expliciter les conditions de signification, ne doit pas faire conclure à une aberration. Plutôt est-ce le signe de la limite du

1. Ms. 255, p. 109-111 (voir *infra*, p. 182-184).

2. *La recherche*, p. 71.

3. Si pourtant l'expression de « dépendance indépendante » se rencontre au moins une fois, c'est bien pour insister sur l'indépendance, support de la dignité de l'homme et marque divine en lui. « Dieu en créant l'homme a mis tous ses soins à faire un être qui se rapprochât de lui autant que possible. S'il avait pu faire l'homme absolument son égal, il l'eût fait et lui eût offert son amour ; l'homme sans être pleinement un Dieu en tout semblable au premier, ce qui implique contradiction, est cependant un Dieu dans son ordre ; il a une dépendance indépendante, c'est-à-dire qu'il a des devoirs qui l'obligent envers Dieu et le rendent dépendant de Dieu, mais qu'il est en même <temps> libre et qu'il peut ainsi se séparer de son père et l'offenser ; la dignité est à l'homme ce que la majesté est à Dieu, et ces deux êtres, chacun dans leur ordre, sont dieux » (Ms. 255, p. 128 ; *O. C.*, p. 441).

pensable. C'est entre ces points extrêmes qu'est à penser la liberté de responsabilité. La responsabilité, avec la relation de dépendance, requiert l'aséité ; seul un être dont la liberté est par soi peut être dit responsable, tenu de répondre de quelque chose à quoi il a un rapport intrinsèque, à savoir ses actes. C'est la responsabilité d'un être créateur de soi, donc quasi divin, précisément par sa liberté. Pourtant la distance demeure entre Dieu et l'homme, signifiée par le statut de finité de l'homme et de rapport à la nécessité. Et, étant un créateur créé (donc créateur-créature), un créateur subordonné, il est responsable devant son créateur, instance ultime. La responsabilité suppose une instance, exactement une instance personnelle ; quelqu'un est responsable devant quelqu'un et doit répondre à quelqu'un ; l'instance n'est donc pas neutre (une loi) mais personnelle, suivant un principe selon lequel il doit y avoir homogénéité entre l'être responsable et l'instance. Cette responsabilité est précisée. Seul un être libre mais fini, c'est-à-dire qui doit choisir entre des possibles et qui rencontre ou même produit des motifs, est responsable ; il l'est non pas devant soi-même (être particulier fini, donc insuffisant), mais devant un être absolu qui seul peut constituer l'instance ultime. C'est donc l'analyse de la responsabilité qui, exposant ses conditions de possibilité, conduit à reconnaître un être absolu comme instance, faisant ainsi que, si la subjectivité ou la conscience est une instance, c'est une instance qui ne se soutient que de sa référence à une autre instance, inconditionnée[1].

1. La question est : Vis-à-vis de qui suis-je responsable ? L'auteur répond. « Ce n'est pas vis-à-vis de moi-même, car je m'apparais comme un être qui n'a point en soi sa raison d'existence, qui n'est point indépendant, qui ne se suffit point à lui-même. Je parcours successivement les divers aspects de mon être ; et je trouve partout des mystères, et dans ma puissance libre, et dans mon intelligence, et dans mon amour ; chacun de ces principes me surpasse, et je ne puis rendre compte d'aucun d'eux. Tous ces pouvoirs sont aux mains de mon aséité ; en tant qu'être libre j'en fais l'usage que je veux. L'examen de tous les éléments qui constituent ma personne me fait connaître l'insuffisance de mon être et la nécessité de le rattacher à autre chose qu'à lui-même ; et comme j'ai reconnu que je suis une personne responsable, je ne puis être responsable que vis-à-vis d'une autre personne. Je m'avance donc avec tout ce qui constitue ma personne vers cette autre personne qui doit être irresponsable, parce qu'elle doit avoir en elle-même sa raison d'être, qu'elle doit être absolue *(absolutus*, indépendant) » (Ms. 255, p. 12-13 ; voir *infra*, p. 174).

CHAPITRE III

SE FAIRE SOI-MÊME DANS UNE HISTOIRE

ÊTRE, SUBSTANCE, FORCE

Lequier n'a jamais eu qu'une idée et sa philosophie tient en une seule thèse : je suis libre, je suis une indépendance dépendante. S'il y a bien une seule idée, cette idée, qui constitue le point à l'horizon, et d'abord le centre de toutes les pensées, est elle-même très complexe (nous l'avons vu avec la distinction entre liberté d'aséité et liberté de responsabilité), mais aussi elle est un élément d'un système. Ceci entraîne une transformation si profonde de l'idée de liberté que c'est toute la philosophie de Lequier qui est en cause. Or jamais Lequier n'a lui-même élaboré une véritable synthèse de ses diverses conceptions ; et pourtant, à ses yeux, il ne fait aucun doute que son œuvre est unifiée. Certes, le fait que l'œuvre soit demeurée largement en chantier peut être interprété comme la difficulté (l'impossibilité ?) de mettre en accord des thèses aussi contrastées. Mais d'abord, il ne s'agit pas d'un reniement ni même d'une évolution de la pensée, puisque les thèses ultimes (qui sont trinitaires) sont tout à fait présentes et déjà explicitées dans l'ébauche de 1845. Il n'y a donc bien qu'un seul Lequier, mais si complexe, peut-être si divers, que l'acte de saisir l'unité de sa pensée est toujours menacé de précarité. L'interrogation se concentre sur le statut de la liberté. Tout l'effort du *Problème de la science* vise à atteindre, par analyse et purification, une première vérité indubitable ; la méditation sur les actes banals de l'existence atteint et révèle le pur acte libre, comme quelque chose d'irréductible et d'unique. La liberté est pensée comme une réalité tout à fait à part et métaphysiquement absolue. Se pose alors la question de comprendre son effectivité empirique, ce qui nous a conduit à l'examen de la liberté de responsabilité, où la liberté prend une figure nouvelle, dont le statut est très spécifique. Mais c'est une difficulté bien différente et autrement redoutable de passer à la conception d'un système où la liberté n'apparaît même plus comme telle, n'étant d'ailleurs pas l'un des principes (puissance, intelligence, amour); certes, on peut aisément la reconnaître dans le premier principe, mais elle est alors pensée en relation avec d'autres éléments qui ont eux aussi le statut de principe. Si Lequier est un philosophe aporétique, cela se marque d'abord sur la question du rapport entre la liberté et le système. Lequier a eu l'ambition d'édifier une métaphysique, avec au centre la notion la plus commune, celle d'être; la recherche métaphysique se fait alors analyse de l'idée d'être, telle que déjà le langage commun nous la présente. Ainsi dans un fragment, simplement ébauché, du manuscrit 254, intitulé : « Être ».

> Idée de l'être, indéfinissable.
> Susceptible d'analyse.
> Renferme l'idée de force et de quantité.
> La force infinie se réalise incessamment elle-même. *Elle* se réalise *Elle*-même : le premier "Elle". Le deuxième "elle" marque des idées obscures d'activité et de passivité. Obscures, car qui parle d'activité entend que cette activité a un terme distinct d'elle. Activité suppose un terme extérieur.
> Or quand je pense simplement à la force infinie, je ne pense à rien *d'autre* : l'objet de ma pensée se termine en lui-même, c'est-à-dire que la force infinie se suffit à elle-même, est aussi bien sa fin que son origine.
> Essayons de démêler ces idées de passivité et d'activité renfermées dans la notion de force infinie.
> Je vois trois points de vue, trois aspects dans cette force infinie, marqués par les mots : Elle, se, soi-même. *Elle* marque activité pure; *se* marque passivité; *soi-même* embrasse *elle* et *se*. Mais *elle*, *se*, *soi-même* marquent des *relations* dans la *chose*. (Sans relation, il n'y a point *personne*, la personne est une *activité* qui a un objet).
> Voici donc qu'à l'aide de ces *relations*, les idées d'activité et de passivité se démêlent. Lorsque au contraire je prends la force dans son unité *nombrale*, je ne distingue point d'activité et de passivité parce que je n'ai point d'extériorité, d'autréité. Dans le sein de la force je distingue donc ce premier mode, la force en tant qu'activité pure. C'est là le premier mode de l'aséité[1].

La thèse de Lequier s'appuie sur la distinction entre définition et analyse. Soutenir que l'idée d'être ne rentre pas dans une définition peut s'entendre de deux manières, de portée très différente. Selon un argument classique, une définition de l'être est impossible parce que tautologique ou

1. Ms. 254, f° 46r-v *(O.C.*, p. 433).

circulaire, nécessitant le recours au terme « être » pour définir l'être ; tout discours est tenu de se donner des termes premiers, avant tout le terme « être » ; il est ainsi toujours discours de l'être (comme objet et peut-être aussi comme sujet) ; le terme « être » est la limite de tout discours. En un autre sens, si l'idée d'être est indéfinissable, c'est parce qu'elle excède toutes les capacités discursives, ce qui renvoie à un indicible et peut-être à une dimension mystique de la pensée. L'impossibilité de définition se rapporte ainsi à la fois au concept d'être le plus général et commun, le plus pauvre et indéterminé aussi, et au concept d'être le plus élevé, suprême, surpassant toutes les déterminations. L'être (le terme « être ») est ce à partir de quoi peut se constituer une pensée ; et l'être (qu'on ne peut même pas nommer de manière précise) est au delà de toute pensée. Lequier ne thématise pas cette dualité ; mais le simple fait qu'il questionne sur l'*idée* d'être, et non sur le *concept*, est un signe que la seconde acception est à attester. Or cela n'a pas comme conséquence l'impossibilité de rien dire ni connaître de l'être. Précisément, c'est entre ces deux limites, dans cet intervalle déterminé par ces deux significations, que se constitue un discours sur l'être ; des propositions de la langue commune peuvent dire correctement (mais certes pas adéquatement) l'être ; il y a bien un discours métaphysique qui est une ontologie. L'enquête métaphysique de Lequier prend la forme de l'examen d'une seule proposition, considérée comme suffisante.

Ce que Lequier découvre dans l'idée d'être, c'est d'abord l'idée de force (avec celle de quantité, qui est peut-être seulement un attribut de la force). Ainsi opère-t-il une quasi identification de l'être et de la force, ce qui revient à admettre que l'être est force ; l'examen sera d'ailleurs une analyse de la force. En vérité, Lequier restreint son analyse à un certain mode de la force, la force infinie, prenant ainsi le concept à l'une de ses limites. Par là même, ce n'est pas un être quelconque qui est examiné, ni non plus l'être comme tel, mais l'être en tant qu'infini, c'est-à-dire accompli ou suffisant, ce qui renvoie à un aspect indéfinissable de l'idée d'être. Plus précisément encore, l'interrogation sur l'être comme force est effectuée d'une manière particulière, par une analyse du langage. C'est une proposition grammaticale qui constitue le point d'appui d'une thèse métaphysique, une proposition très spécifique qui relie, sur le mode réfléchi, la force à elle-même. C'est là un élément remarquable, à savoir la conjonction entre une proposition linguistique et un acte réflexif ; et si c'est bien le langage qui est le point d'appui, il l'est seulement en tant que la proposition est réflexive ; c'est comme si ce qui peut être dit de l'être (sa réalité, sa réalisation) ne pouvait l'être que par une proposition réflexive. Par cet accord admis entre l'être et le langage, une telle proposition signifie que c'est dans et par un acte de réflexion que la force se réalise, c'est-à-dire se fait. Sa réalité, exactement dite par la proposition réflexive, c'est le système des relations qu'elle entretient avec soi sous divers points de vue (comme sujet actif, comme objet passif donné là, comme mise en rapport des deux) ; en cela aussi, elle a le statut de personne. Ceci est alors un lieu de difficulté : si la force devient un élément de la personne, qu'en est-il de son caractère d'aséité ? En effet, la force se conçoit selon deux points de vue : comme telle, elle est activité pure ou puissance, marquée par le caractère d'aséité ; mais, pensée en relation, comportant donc un élément d'altérité et d'extériorité, elle une personne. Quel est le rapport entre aséité et personne ?

Toute cette exploration conduit à un point central, une thèse métaphysique selon laquelle « ces trois idées primitives »[1], à savoir la force, l'être et la substance, sont corrélatives mais distinctes. La question porte sur le statut de la substance. « Faut-il entendre par "Substance" l'être considéré dans ses propriétés essentielles ou le support, *substratum* des propriétés ? »[2]. C'est la question classique de l'*ousia* : substrat comme support, ou essence comme système des propriétés. Quel est le statut des propriétés ? Ce dont il s'agit, c'est de penser le divers. S'en tenir au divers comme tel conduirait à la dispersion et renverrait à une multiplicité de perspectives hétérogènes. Mais si la pensée requiert l'unité, elle ne peut effectuer un acte d'unification que par un élément de permanence, ou encore une substance. Celle-ci est-elle le système des relations entre les propriétés, ou bien transcende-t-elle les propriétés, étant leur substrat ? Lequier se trouve devant un dilemme, partagé qu'il est entre l'exigence de maintenir l'unité de la substance (et par là une transcendance de celle-ci par rapport à ses propriétés ou attributs) et la nécessité de donner toute leur consistance aux propriétés diverses, puisque la substance paraît n'être rien d'autre que ses propriétés, leur étant ainsi totalement immanente. La solution, indiquée plus que vraiment élaborée, vise à dépasser le dilemme en le dissolvant ; elle consiste à rapporter les propriétés à l'unité d'un être stable, mais connaissable seulement par ses propriétés, dont la première est la force. L'aséité d'un être ne peut jamais être saisie comme telle, mais seulement au moyen de ses propriétés. Ainsi y a-t-il une ambiguïté de la force, conçue d'une part comme principe (donc *a se*) et d'autre part comme propriété essentielle de l'être.

> Il semble qu'on doive entendre par substance le *substratum*, le support des propriétés, ce *quelque chose* que l'on conçoit seulement comme ce à quoi se rapportent les propriétés. [...] La substance est donc l'être considéré OBJECTIVEMENT dans ses propriétés essentielles ;

1. Ms. 254, f° 41 *(O.C.*, p. 434).
2. Ms. 254, f° 72 *(O.C.*, p. 434).

mais pas plutôt dans celles-ci que dans celles-là, et voilà l'unité et l'obscurité propres à la notion de substance; l'être est la substance connue ou dans quelqu'une de ses propriétés ou dans toutes ses propriétés [1].

C'est la notion d'être qui est la plus générique, et sa première détermination est la force. Les modes de l'être sont déployés par une analyse du langage dans lequel se dit l'être. Lequier discerne, dans la proposition qualifiant la force infinie : « elle se réalise elle-même », trois éléments sous la forme de l'activité, de la passivité et de la réunion des deux. Puis il distingue entre la substance (l'être, la force) et ses modes, qui sont les principes (puissance, intelligence, amour); parfois aussi l'immensité et l'éternité sont dites des modes (non actifs) ou des expressions de l'être. « La Force active ou la Puissance, l'Intelligence et l'Amour, trois modes actifs de l'Être, ou trois modes de la Force » [2]. « L'espace et la durée sont des modes distincts des principes que j'ai reconnus d'abord dans le sein de l'être indépendant, c'est-à-dire de la puissance, de l'intelligence et de l'amour » [3]. On notera également ce passage du discours sur « Les personnes divines », où toutes les personnes sont rapportées à la force : le Père comme puissance, le Fils comme lumière et l'Esprit comme vie.

> Le Fils contemple dans le Père la majesté de son principe, la source de ses perfections; l'origine de la substance : la force, d'où tout émane en Dieu et hors de Dieu; la force, qui déployée dans son immensité se déploie encore dans l'immensité de sa durée; la force, océan sans rivages de puissance, de lumière et de vie qu'il contient aussi en lui-même; et lui, le Fils, lui peut tout (excepté cependant qu'il ne se peut pas lui-même) [4].

D'une manière caractéristique, Lequier a recours à la notion d'émanation pour dire le rapport de la substance à ses modes, comme si l'unique substance transcendait ses trois modes majeurs; et, parmi ces modes, le troisième est caractérisé comme vie, autre nom de l'amour ou de l'esprit. Précisément, vivre suppose, pour un être, la sortie de sa solitude et la relation à quelqu'un d'autre, donc requiert un principe tiers.

1. Ms. 254, f° 73 *(O.C.*, p. 435).
2. Ms. 267, f° 30r; voir aussi f° 40r.
3. Ms. 255, p. 13 *(infra*, p. 174-175).
4. Ms. 267, f° 5r; *La recherche*, p. 321-322.

LES PRINCIPES : LA PUISSANCE, L'INTELLIGENCE, L'AMOUR

Le dessein de Lequier était de constituer un système de la science, au sens d'une philosophie complète, fondé sur les relations entre trois principes (puissance, intelligence, amour). Il est revenu avec insistance sur cette triade : à plusieurs reprises dans le Cahier H (ms. 255), dans de multiples notations très elliptiques et, de manière plus composée, dans le discours inachevé sur « Les personnes divines ». Là est le cœur de la thèse qui contient la solution (ou au moins ce que celle-ci a de plus élaboré) aux difficultés de la recherche de la vérité, selon une interrogation à la fois, et sans doute de manière indiscernable, métaphysique et théologique. Ayant déjà explicité certaines significations de ces notions en rapport avec les facultés à l'occasion de l'analyse de la proposition « j'existe », puis de la thèse sur la responsabilité, notre enquête portera surtout sur les rapports entre les principes, et corrélativement sur leur nature ; elle aura comme fil conducteur d'examiner comment une étude anthropologique a une portée théologique, ce qui conduit à la question du statut des relations entre théologie et anthropologie [1].

Quant à la question du rapport entre métaphysique (naturelle et rationnelle) et théologie (révélée), elle est un thème du manuscrit 255 ; elle est abordée en fonction de la thèse, elle-même tributaire d'une lecture de la Bible, de deux ordres de vérités : les vérités du premier ordre, connues par Adam avant la chute, et les vérités du second ordre, provenant de la révélation chrétienne. Le rapport entre ces deux ordres de vérités, qui sont évidemment à distinguer mais ne sont pas en rupture, est complexe et même circulaire. Lequier reconnaît d'abord une « métaphysique première » ou « la vraie philosophie », comprenant les vérités connues par Adam, c'est-à-dire accessibles à la raison seule, ou « vérités fondamentales ». Il y a là comme une structure première et inaltérable de notre être. Lequier se réfère ensuite aux « vérités du christianisme », c'est-à-dire à ses dogmes fondamentaux, notamment la Rédemption. Sa thèse consiste à nouer ces deux types de vérités d'ordre différent, vérités certes indépendantes mais pourtant corrélatives. D'une part, les vérités du second ordre ne pouvaient être révélées qu'après la faute d'Adam et comme remède à la chute. D'autre part, ces vérités non seulement ne peuvent contredire les premières, mais exactement doivent en recevoir quelque lumière. Ainsi la philosophie ou la « vraie métaphysique », celle aussi que Lequier se donne pour tâche de

1. La question se pose en effet d'une subordination de la théologie à l'anthropologie. « Les philosophes ont toujours eu de la peine à établir la personnalité de Dieu : c'est qu'ils entendent mal celle de l'homme ; et réduisant l'homme à l'*intelligence*, ils réduisaient aussi Dieu à être une *intelligence* » (Ms. 268, f° 30r ; *O.C.*, p. 437).

constituer, aura une influence sur le christianisme, notamment sur sa théologie; entre métaphysique et théologie, la compénétration sera telle qu'il y aura correspondance, confortation réciproque et même accord[1]. Nous trouvons ainsi chez Lequier une certaine figure (qui n'est d'ailleurs pas inédite) du rapport entre philosophie et christianisme, selon laquelle la différence, sans être jamais annulée, devient pourtant si minime qu'elle se ramène peut-être à une différence entre des points de vue tout à fait conciliables.

Les éléments qui, dans l'examen de la proposition « j'existe », apparaissaient comme les conditions de toute affirmation ou connaissance, ont le statut de principes dans la présentation générale du système; dans d'autres notes, éparses et tout juste esquissées, Lequier ébauche une construction un peu plus élaborée dont nous avons des aperçus schématiques entrelacés selon plusieurs points de vue, où les significations des principes sont articulées dans le système. Ainsi dans une note du manuscrit 267.

> Trois actions : Pouvoir, Connaître, Aimer.
> Deux Actions productrices : Engendrer, Spirer.
> Trois principes actifs : la Puissance, l'Intelligence, l'Amour.
> Un Principe productif : la Puissance, le Père.
> Trois personnes : l'être rapporté à la Puissance engendrante, l'être rapporté à l'Intelligence engendrée, l'être rapporté à l'Amour procédant.
> Une Substance : la Force Infinie[2].

Il y aurait un excès à vouloir réduire la philosophie de Lequier à ce texte, qui peut pourtant être lu comme le résumé le plus concis de ses thèses essentielles. C'est moins qu'un schéma; c'est presque un catalogue de thèses posées mais non argumentées, seulement énoncées. On lira ce texte à

1. « Du moment où l'on cherche à expliquer les dogmes, on se sert des lumières de la raison, et partant on fait de la philosophie, mais non pas cette métaphysique première, laquelle comprend les vérités connues d'Adam avant sa chute; le reste doit nous apparaître comme la suite naturelle de ce premier ordre et de ces premières vérités. [...] Les vérités du Christianisme sont d'un autre ordre, il fallait qu'elles fussent révélées aux hommes après l'introduction du mal dans le monde; seulement les vérités révélées doivent être en rapport avec les vérités fournies par la raison, de telle sorte qu'elles reçoivent une lumière de cette métaphysique; la métaphysique se trouvera par cela même confirmée à son tour » (Ms. 255, p. 100-101; *O.C.*, p. 325). « Il est utile de connaître les vérités de la raison dans le second ordre, sans que le Christianisme perde rien de son légitime empire; c'est une lumière qui se projette sur les vérités révélées, et qui les éclaire » (Ms. 255, p. 141; *O.C.*, p. 325).

2. Ms. 267, f° 49r. Ces textes du manuscrit 267, oubliés ou délaissés par les éditeurs de Lequier, sont capitaux pour l'intelligence de sa pensée. Nous en avons indiqué et publié quelques-uns dans notre édition.

la fois comme linéaire et comme circulaire. Mais d'abord, avant la thèse, le point remarquable, surtout par rapport aux textes, méditatifs aussi bien que dialectiques, sur l'affrontement entre la nécessité et la liberté, c'est que l'on passe de la dualité à la trinité, de sorte que lorsque le même élément revient (d'ailleurs sous une forme seulement indirecte : la puissance est le premier caractère de la liberté), il n'a plus tout à fait la même signification. S'agit-il d'un autre Lequier ? Plutôt est-ce une autre manière, synoptique et non plus tâtonnante et heurtée, d'aborder le système à partir de ses principes, et surtout de préciser la nature de ceux-ci ; c'est un approfondissement, en fonction duquel toute l'œuvre est à relire. À l'enquête analytique effectuée d'un ton souvent tourmenté, puis au débat dialectique sans issue, se substitue une exposition plus sereine où la mesure et l'accord sont les guides de la pensée, précisément grâce à un principe tiers. Ce n'est qu'une esquisse minimale, mais soigneusement présentée dans le manuscrit, comme un tableau de toute la pensée de l'auteur, comme l'énoncé de ses thèses majeures. Or, même aussi bref, ce fragment est remarquable par sa constitution, cheminant entre l'action et la substance, allant aussi de la trinité à l'unité.

Le premier point, c'est-à-dire la thèse principielle, concerne l'action ; celle-ci a trois modalités ; ainsi toute activité d'un sujet est-elle l'expression d'une action, tout est action. Puis sont distingués des points de vue sur l'action : les types d'action (l'une non qualifiée ni même nommée, c'est-à-dire pure action, les deux autres qualifiées comme productrices), les trois principes (dont le premier est à part, étant seul productif). Est ensuite présentée une autre détermination, celle de personne, caractérisant des types d'être ; une personne est toujours comprise comme un certain rapport, le rapport d'un être à un principe ou à un type d'action. Enfin, récapitulant le tout dans l'unité, est posée la substance. Ce texte n'est certes qu'une épure, avec ses traits appuyés et ses ellipses, mais dans laquelle est présente toute une métaphysique. Le chemin va de l'action à la substance ; ainsi l'action est-elle première ; s'exerçant comme triple, elle est unifiée dans une substance unique, la force infinie ; exactement, il y a identité entre action, substance et force. Or cette triade, comparée à une précédente (être, substance, force), en diffère sur un point (action/être) ; précisément, cela est à comprendre comme une substitution, qui est aussi une détermination ; ce que l'on peut dire de plus exact ou approprié de l'être, c'est qu'il est action. Et toujours, le dernier terme revient au premier. Ainsi, en allant de la première thèse à la dernière, on n'a pas progressé puisque tout est déjà dans la première, mais on a explicité celle-ci par les modalités de l'action, puis les principes et enfin les personnes. Cette interrogation de l'action, à la fois une et triple, est le thème constant des ébauches du manuscrit 267. Renouvier, volontairement, n'en avait rien publié, alors même qu'il savait le prix que Lequier leur accordait[1] ; Grenier en a publié quelques fragments, mais en omettant le plus accompli. Or c'est là qu'est le cœur de l'œuvre de Lequier, dans cette coordination des principes, comme pensée métaphysique et théologique, allant vers son accomplissement dans le bref discours sur « Les personnes divines ».

L'interrogation première portera sur l'essence d'un principe. Faute que Lequier se soit lui-même livré à une telle exposition, il revient au lecteur interprète d'en déterminer le statut[2]. Or d'abord, lexicalement dans notre texte, ce n'est pas le principe qui est premier, mais c'est l'action. Il y a là évidemment une leçon à entendre ; il faudra établir le rapport entre action et principe, afin d'examiner un point d'identité entre les deux : comment l'action, qui est principe comme première proposition, est-elle aussi principe en un sens métaphysique – ou, symétriquement, comment un principe métaphysique se caractérise-t-il essentiellement comme action ? Quel principe et quelle action ? L'action est première, déjà en tant que nommée en premier ; elle-même est présentée d'après ses modes d'expression, ceux-ci étant liés à des facultés humaines, indiquées dans un certain ordre ; en vérité, ce n'est pas l'action comme telle dont il s'agit, mais plutôt les modes d'agir, supposés exhaustifs en tant que corrélatifs des facultés humaines (la volonté, l'intelligence, la sensibilité). S'il y a ainsi un déploiement de l'action, c'est selon un point de vue anthropologique. Reste à valider celui-ci, s'il n'est pas lui-même fondateur. Au moins peut-on déjà reconnaître ceci : poser l'action comme première, et précisément en la rapportant à ses modalités majeures, c'est équivalemment réaffirmer la primauté du « faire ». Aussi convient-il de poursuivre en ce sens afin de comprendre la nature du principe.

Le concept d'action est pluriel, plus précisément triple, connotant les diverses formes d'activité, donc un concept générique. Penser le principe en rapport avec l'action, c'est d'abord le concevoir comme cause motrice, à savoir comme capacité d'initiative. Nous retrouvons là un point souvent remarqué : la puissance, qui n'est pas une marque particulière ou accidentelle du principe, mais son premier caractère. Quant au deuxième mode de l'action, sa nature est de connaître, selon le deuxième principe actif qu'est

1. Voir sa lettre à Jacob du 22 octobre 1890 : « Vous verrez que je n'ai rien tiré pour ma publication des notes nombreuses sur les personnes divines, leurs relations, la trinité. Je ne sais si vous trouverez plus que je ne l'ai fait de l'intérêt à tirer au clair ces élucubrations. Il m'en parlait souvent et ce sujet m'ennuyait » (Ms. 304/2, f° 268. J. Grenier, *La philosophie...*, p. 309). Un fragment, curieusement oublié dans toutes les éditions avant la nôtre, « Dieu. Trinité en Dieu » *(La recherche*, p. 72), est une formule capitale de la pensée de Lequier.

2. Dans un passage du manuscrit 254, f° 47r *(O.C.*, p. 434), Lequier écrit ceci : « [...] c'est un principe, c'est-à-dire quelque chose qui commence à soi ».

l'intelligence. Le principe a donc une nouvelle acception, toute différente, comme facteur d'ordre et de rationalité et comme élément de lumière. Enfin le troisième a comme nature d'aimer ; il est ainsi aspiration à la plénitude et à la réunion des principes, éprouvant le sentiment du manque et le désir de son dépassement. Les principes ont ainsi trois fonctions distinctes, qu'on nommera motrice, intellective et unifiante.

Mais la question de la nature du principe, loin d'être résolue, est plutôt exacerbée puisque, tandis que la notion de principe connote l'unicité et la transcendance, nous disposons de trois principes, différents et pourtant corrélatifs. Il s'agit de savoir si l'aporie entre l'unicité métaphysique requise et la diversité phénoménologique observée peut être levée. Elle l'est à une condition (qui ne fait peut-être que reporter la difficulté) : le principe se prend en deux acceptions, comme le signifie la distinction entre « trois principes actifs » et « un principe productif ». Que le principe soit un et trine, cela est une version du dogme chrétien, précisément rappelée dans la formule, délaissée par les éditeurs, « Dieu. Trinité en Dieu ». Du point de vue de la production (assimilable ici à la création), il n'y a qu'un principe, signifiant l'absolue suprématie de la puissance ; mais du point de vue de l'action (ici comprise selon les modalités majeures de l'activité humaine), les principes sont trois, sans que la question d'une hiérarchie entre eux ait vraiment un sens. Or nous verrons aussi, spécialement par l'étude du conte *Abel et Abel*, que cette question, traitée en termes nouveaux, reçoit une réponse originale selon laquelle la priorité d'un principe est affirmée, mais alors déplacée du premier principe au troisième, entraînant ainsi un réarrangement de la doctrine – comme si, l'interrogation purement métaphysique et théorétique atteignant ses limites, c'était par une autre voie qu'il fallait poursuivre la recherche. La signification de la liberté en sera transformée. C'est bien cette solution singulière qui sera à réfléchir.

Une distinction capitale est celle de la substance et des actions. « Dans le sein de la force je distingue donc ce premier mode, la force en tant qu'activité pure. C'est là le premier mode de l'aséité. / L'activité pure ou puissance correspond en Dieu à ce qui est volonté chez moi [1] ». Ce passage – on le notera – est extrait du fragment intitulé « Être ». Ainsi, une interrogation sur les facultés humaines conduit à un examen de la notion la plus générale et en même temps la plus élevée, celle d'être – comme si donc la recherche réflexive ne pouvait se soutenir que par une ouverture du sujet vers quelque chose d'autre dont il tient sa réalité, l'être comme tel, lui-même rencontré dans une action et dit par le langage commun.

Vu par rapport à la thèse de la liberté comme aséité, comme pouvoir absolu de faire, notre texte présente cette spécificité de poser trois types

1. Ms. 254, f° 46v *(O.C.*, p. 433-434).

d'action, rapportés à une substance unique (la force infinie) dont ils sont les trois modes, vraiment reconnus comme trois, de sorte que le pouvoir de la liberté, s'il est encore *absolu*, n'est pas *total* ; il est un absolu en relation – ceci n'est point pensé comme un paradoxe – dans son activité ; cela signifie que le pouvoir absolu de faire (la liberté d'aséité) n'est pas effectif ; il ne le devient que s'il agit en relation avec l'intelligence et avec l'amour. On passe ainsi d'une conception de la pure liberté face à la nécessité (conception qui constituait le cadre de référence du *Problème de la science*, ainsi que des *Dialogues*), à une conception où la liberté est relationnelle. C'est bien au niveau des conditions de possibilité de l'action qu'interviennent les trois principes, ce qui a des conséquences sur l'exercice de la liberté. Devant l'alternative « faire ou ne pas faire », il ne s'agit plus de comprendre le passage d'une cause primitive à une réponse déterminée ; mais cette cause primitive est relative à d'autres causes, et, en ce sens, leur est subordonnée. D'autre part, ce qui, dans l'explicitation de la proposition « j'existe », mettait au jour un concours des facultés, faisant que l'affirmation de son existence par un sujet n'était possible, c'est-à-dire sensée, que par ce concours, est maintenant retrouvé et transposé, par un acte de méditation sur les personnes divines, dans une trinité d'actions et de personnes ; les facultés de l'homme trouvent leur fondement dans les principes divins. Reste à examiner la nature et l'organisation de ces principes.

Le concept de personne

La thèse de Lequier est à comprendre comme une interprétation du dogme trinitaire, certes sans aucune référence biblique, mais bien en reprenant le schème théologique : le père engendre le fils ; du père et du fils procède l'esprit. Or, avec ce schème relationnel, le but de Lequier est de tenir ensemble deux exigences : affirmer le caractère absolu de la puissance (seul principe au sens le plus strict), mais aussi expliquer comment la puissance, pour être effective et bien ordonnée, requiert deux éléments qui sont également des principes. Comment, le caractère suprême de la puissance étant reconnu, penser la relation de la puissance avec l'intelligence et l'amour dans la réalisation de la liberté[1] ? Dans une ébauche qui est sans doute le texte le plus déployé, avec des renvois enchevêtrés dans le manuscrit, Lequier a lui-même explicité sa thèse.

1. Ces principes s'appliquent même dans le monde politique (ce qui est une marque de la totalité organique du système), sous la forme de la devise républicaine, avec là aussi la primauté de la liberté. Voir notre édition de *La recherche*, Introduction, p. XLIV-XLV.

La Puissance Se peut elle-même; elle peut l'intelligence; et, avec l'intelligence, elle peut l'Amour.

L'Intelligence voit la Puissance, elle Se voit elle-même et voit l'Amour.

L'Amour unit la Puissance à l'Intelligence, l'Intelligence à la Puissance, et S'unit à l'une et à l'autre.

La Puissance s'exprime tout entière dans l'intelligence qu'elle engendre; de la puissance et de l'intelligence procède l'amour que toutes deux respirent ensemble.

La substance divine est la Force infinie; infinie, c'est-à-dire immense et éternelle.

La Force est Puissance, Intelligence, Amour.

La Force engendrante est la Puissance, la Force engendrée est l'Intelligence, la Force procédante est l'Amour.

L'éternelle origine de l'Être immense est la Puissance; l'éternelle lumière de l'Être immense est l'Intelligence, l'éternel souffle de l'Être immense est l'Amour.

La Puissance est le principe unique, le principe sans principe, le Principe; l'Intelligence est un 2e principe de l'Être, dérivé du Principe; l'Amour un 3e principe dérivé, produit par les deux autres, comme d'un seul principe.

L'Intelligence est un principe parce qu'elle est active: elle représente. L'intelligence, en raison d'ordre, est après son objet.

L'Amour est un principe parce qu'il est actif: il unit. L'amour, en raison d'ordre, est après son objet.

Seule la Puissance, le Principe, est avant son objet: avant, après, rapports d'ordre et non de temps[1].

Dans ce texte capital sur l'essence des principes et leurs relations, ce qui est en cause, c'est le concept de personne; celle-ci, relative au principe, s'en distingue pourtant; une personne est, par essence, relationnelle. C'est en effet le concept de personne qui est primordial, la personne étant la réalité originaire dont toute activité dépend. On ne peut même concevoir le pouvoir de faire sans admettre la personne; seule une personne peut « faire », alors que le concept de personne n'est nullement requis s'il s'agit de comprendre des notions étrangères au faire[2]. Quant à la puissance,

1. Ms. 267, f° 43r. C'est dans de tels textes, avec celui sur « Les personnes divines », que se tient la pensée la plus profonde de Lequier, sur laquelle il revient sans relâche dans ses notes éparses, comme pensée tout uniment philosophique et théologique. On peut situer cette pensée dans une filiation augustinienne (celle du *De Trinitate*), mais pourtant sans une reprise exacte des notions augustiniennes. Il faut aussi se référer aux textes scripturaires (le prologue de l'Evangile de saint Jean sur le fils comme *logos*, les textes johanniques et pauliniens sur l'esprit comme don, comme amour, comme relation, comme union).

2. « L'Idée de l'Immensité, de l'Eternité, de l'Aséité n'implique pas celle de Personne. C'est au contraire l'Idée de la Personne divine qui les implique. Il n'en est pas ainsi de l'Idée

l'intelligence et l'amour, ce sont des principes ; mais, au sens strict, seule la puissance est principe, « le principe non principié »[1], car seule elle est originaire ou primitive. C'est donc entre les principes que passe la différence, comme si, ayant multiplié les principes, il fallait pourtant conserver et réaffirmer l'unicité du premier principe. C'est alors la nature de celui-ci qui le met tout à fait à part, à savoir d'être absolument primitif, au sens où il est l'origine première ou la racine, selon une problématique du vivant. Mais précisément, ce qui fait vivre ne peut être unique ; un vivant ne vit pas sur soi ni seulement pour soi, mais requiert la relation[2]. Ce n'est nullement que le premier principe soit affecté d'une insuffisance ou frappé d'une négativité ; c'est au contraire sa force de s'ouvrir à d'autres principes, en produisant lui-même un deuxième principe, en l'engendrant, puis en produisant (avec celui-ci) un troisième principe qui sera la réunion des deux premiers. Il y a ainsi à distinguer deux concepts de principe : comme *racine* (c'est le concept strict : est principe ce qui commence à soi, ceci n'étant vrai que de la puissance) et comme *condition nécessaire* de représentation et d'orientation (lumière) et de réunion et de vie (respiration)[3]. Si les principes peuvent être des personnes, c'est en tant que rapportés à l'être (à la substance ou force), mais aussi relatifs les uns aux autres ; comme éléments actifs, ils sont capables – mais seulement en tant qu'ils sont en relation (les uns avec les autres et aussi avec le monde extérieur, la nécessité) – de réaliser des expressions déterminées de l'être, c'est-à-dire aussi bien de la force. En ce sens, avec la force comme unique substance, c'est bien une philosophie de l'unité de l'être, un être dynamique et actif, que Lequier constitue. Mais, pour devenir effective, cette force d'action requiert d'être

de Faire : l'Idée de Faire ne se conçoit pas sans l'idée d'une Personne qui possède le pouvoir de faire » (Ms 257, f° 6v ; *O.C.*, p. 437).

1. Ms. 267, f° 32r.

2. C'est d'ailleurs la thèse centrale du discours sur « Les personnes divines », selon lequel la négativité en Dieu serait d'être seul, ou même d'être en relation avec le monde, mais sans l'être avec d'autres personnes. « Il ne peut pas dire : Nous ! Conçois-tu sa tristesse ? En vain il peut créer : de son éternité il précède le temps éternellement. En vain il crée, il crée mondes sur mondes : ces mondes, amusements de sa pensée, jeux de ses mains puissantes ne sauraient le consoler. Aucun d'eux ne contient un autre qui soit son pareil. Il est si grand qu'il faut bien qu'il soit seul. / Il ne vit pas, ce créateur. Car, est-ce vivre qu'être seul ? » (Ms. 267, f° 4r ; *La recherche*, p. 319-320).

3. « Considérer la force toute seule, c'est, je pense, faire une abstraction ; car la force n'est qu'une propriété fondamentale de l'être qui est par soi ; l'intelligence, l'amour en Dieu sont deux principes qui existent par soi, donc ils ont la force d'exister, et sont ainsi dieux comme le père ; mais la puissance nous apparaît avec un caractère particulier, c'est quelque chose de plus primitif, de même que l'activité, que la puissance en nous est ce qui se trouve à la racine de notre être » (Ms. 255, p. 85 ; *O.C.*, p. 481). Si Lequier applique ici le concept d'existence aux principes, sans doute est-ce en les comprenant à partir du paradigme de l'homme.

modalisée et médiatisée; modalisée sous les figures de la puissance (ou racine), de l'intelligence (ou lumière) et de l'amour (ou souffle ou esprit); médiatisée en ceci que la différence et même la séparation entre la puissance et sa représentation par l'intelligence doivent être surmontées dans leur réunion par l'amour. On se trouve ainsi devant une conception bien différente de celle, de type romantique, qui constituait l'arrière-plan des combats sans issue entre la liberté exaltée et l'invincible nécessité. En passant d'un schème duel, celui du face à face et de l'affrontement pathétique, où les questions ne peuvent être que tranchées, à un schème triadique, une solution aux difficultés peut être produite, c'est-à-dire « faite », toujours en cours de se faire.

Une personne est, comme telle, un être en relation (elle n'est pas un individu, un élément isolé, terme qui n'est pas significatif chez Lequier); elle est exactement une corrélation d'éléments (liberté ou puissance, intelligence, amour). Or, si l'on peut considérer la personne selon chaque point de vue, chacun prédominant à son tour, pourtant est irréductible une priorité de la puissance, qui seule est *a se* et marque le style de la personnalité. Ce n'est certes pas la liberté toute seule qui caractérise la personne; une pure liberté n'aurait d'ailleurs aucune réalité; mais c'est bien seulement par un rapport de critère à la liberté que les autres éléments caractérisent la personne. Dans la structure tripartite de l'âme, on distinguera entre une priorité mobile, de type phénoménologique, où n'importe quel élément peut apparaître comme majeur, et une priorité métaphysique où c'est toujours la puissance libre qui est première, selon une transcendance de la liberté par rapport aux deux autres facultés, alors même que l'absolu de la liberté ne peut se réaliser dans les phénomènes que par une composition entre les trois éléments de la personne, dans des actions qui sont des activités de l'âme tout entière selon les divers rapports entre les éléments. Ainsi de nouveau, si une solution aux apories ultimes est pensable, c'est sous la supposition de concevoir la liberté de deux manières, donc de transporter la dualité au cœur de la liberté. Une solution rationnelle, qui vise à réunir les termes différents, donnant même au système métaphysique une forme d'harmonieux équilibre, se constitue à partir d'une distinction portant sur la liberté (ou la puissance libre), prise en deux sens, non pas certes contradictoires, mais pourtant tellement différents, que leur accord demeure problématique. L'équilibre n'est atteint que par un déplacement (mais nullement une résorption) de la difficulté. La dimension dramatique de la liberté, si elle est éloignée ou masquée, continue pourtant de donner toute son acuité à la vie de la personne.

> Quand la puissance libre dans l'homme cède le premier rang à l'intelligence, de sorte qu'on dise d'un homme qu'il est tout

intelligence, ou tout amour, comme on dit qu'il est tout volonté, l'âme, considérée en tant que l'intelligence ou l'amour domine, est toujours une personne ; mais, pour qu'on puisse la considérer comme personne, il faut toujours avoir recours à l'élément qui possède l'aséité ; le pouvoir *a se* dans l'homme peut donc se subordonner tour à tour à l'intelligence ou à l'amour, et l'on peut dire alors d'une certaine manière que l'âme est toute intelligence, tout amour, parce que c'est l'un de ces deux derniers éléments qui domine, qui enveloppe l'âme, qui règne pendant un certain temps, mais ce règne, cet empire de l'intelligence et de l'amour n'appartient point en propre à l'intelligence ou à l'amour, parce que l'intelligence ou l'amour ne sont point *a se* ; on pourrait donc dire qu'il y a trois personnes successives en l'âme humaine ; il n'y a réellement qu'une seule personne, qui imprime son caractère à l'âme dans quelque état où elle se trouve, que l'intelligence ou l'amour y domine ou non. Pour Dieu au contraire, les trois principes étant *a se*, peuvent, en tant que coordonnés les uns par rapport aux autres, dans un triple mode d'une même unité, être dits personnes[1].

Le point en question dans la notion de personne, c'est aussi et surtout le mode de relation entre Dieu et l'homme, rapport précisé avec l'amour, mais d'abord posé avec la liberté. Ce rapport n'est ni d'étrangeté ou d'indifférence, ni encore moins d'opposition ou de conflit, ni non plus de confusion ; c'est un rapport d'altérité, mais tel que cette altérité admette d'abord plusieurs aspects d'identité. Lequier remarque d'ailleurs un rapport de symétrie entre Dieu et l'homme. « *Rapport de Dieu à la créature* aussi réel que le *rapport de la créature à Dieu* »[2]. La différence et la transcendance ne sont pas séparation. Si Dieu est différent de l'homme, il n'en est pas vraiment distant ; il n'est pas le Tout Autre ; il est un Dieu proche, que l'on se représente à partir de l'homme et même sous des traits humains. Lequier applique à Dieu comme premier caractère la puissance ou la liberté, c'est-à-dire ce qui se révèle dans les expériences les plus simples de l'homme, celle par exemple de la saisie d'une feuille de charmille par un enfant ; il caractérise Dieu en fonction des trois facultés de l'homme, admettant ainsi une correspondance, sinon un accord, entre la Trinité en Dieu et la composition triple de l'homme. Si l'homme est à l'image de Dieu[3], peut-être aussi Dieu est-il à l'image de l'homme. La différence est

1. Ms. 255, p. 45-46 (*O.C.*, p. 436-437).

2. *La recherche*, p. 74.

3. « Vraiment Dieu nous a faits à son image, nous sommes créateurs. Nous sommes plus que des rois, nous sommes des Dieux ! / Mais ô Dieux de chair et de sang, ô Dieux de boue et de poussière » (Ms. 249, p. 13 ; *O.C.*, p. 398). On notera l'allure pascalienne de cette formule, avec la double appréciation de l'homme ; mais ici l'accent est porté sur la première

certes nette et souvent rappelée ; mais c'est bien une même structure qui organise l'être de Dieu et l'être de l'homme. À plusieurs reprises, Lequier note que l'homme est Dieu à sa manière, c'est-à-dire avant tout un créateur. La proximité est ainsi d'autant mieux marquée que l'homme est qualifié de créateur par son libre arbitre [1].

Le problème, parfaitement saisi, est de bien discerner entre Dieu et l'homme ; il ne peut certes, selon le concept, y avoir qu'un seul Dieu, et pourtant quelque chose d'essentiel apparente l'homme à Dieu. « L'homme, sans être pleinement un Dieu semblable au premier, ce qui implique contradiction, est cependant un Dieu dans son ordre » [2]. La raison de cette proximité est de nature métaphysique : l'homme est vraiment cause ; la faculté de création, c'est d'être une cause, et cause primitive ; un être est créateur en tant qu'il est, en quelque façon, *causa sui*. Ainsi distinguera-t-on entre cause et principe, ce dernier concept ayant une extension plus vaste et des acceptions multiples. La cause est la puissance de faire et d'être maître de ses actes, donc du monde extérieur ou, à défaut, de ses pensées. On relèvera les termes qui qualifient l'homme comme cause, termes apparentés au pouvoir, avec des métaphores politiques.

> L'idée du possible est suggérée à l'esprit de l'homme par le sentiment qu'il a de *pouvoir*. / L'homme, en effet, se conçoit comme cause par rapport aux actes qu'il produit, c'est-à-dire qu'il se sent animé par un principe actif et indépendant, qui lui donne *l'initiative* du mouvement, dans l'ordre physique et dans l'ordre intellectuel. [...] Considéré soit dans l'ordre naturel, soit dans l'ordre intellectuel, l'homme est une cause et il est une cause toujours nouvelle et toujours indépendante d'elle-même. / Il se possède, il se gouverne ; et, dans cet empire de l'homme sur lui-

partie de la formule. C'est à peine si la misère atténue la grandeur. Et si Pascal est attiré par la jansénisme, c'est le pélagianisme qui guette Lequier.

1. Il n'y aurait pas de difficulté insurmontable à admettre que la théologie est une anthropologie, aussi bien que l'anthropologie accomplie porte en elle une théologie. Lequier est décidément étranger à toute problématique de la compétition ou de la confrontation entre Dieu et l'homme, comme si le fait d'accorder un caractère à l'un requérait de l'ôter à l'autre, comme si également reconnaître à Dieu des traits humains conduisait à le réduire à l'homme. La recherche de Lequier ne le conduit pas à la négation de la théologie, ni non plus à la théologie négative. Peut-on alors parler d'une anthropologie positive et d'une théologie positive ? Ce ne serait qu'en un sens très affaibli. Tout discours sur Dieu, de même que tout discours sur l'homme, se heurte à l'obstacle d'établir une première vérité absolument indubitable. Mais aussi, les textes directement théologiques, tributaires d'une religion révélée, participent de la théologie positive.

2. Ms. 255, p. 128 *(O.C.*, p. 441). Dans un autre passage, Lequier rappelle l'apostrophe du Christ, citant l'Ecriture et s'adressant à ses auditeurs : « Vous êtes des dieux » ; et il ajoute : « Quelle grandeur est celle de l'homme, mon Dieu ! » (Ms. 255, p. 113 ; *infra*, p. 185).

même, il y a quelque chose d'absolu, d'entier et d'indivisible. Il est roi, il est souverain, il est Dieu à sa manière. Il est véritablement et absolument auteur et créateur de quelque chose : il est maître enfin du *possible.* / Le possible est un champ indéfini ouvert à l'activité de l'homme. À chaque instant de son existence il se sent investi d'un pouvoir qu'il exerce avec une autorité suprême. Vient-il à rencontrer au dehors des obstacles qui lui annoncent les limites de son empire, il se retire en soi, dans ce royaume intérieur qui n'a point de bornes, où lui seul commande et qu'il administre à son gré[1].

Ainsi, par ce caractère de cause primitive, d'indifférence et d'absolu, l'homme est quasi assimilé à Dieu. Néanmoins, la différence est toujours marquée ; elle tient à ce que l'homme est un être limité, spécialement parce que son intelligence est finie, et qu'il est soumis à la nécessité. C'est un être qui n'a pas une pleine maîtrise sur l'espace et le temps, alors que l'immensité et l'éternité sont pleinement au pouvoir de Dieu, dont ils sont des modes (non actifs) ou des expressions de l'être en tant qu'infini[2]. Pourtant la proximité l'emporte sur la distance; c'est simplement la distance entre deux êtres proches, d'essence apparentée ; si l'homme est un être de finitude, ceci n'atteint pas la liberté. Certes, alors qu'en Dieu chacun des trois principes peut être dit une personne, c'est comme liberté seulement que l'homme en est une ; mais ceci est précisément une marque de parenté, celle de l'acte créateur[3]. Le Dieu de puissance, d'intelligence et d'amour n'est pas un Dieu d'abaissement, mais d'affirmation et de glorification (de soi et aussi bien de l'homme). La théologie de Lequier n'est pas celle de la kénose, ni donc du paradoxe absolu[4].

La thèse de l'absolu de la liberté humaine a aussi comme conséquence une autre thèse, celle du retrait et de l'attente de Dieu, selon une formule stupéfiante. « L'homme délibère et Dieu attend ! »[5]. Dieu est tenu d'at-

1. Ms. 251, f°s 6-7 *(O.C.*, p. 388-390). Lequier s'appuie aussi sur un texte de Bossuet.

2. Voir Ms. 267, f° 40r.

3. Ainsi, dans un texte de 1846, est-il dit des hommes qu'« ils oublient et Dieu leur père, et Jésus-Christ leur frère, et sans tenir compte de cette *glorieuse* origine et de cette *glorieuse* parenté, ils se roulent dans la fange de leurs passions… » (Ms. 255, p. 141 ; *O.C.*, p. 455).

4. Un élément est significatif : la figure de Jésus-Christ. C'est sur Jésus enfant, davantage que sur le Christ en croix, que Lequier porte son attention (même si le thème de la Passion et la figure du serviteur souffrant sont tout à fait présents ; à cela se rattache le thème de la Rédemption des damnés par les bienheureux). Ainsi, dans des passages datés d'août 1846, c'est à un Jésus très familier que Lequier s'adresse, vraiment un frère avec qui il partage ses jeux et ses diverses occupations. Voir ms. 255, p. 141 *(O.C.*, p. 455).

5. « Voilà l'homme : il pense, il règne sur sa pensée. Dieu se retire. Dieu le laisse à ses réflexions solitaires […]. La personne humaine ! un être qui peut quelque chose sans Dieu ! qui peut, s'il lui plaît, se préférer à Dieu, qui peut vouloir ce que Dieu ne veut pas, et ne pas vouloir ce que Dieu veut, c'est-à-dire un nouveau Dieu qui peut offenser l'autre ! Prodige

tendre la décision de l'homme, qui a la possibilité d'imposer son rythme à Dieu ; l'affirmation de la liberté se fait dans la durée, qui imprime sa marque et son style à l'action humaine et à quoi Dieu lui-même ne peut se soustraire. C'est comme s'il y avait une dépendance de Dieu envers l'homme, au moins quant au temps. Aussi faut-il abandonner la doctrine de la prescience, qui suppose que Dieu est maître du futur, au moins quant à sa connaissance – ce que Lequier considère comme absurde puisque le futur, en tant que contingent, n'est encore rien, est indéterminé. Si l'homme est libre, si Dieu l'a créé libre, cette liberté, qui le rend maître du possible, donc du temps à venir, subordonne tout autre être à la décision du sujet libre. La puissance d'une liberté est si exactement absolue qu'elle peut, ne serait-ce que pour s'affirmer, faire attendre Dieu (ou toute autre liberté) ; elle est au-delà de toute contrainte et précisément agit comme une contrainte à l'égard des autres libertés. Une telle conception ne peut que déboucher sur un conflit généralisé des libertés, ce qui est une version de la lutte sans merci entre des puissances, comme le mettra en scène le duel des Abel dans leur première réponse de défi, inverse mais symétrique, au choix libre du père. Ainsi, en tant qu'absolue, la liberté a un aspect négatif ; et les autres facultés ont, face à la liberté (des autres et de soi-même), une fonction de discernement et de médiation.

C'est bien là un caractère paradigmatique de l'homme pour penser Dieu, ce qui s'exprime par l'un des points les plus typiques de la philosophie de Lequier, à savoir la thèse de l'éternité successive (et non pas de l'éternité simultanée) dans le rapport de Dieu à l'homme ; cette thèse n'est certes pas inédite – elle peut se réclamer de Duns Scot dont Lequier fut un lecteur assidu –, mais elle est reprise d'une manière originale, en soumettant l'éternité divine à la durée [1]. Ce point est l'objet d'un texte sur la liberté et la prescience où Lequier s'interroge sur le rapport de Dieu au temps. Dieu peut bien être dit à la fois immuable et immobile, mais à la condition de dire aussi qu'il dure. C'est par la durée, comprise comme persistance au cours du temps, qu'un être existe. Même si l'on pense le temps comme changeant et mouvant, c'est-à-dire constitué d'instants successifs et distincts, il y a

effroyable : l'homme délibère et Dieu attend ! hommage vraiment digne de Dieu, si l'homme n'est pas rebelle, mais quelle injure, s'il n'est pas soumis ! » (*La recherche*, p. 71-72). À ce texte spéculatif du *Problème de la science*, correspond et répond une réplique de l'un des Abel (l'Abel non élu, mais acceptant et soutenant le choix du père). « L'autre lui répondit : Mon frère, il y a longtemps que la clef est dans la serrure. Ne faisons pas attendre Dieu. Viens : je soutiendrai ta main » (*La recherche*, p. 273). La possibilité métaphysique de faire attendre Dieu se fait, dans l'existence de l'Abel qui sera nommé le Victorieux, action de faire sienne la volonté de Dieu.

1. Voir J. Grenier, *La philosophie de Jules Lequier*, Partie IV, Chap. II : « L'éternité successive ».

pourtant une limite à la division et à la disparité; l'instant n'est pas un élément ponctuel sans consistance, ni un atome scindé d'autres atomes; pour Lequier, l'instant n'est précisément pas *in-stans*, mais il a une réalité et une persistance qui font son identité au cours d'une durée très extensible, une durée qui peut aller à l'infini. Alors la durée peut caractériser Dieu et l'homme, même si c'est selon deux modalités différentes. En effet, le concept de durée transcende la distinction entre changement et immuabilité, comme entre mouvement et immobilité. La durée, peut-on dire, c'est la version temporelle de la substance. En Dieu, c'est une durée infinie qui ne connaît pas de changement; quant à l'homme, il participe à cette durée sur le mode du changement et du mouvement.

> Si l'homme ne participe pas à la durée, c'est-à-dire s'il est impossible de concevoir un certain instant dans lequel il persiste dans son être, de telle sorte qu'à cet instant, si court qu'il soit, l'homme est tel et pas autre, l'homme n'existe pas. Pour qu'il existe réellement, aussi bien que tous les êtres contingents, il faut qu'il y ait en lui autre chose qu'une succession continuelle, il faut que, dans l'intervalle d'un changement à un autre, il persiste dans un instant, si petit qu'il soit; il faut <en> un mot qu'il participe à la durée. Dieu et l'homme durent donc; seulement Dieu a la durée absolue, c'est-à-dire qu'en lui il n'y a aucun changement, il ne s'opère aucune succession, tandis que l'homme ne se possède que d'une manière insaisissable, de sorte qu'un changement s'est déjà produit en lui quand il s'est affirmé étant dans un certain état; mais il connaît en même temps qu'il y a nécessairement un instant dans lequel il persévère dans son être; il est tel qu'il est, il dure en un mot. Vous ne pouvez donc concevoir Dieu qu'avec la durée, et l'homme qu'avec la participation à cette durée; l'être absolu et l'être contingent parcourent donc les mêmes instants; seulement l'un ne change point en soi, l'autre change en soi [1].

C'est ainsi à partir de la durée, donnée d'abord dans les actes humains, qu'est pensé Dieu; du point de vue de l'homme, son infinité est la durée portée à la limite de la persistance. Mais c'est bien l'acte humain libre, acte contingent et imprévisible, dont l'accomplissement requiert quelque durée – par exemple l'acte de délibérer sur le sort à réserver à une feuille de charmille –, qui apparaît comme le modèle pour penser l'être de Dieu [2].

1. Ms. 255, p. 22 *(O.C.*, p. 421).

2. On pourrait, ici encore, dans cette corrélation entre liberté et durée, reconnaître une affinité ou un air de famille entre Lequier et Bergson.

L'amour comme principe d'union

Les textes précédemment cités présentent la personne humaine comme une relation trine, la relation entre trois principes, dont le premier est à part ; cette conception de la personne dérive d'une interprétation de la doctrine des personnes divines. Par rapport à la thèse de la liberté comme première vérité, la thèse de la trinité des principes conduit à une inflexion de la doctrine qui, tout en réaffirmant le caractère strictement unique de la liberté (comme puissance), opère un réarrangement et un enrichissement, au point que c'est l'amour qui devient le principe majeur. C'est en fonction de cette réorganisation que nous lirons le récit *Abel et Abel*. Mais d'abord, cette thèse sur l'amour comme principe tiers est à expliciter. On passe en effet d'une philosophie de la liberté à une philosophie de l'amour, au sens où la liberté s'accomplit par l'amour, ce qui signifie que la liberté d'aséité, prenant consistance dans des relations entre des êtres humains, et plus seulement entre des principes, se fait histoire. Apparaît alors une insuffisance de la liberté qui, bien qu'étant seule *a se*, est incapable d'effectivité ; c'est l'amour qui, étant principe d'union, est facteur de réalisation et qui, en ce sens, acquiert une primauté sur la liberté même. Si donc, dans les textes réflexifs et dialectiques, c'est toujours la liberté qui est affirmée comme première et même comme transcendante aux autres principes, selon son statut métaphysique d'aséité, en revanche dans un texte existentiel comme le récit des Abel, mais tout autant dans les écrits directement théologiques, s'opère un déplacement vers la primauté de l'amour. Ce n'est même que par ce mouvement de la liberté vers l'amour que la philosophie de Lequier atteint un équilibre et parvient à son accomplissement en coordonnant tous ses éléments. Ainsi est-il capital d'insister sur le récit biblique (en corrélation avec les textes sur les personnes divines), qui présente un Lequier bien plus achevé, même s'il est moins directement métaphysique, que les autres textes. Exactement, cela signifie que la métaphysique de Lequier s'accomplit en une théologie trinitaire, dont l'expression existentielle la plus adéquate est donnée dans le conte des Abel. Il est bien certain que l'amour, comme principe tiers, est dépendant du « principe non principié » qu'est la liberté et du principe second qu'est l'intelligence, et que sans eux il ne serait rien, étant même, selon une conception théologique, ce qui procède de la relation entre les deux. Mais aussi, dans l'existence des hommes, ce tiers occupe la place centrale, étant ce sans quoi la liberté demeurerait vaine ou simplement abrupte, et l'intelligence réduite à sa fonction d'abstraction et de séparation. L'amour devient alors premier en ce qu'il intervient en tiers comme principe d'union entre la puissance (la liberté) et l'intelligence (la représentation); il réunit le principe d'affirmation (qui comporte unicité) et le principe de reconnaissance (qui comporte distance). De même que les analyses de la liberté (infinie ou absolue) et de l'intelligence (finie ou limitée) sont effectuées à partir de situations ordinaires de la vie (selon le texte sur « La feuille de charmille »), de même l'amour est présenté selon la relation de l'homme et de la femme.

> Aimer, c'est vouloir s'unir; l'amour est le principe d'union; ce principe suppose donc deux êtres; pour que l'union soit complète, il faut que le désir ardent de s'unir procède des deux. Pour l'homme, l'amitié ne suffit pas; l'amitié n'implique que l'idée de l'union de deux âmes; l'homme est composé d'esprit et <de> corps; pour que l'union soit consommée, il faut que le corps et l'esprit des deux êtres qui s'aiment soient confondus, mêlés, absorbés l'un dans l'autre, l'un avec l'autre; l'amour entre deux hommes ne peut donc jamais s'exercer complètement, puisqu'il ne peut produire une union complète; l'amour n'accomplit cette union parfaite qu'entre l'homme et la femme[1].

On relèvera la première proposition, qui caractérise l'amour comme un vouloir, ce qui marque la relation entre amour et liberté, en affirmant encore la priorité de celle-ci. L'amour est un vouloir ou un désir, c'est-à-dire un manque et une intention d'accomplissement; il est essentiellement ambigu puisqu'il s'analyse comme désir de l'autre et désir de soi : désir pour l'autre, mais aussi pour soi par la médiation de l'autre. Or cette ambiguïté est elle-même transcendée par la créativité de l'amour; en effet, dans l'amour, ce n'est plus l'un ou l'autre qui importe, mais une nouvelle entité : le nous produit par la relation entre les deux. L'amour n'est donc finalement ni pour soi ni pour autrui, mais pour nous. Une telle recherche est conduite à partir de l'aspect le plus ordinaire et commun de l'amour, comme relation entre un homme et une femme. La dualité reçoit ainsi un contenu précis, celui d'un élément masculin et d'un élément féminin; elle est l'écart entre deux éléments opposés, et porteuse d'une insuffisance à surmonter; cette différence est à deux niveaux, comme différence entre l'âme et le corps, elle-même interne à la différence entre l'homme et la femme. Ainsi pourrait-on dire que l'amour, union de l'homme et de la femme, est aussi l'esprit comme union de l'âme et du corps, conformément à une thèse traditionnelle. Par l'amour, est accompli le dépassement de la différence : entre l'homme et la femme, mais aussi entre l'affirmation libre de chacun et l'intelligence de cette particularité. L'amour est, en tout domaine, principe d'union ou facteur de synthèse. Reconnaissant son propre manque, mais aussi la complémentarité de l'autre être, un être constitue avec un être différent une existence nouvelle, ce qu'il fait en

1. Ms. 255, p. 124 *(O.C.*, p. 489).

passant du *je* et du *tu* au *nous*, et en accédant ainsi à une autre forme de vie, comme vie en commun ; l'identité de chacun s'effectue dans et par une relation ; l'amour opère la rencontre des êtres différents et effectue leur accord.

Par la liberté, Dieu et l'homme sont identiques, et pourtant hiérarchiquement différents, en ce que la puissance de création en l'homme, comme puissance créée, formellement identique à celle de Dieu, est incapable par elle-même de se réaliser pleinement selon le bien. Mais l'amour est, par l'intellection qu'il a de soi et d'autrui, un principe qui égalise ; il repose sur la reconnaissance de l'égalité ; deux êtres différents deviennent égaux par l'amour qui les unit, et la distance est abolie dans l'amour. Le premier principe pose l'identité : la liberté est, comme telle, affirmation de soi et, dans son concept, ne renvoie qu'à soi. Le troisième principe prend en compte l'altérité posée par le deuxième principe (la reconnaissance des différences par l'intelligence) et vise à réunir les êtres différents, ce qui ne peut se faire que dans l'égalité entre eux, chacun étant une liberté absolue.

> L'amour établit l'égalité entre deux êtres qui s'aiment ; si l'un d'eux continuait à se tenir dans sa superbe grandeur, bientôt l'autre ne lui rendrait plus qu'une affection de devoir et de commande, et l'amour veut plus ; deux cœurs qui s'aiment commencent par renverser les barrières qui les séparent, et là, dans une égalité familière, ils s'unissent sans se confondre, et ne sont contents que quand l'union est aussi intime, aussi vivante, aussi complète qu'elle peut l'être ; ils demanderaient même plus encore, s'il se pouvait. [...] L'amour met donc de suite sur le pied d'égalité deux êtres qui s'aiment ; le plus élevé dans la hiérarchie sent bien qu'il ne sera point aimé véritablement s'il ne se met au niveau de l'autre, et de plus il éprouve lui-même le besoin de perdre ces différences de grandeur *qui l'empêcheraient de s'unir complètement* à un être inférieur. [...] Si l'homme était seul et qu'il eût besoin d'aimer et qu'il pût créer un être capable d'amour, il créerait autant que possible un être égal à lui-même, parce qu'il ne tiendrait pas à l'amour d'un être inférieur. Mais l'homme est inférieur à Dieu, et Dieu a soif de l'amour de l'homme ? C'est que l'homme est libre, qu'il peut donner ou refuser son cœur ; cette dignité de la liberté rehausse tellement l'homme qu'elle le fait l'Égal de tout autre être, quelle que soit la perfection de cet être. [...] Oui, le principe d'amour est le principe de l'égalité ; cela est si vrai que deux êtres qui s'aiment sentent bientôt le besoin de se tutoyer ; ils disent “toi” et puis, s'unissant dans un embrassement ardent, ils laissent sortir avec une lenteur amoureuse ce nom divin : Nous[1].

1. Ms. 255, p. 128-130 (*O.C.*, p. 441-443).

On notera que cette égalité, causée par l'amour, est fondée sur la liberté qui, retrouvant sa priorité, celle d'un être *a se*, est reconnue comme la condition de possibilité ultime de l'amour; la conséquence est d'importance, puisqu'elle met en évidence le caractère circulaire des relations; en effet, si les deux principes « principiés » que sont l'intelligence (ici, intelligence de l'égalité) et l'amour sont inclus dans la liberté, seule pourtant une sortie hors de soi de la liberté absolue conduit à l'amour et à la reconnaissance de l'égalité, ces actes conduisant eux-mêmes à un retour vers la liberté. S'il y a certes une présentation linéaire et successive des facultés en l'homme, ce déploiement est subordonné à un croisement et un enveloppement de ces facultés sur elles-mêmes.

En ce sens, remarquable est cette détermination de l'amour comme « nous », corrélative d'une attribution à Dieu du nom de Nous, chaque personne ayant ainsi une qualification pronominale : je (le père), tu (le fils), nous (l'esprit). Dieu est qualifié par un nom, selon une manière antique de déterminer l'être de Dieu d'abord par un nom (dans la tradition des « noms divins »). C'est bien ce thème du « nous » et ce schème de la trinité qui constituent l'argument et le fil directeur des discours sur « Les personnes divines ». Entre moi et toi, entre un premier et un second qui, chacun étant mû par un libre arbitre caractérisé d'abord par une puissance (autant dire un *conatus*), est spontanément porté à s'affirmer dans son unicité, il faut un tiers pour les unir. Ce tiers est l'amour, ce qui signifie que l'amour crée entre des êtres différents ce lieu qui rend commun ce qui était séparé, ou qu'il est l'intérêt (l'*inter-esse*) qui les fait vivre et tenir ensemble. C'est dans un texte allocutif, une invocation à l'esprit, qui est aussi une méditation lyrique et spéculative sur la Trinité, que Lequier, ayant précisé les différences, ayant aussi reconnu les insuffisances – de même qu'il a marqué le caractère spécifique de chaque principe –, fait voir l'exigence d'une réunion. Il y a en effet une insuffisance de l'individu, plus généralement de tout ce qui est individuel, séparé ou isolé. Aussi bien, la liberté seule, l'absolu clos sur soi, la puissance, le père comportent-ils de la négativité, en ce sens qu'ils ont besoin de quelque chose, qu'ils sont en quête d'une altérité ; la liberté veut devenir effective, l'absolu est en attente de relations, la puissance a besoin d'être guidée, le père a le désir d'un fils. Réciproquement, le fils lui-même (l'autre, le tu) s'adresse au père, ce qui requiert un élément commun, ce *nous* qui les réunit. C'est là qu'une dialectisation s'effectue, puisque c'est seulement dans une trinité que peuvent être unifiées les différences, précisément à reconnaître comme telles, mais non comme des antagonismes ou des oppositions. Ce principe d'union, c'est l'esprit (le souffle) ou l'amour, un amour inépuisable à la connaissance et lieu de mystère. De ce point de vue, la pensée de Lequier tend bien au mystère, que l'intelligence (nous sommes tous des fils) s'efforce de pénétrer, mais qui demeure essentiellement en retrait de tout discours, étant précisément un en-deçà originaire, comme don où puise la connaissance.

> Souffle du Père et du Fils où s'épanche du Père au Fils, du Fils au Père, l'incommunicable secret caché sous ce mot : NOUS ! Amour ! Amour ! Esprit de Vie ! Enfin j'ai commencé à dire quelque chose de ce que signifie ce nom d'esprit que vous vous êtes donné à vous-même par la bouche de la vérité descendue sur la terre[1].

On notera encore que ce nom de Nous, qui est d'abord la qualification de l'esprit, convient tout autant aux deux autres personnes divines, comme si, rétroactivement, celles-ci le reprenaient à l'esprit en le recevant de lui ; il y aurait ainsi une priorité de l'esprit pour la nomination de Dieu. C'est aussi seulement en tant qu'il peut dire « Nous » ou se rapporter à un « Nous » qu'un être est une personne. « Et ils sont Eux Trois, Dieu, le Tout Puissant, l'Eternel, un seul Dieu qui dit trois fois NOUS, un seul Dieu bienheureux, un seul Dieu trois fois Dieu : Dieu, Dieu de Dieu, Dieu de Dieu et de Dieu »[2].

S'IDENTIFIER

C'est dans des esquisses, de simples schémas ou des textes brefs que Lequier traite des trois principes ensemble, mettant en place l'organisation du système. En revanche, il n'y a pas d'exposition spécifique de chaque principe ; et si des enquêtes sont entreprises, c'est dans des textes d'une composition particulière, étant admis que toute scission est exclue entre les principes. Tel type de textes est mieux adapté à la recherche sur tel principe ; en effet, ce n'est pas selon le même genre de discours que Lequier traite de la liberté, de l'intelligence, de l'amour ou encore de la nécessité. Une typologie des discours serait à entreprendre, avec les limites que l'inachèvement de l'œuvre impose. La recherche méditative et réflexive du *Problème de la science* est centrée sur la découverte de la liberté dans sa pureté et son tranchant, comme arbitraire ou pouvoir absolu de décision. Le

1. Ms. 267, f°s 20-21. Ce texte a été publié par M. Valensi sous le titre « L'incommunicable secret caché sous ce mot "NOUS" » (L'Eclat, 1991), p. 105. On notera aussi qu'est reprise l'image de la colombe, symbole de l'esprit. « Vous, Leur Amour, Vous scrutez de vos deux yeux, de vos deux yeux de Colombe, les profondeurs de Dieu » (f° 22; *op. cit.*, p. 106). De même, on l'a rappelé, le réprouvé évoquait les deux yeux de Dieu (*La recherche*, p. 117).

2. Ms. 267, f° 23 ; Valensi, *op. cit.*, p. 107.

débat dialectique entre le prédestiné et le réprouvé (et d'autres interlocuteurs) est un affrontement où la nécessité paraît toujours l'emporter, la liberté ne parvenant jamais à vaincre les objections de la nécessité. Et c'est un autre discours qui expose la signification de l'amour, un discours historique et lyrique, le poème *Abel et Abel*; ce récit biblique, qui forme diptyque avec les *Dialogues*, permet d'apporter une solution existentielle à ce qui, sur le plan dialectique, demeure dans l'aporie. Quant au principe d'intelligence, s'il ne fait l'objet d'aucun texte, c'est qu'il est à l'œuvre partout; en effet, selon un texte déjà cité, « l'intelligence est la condition première de toute affirmation, parce que, pour affirmer une réalité, il faut auparavant avoir l'idée de cette réalité »[1].

Le récit ou poème *Abel et Abel* expose la *Seconde indication de l'idée du libre arbitre*, la première étant exposée dans les Dialogues de *Probus ou le principe de la science*. Les deux textes sont de composition hétérogène; nous avons déjà examiné le texte dialectique, si cher à Renouvier. *Abel et Abel* est d'un tout autre style, alors que le problème est le même, celui du libre arbitre. Il y a un support de ce qui n'est plus une argumentation ni une controverse, mais la description d'un parcours d'existants; c'est un support historique, en ce sens que, à partir d'éléments empruntés à la Bible (le personnage d'Abel, les rapports entre Caïn et Abel, les personnages d'Abraham et d'Isaac, d'Éliézer, d'Ésaü et de Jacob), est construit un récit qui raconte la genèse de la liberté. *Abel et Abel*, c'est le récit des chemins de la liberté en deux jumeaux identiques, strictement indistincts, ne se différenciant en rien jusqu'à porter le même nom. Abel et Abel, c'est deux en un ou un en deux (physiquement ils sont deux, mais symboliquement et même phénoménologiquement, ils sont un); c'est une fusion entre deux êtres n'ayant qu'une identité commune, donc sans identité. La question est alors de comprendre comment chacun conquiert une identité singulière, qui sera le fruit de leur liberté prenant en charge la nécessité; il s'agit d'une conquête de la liberté par elle-même, s'appropriant la nécessité, et le récit peut s'entendre comme une mise en pratique d'une proposition du *Problème de la science* : « C'est un acte de la liberté qui affirme la liberté »[2]. De la première *Indication* à la seconde, on passe du débat sur la liberté au récit du devenir libre (exactement : se faire libre) d'un individu; un individu se fait personne. Et si un texte ne va pas sans l'autre, la relation entre les deux n'est cependant pas d'égalité ni de symétrie; la vie de la liberté étant une histoire, le débat dialectique trouve son sens dans un acte d'existence, que met en scène le récit.

1. Ms. 255, p. 11 *(infra*, p. 173).
2. *La recherche*, p. 68.

Précisément, l'élément nouveau, c'est le temps – exactement une certaine modalité du temps. Ce n'est pas que le temps soit absent de l'enquête réflexive ; il y a un temps de la méditation, celui du cheminement par lequel une pensée, interrogeant ses représentations, s'approfondit dans le doute par un examen des objections incessantes contre les opinions ; c'est le temps de la conscience de soi en quête d'un principe en soi-même, le mouvement intime par lequel une conscience, nouée dans l'aporie théorétique, saisit qu'elle ne peut en sortir que par un acte qui franchit le cercle, un acte de faire. Ce n'est pas non plus que le temps soit absent du dialogue entre le prédestiné et le réprouvé ; il y a bien un temps dialectique de la confrontation des thèses, dans lequel s'affirment les positions et les objections, qui inclut un temps logique, une connexion interne, par quoi se constituent les arguments ; il y a également le temps – mais comme suspendu et neutralisé – entre la destinée posthume, représentée dans l'anticipation, et la vie présente, ce temps-intervalle qui fournit le motif du débat et dramatise la relation entre les protagonistes. Mais le temps du « récit biblique » est tout différent ; c'est un temps historique, une durée, qui ne peut adéquatement être dit que par un récit ; et le rythme du récit (avec ses sept parties, et aussi son prologue et son épilogue) est accordé au rythme de la durée par laquelle se fait l'identité de chacun des Abel. Du temps réflexif de la méditation, puis du temps dialectique de la confrontation, on passe au temps du devenir, à la temporalité où se réalise l'être singulier.

Les deux Abel sont les fils jumeaux d'Aram, « un homme juste et craignant Dieu, nommé Aram, puissant et de grandes richesses »[1]. Avec leur histoire, la question est celle de leur auto-reconnaissance comme fils. Ces fils sont deux (et ainsi, nous avons encore au départ une dualité, mais qui est surtout sur le mode de l'anticipation), comme les fils d'Abraham (Ismaël et Isaac), et Lequier reprend l'histoire d'Abraham et d'Isaac, dont il reproduit plusieurs passages. Or, dans la *Genèse*, les différences entre les fils sont données là immédiatement : Ismaël est le fils d'Agar, la servante égyptienne, et Isaac est le fils de Sara l'épouse, le fils de la promesse et le fils préféré, même nommé unique à l'appel pour le sacrifice. C'est bien sur la différence que porte l'accent du texte biblique : différence de mère, différence de nom, différence d'éducation, différence de postérité, et même différence de père puisque, à la naissance d'Ismaël, Abraham s'appelle encore Abram. En revanche, réinventant cet épisode et reliant les réponses des fils au choix du père, Lequier s'interroge sur un en-deçà de la différence, creuse jusqu'à une origine indistincte à partir de laquelle surgira la différence. Il ne s'agit donc pas de rendre compte de généalogies, mais de faire émerger deux êtres comme singuliers à partir d'une non-différence

1. *Ibid.*, p. 235.

originaire, de faire aussi que la dualité physique devienne une dualité symbolique. Comment un individu qui est le même qu'un autre devient-il soi-même, donc différent de l'autre ? La question porte en effet sur une genèse radicale. Comment un être encore indéterminé, qui est simple spontanéité ou puissance, s'identifie-t-il, se fait-il une identité ? On pourrait dire que, à l'origine, un individu est aussi bien libre (spontané) que nécessaire (un certain être est là). Comme les deux Abel identiques, liberté et nécessité sont deux jumeaux, de même que pouvaient l'être à l'origine le prédestiné et le réprouvé (qui, en un sens, le demeurent en tant qu'ils sont tous deux religieux). Il s'agit alors de conquérir une liberté, de la faire par une différenciation de soi, une scission qui produit une distinction entre la nécessité et la liberté. Mais, pour se faire, cette distinction requiert la relation à l'extériorité, de sorte que la liberté soit provoquée à sortir de soi et à se constituer comme liberté relationnelle ; par cet acte, la liberté s'anticipe elle-même, engendrant son ipséité.

Lequier se place ainsi dans une position limite et radicale quant à la constitution de l'identité personnelle, comme si c'était de lui-même et de lui seul qu'un sujet tirait son identité. Trouver en soi le principe de son identité, voilà la tâche. Autrement dit, nulle marque sociale n'importe, nul enracinement historique, nulle relation antécédente ; précisément, il s'agit de faire surgir (c'est-à-dire simplement de faire) la relation, d'engendrer une dualité symbolique à partir d'une unité originaire ; il faut remonter à une pure origine où l'individu (l'homme quelconque) est tout entier en soi ou n'est que soi (sans être soi-même). Comment un être indivis se fait-il soi-même ? C'est ce processus que le conte met en scène. Et là, nous voyons apparaître tout ce qui est nécessaire à l'identification, à savoir le père, d'autres personnages, le monde extérieur. Mais l'hypothèse hyperbolique de l'indistinction des Abel signifie que ces éléments, qui diffèrent de l'individu, ne sont que des moyens à sa disposition.

Pour que deux êtres en tout point identiques accèdent à la singularité, il leur faut passer par le rapport à l'autre et à l'extérieur, qui seul permet la différenciation. Par lui-même, l'individu ne fait que persévérer dans son être selon la spontanéité de son libre arbitre ; si rien ne venait perturber ce pouvoir, il continuerait à s'affirmer directement, portant en lui sa normativité ; les normes de sa vie ne se distingueraient pas de ses décisions ; ou plutôt il n'y aurait pas de normes, et les décisions ne seraient autre chose que des actes spontanés. La naissance de la norme, comme règle fixe et durable, relève bien d'une décision, mais qui prend en compte le rapport à autrui et à la nécessité extérieure. La norme sera donc subordonnée à la décision, mais aussi il n'y aura de liberté déterminée qu'en posant des normes, que par une sortie hors de soi de la liberté, comme ouverture à son autre et notamment à la nécessité, donc par la reconnaissance d'une dépendance. Cette thèse, celle de la liberté de responsabilité ou de « l'indépendance dépendante », est ce que met en scène le récit *Abel et Abel*, selon le parcours d'une phénoménologie de la liberté où la liberté se constitue en se manifestant à autrui et à soi-même. La liberté est certes immédiatement donnée à tout homme par son libre arbitre ; mais cette liberté absolue et sans détermination n'est rien, ou est un pur possible, et la liberté ne trouve de consistance qu'en entrant en relation avec la nécessité (autrui, le monde extérieur, les événements), de sorte que liberté et nécessité sont entre elles dans un rapport de réciprocité qui prend réalité dans l'histoire des êtres humains. La vie de la liberté, c'est qu'un absolu se fasse historique dans l'existence d'un être ; c'est en se phénoménalisant qu'une liberté advient à sa réalité.

Le récit est le lieu de plusieurs interrogations. C'est l'histoire de deux jumeaux strictement identiques – seul un bracelet les distingue – dont l'un a été secrètement choisi par le père pour lui succéder à la tête de son domaine par un acte de pure gratuité. Le choix du père (ou sa loi) fait qu'il y a un élu et un délaissé (non pas un réprouvé) ; l'Abel délaissé reçoit d'ailleurs une dotation consistante, mais – et c'est le point décisif – il n'occupera pas la place du père ; sa privation sera-t-elle de ne pas devenir père ? C'est une question qui s'éclairera dans le rapport entre les frères, la paternité n'ayant pas un sens univoque. Mais d'abord, ce qui, pour le père, est un acte de suprême liberté, produit pour les fils une situation de nécessité. Liberté et nécessité peuvent ainsi s'identifier par leurs effets ; l'acte libre de quelqu'un devient une nécessité pour un autre. Comme tout homme est fils de quelqu'un, une liberté est l'effet d'autres libertés, qui l'ont constituée. C'est ici encore une indépendance dépendante, mais la dépendance est originelle, et la liberté consiste à transformer cette dépendance en indépendance, la question étant de savoir ce que la liberté d'un être fera des nécessités initiales qui lui sont imposées ; ainsi l'absolu de la liberté est-il un absolu second, celui d'une créature se faisant créateur. Mais une autre question se pose : qu'en est-il de la liberté du père à l'égard de ses enfants, ou qu'est-ce qu'être père ? Dans le conte *Abel et Abel*, le père occupe la place de Dieu ; il est le type de la liberté, décidant de manière souveraine, au-delà de toute justification. Mais ce n'est pas un père qui a été fils avant de devenir père, ce qui est précisément la situation et la requête des fils ; la question du devenir père n'est pas posée à propos du père, mais seulement des fils.

Le problème manifeste du conte est : quel usage un individu fait-il de sa liberté dans son rapport à la nécessité ? Pour cela, voulant circonscrire les diverses possibilités d'attitude des fils l'un par rapport à l'autre et par rapport au père, Lequier examine deux hypothèses, chacune se dédoublant. C'est donc dans un rapport interindividuel que se constitue et s'exerce la liberté ; la liberté effective n'est pas rapport à soi mais à l'autre, et même à deux autres très différents (un supérieur et un égal). Et, s'il y a quatre manières de se reconnaître comme frères et de s'accepter (ou non) comme fils, peut-être aussi y a-t-il quatre façons de devenir père, en tout cas de se situer dans une famille, ce qui signifie aussi qu'il y a une durée de la liberté. Quant au fait de mettre en scène la liberté dans un rapport au temps et à autrui (père, frère), cela en transforme la signification, puisque la liberté absolue d'un individu devient concrète dans des relations.

Pourtant, si le devenir libre ou le se faire soi est interrogé par rapport au père et au frère, ce n'est pas exactement dans le cadre des relations familiales ; non seulement il manque la mère et la sœur, mais le rapport au père est simplement de réception de sa décision (le père n'est là que comme le distributeur des parts, il n'y a pas de réciprocité de la relation), et le rapport au frère est très spécifique puisque c'est le rapport à un jumeau qui est un double. Aussi bien, le problème n'est pas celui d'une place dans une généalogie, mais de la constitution d'une identité singulière, d'une ipséité par conquête des différences ; l'histoire, genèse originaire de soi, laisse de côté toute généalogie. C'est en cela que la relation au parfait jumeau est décisive ; il faut saisir la différence à son origine, à savoir, au sens strict, la faire. C'est à partir du don du père et par différence d'avec le frère jumeau (c'est-à-dire par une différenciation de soi, une scission de soi) que s'affirme librement la liberté ; la liberté se pose elle-même en affirmant la différence. Il s'agit de faire surgir la différence à partir d'une identité comme non-différence (or ni le père ni la mère ni la sœur ni le frère ordinaire ne sont identiques en ce sens) pour faire émerger une identité comme ipséité : comment, à partir d'une identité entre deux êtres, qui est même une indistinction, une ipséité se constitue-t-elle ? Il faut que je passe du même que moi *(idem)* à moi-même *(ipse)* comme différent de chacun, et d'abord du plus proche de moi. Alors il suffit d'examiner le rapport au frère jumeau ; si l'on établit la différence d'avec le même, on aura établi la racine de toutes les différences. Mais ce n'est pas encore la différence d'avec autrui qui constitue l'ipséité ; c'est la différence assumée, intériorisée. Cette identification (comme acte de se faire une identité) par une séparation à partir d'une parenté, qui est même ici une unité indistincte, a une valeur paradigmatique ; le cas des Abel est la radicalisation de la situation de tout homme. C'est ce que Lequier rappelle dans une brève notation sur le thème du supplantateur. « Toujours un supplantateur : Caïn et Abel – Esaü et Jacob – Ruben et Juda – Manassé et Ephraïm – Pharès et Zara »[1]. La diver-

1. Ms. 248, f° 13v.

sité des exemples mentionnés en atteste la portée générale. Cette identification prend toujours la forme d'un conflit ou au moins d'une compétition, c'est-à-dire est placée sous le signe de la puissance, donc de la liberté.

L'étude formelle des hypothèses, au nombre de trois, conduit à une répartition en quatre réponses, groupées par deux. Le choix du successeur par le père, homme puissant et juste, s'impose sans discussion, alors qu'il n'y a aucun motif de préférence; l'un des fils est préféré, élu, tandis que l'autre est délaissé, exclu du gouvernement du domaine. Mais il faut préciser ce point. Si le favorisé est appelé l'élu ou le préféré, en revanche le défavorisé n'est pas appelé le délaissé ni l'exclu, mais simplement « l'autre »[1]. La privation n'est ni exclusion ni surtout réprobation, et même ce n'est une privation que comme l'absence d'un certain don. – Notons encore que ce thème de la différenciation, par compétition et même affrontement, entre des jumeaux se trouve déjà dans les fragments du *Problème de la science*, comme thème strictement originaire, puisqu'il s'agit de la compétition pour être le premier à naître.

> C'est dans l'ardeur du combat entre la passion et le devoir que l'on contemple en face les deux termes de l'alternative qui en est l'essence. On les sent dans le for intérieur se disputer violemment le jour, comme deux jumeaux qui demanderaient à sortir chacun le premier du sein maternel…[2].

Le parcours de la vie est, dès l'origine, un chemin de singularité. Quant à l'alternative entre la passion et le devoir, elle éclaire les hypothèses de notre texte; les premières attitudes des jumeaux sont sous l'emprise de la passion, tandis que les dernières sont commandées par le devoir.

La première hypothèse se dédouble pour considérer la réponse de chacun des Abel. Si c'est bien une seule hypothèse, c'est parce que les Abel ne parviennent pas à se différencier. Au départ, ils sont deux Abel indistincts; à la fin, ils sont deux Caïn tout aussi indistincts. Leur réponse au choix du père est symétrique; le préféré répond par l'orgueil; il se glorifie d'avoir été choisi; l'autre, « le disgracié »[3], répond par l'envie; il se révolte devant la défaveur du père. Après leur réaction au choix du père, ils ne sont certes plus les mêmes qu'auparavant, ils ont d'ailleurs changé de nom; mais de

1. « Éliézer donnera mon anneau à l'Elu du Seigneur, et l'Abel préféré, en recevant cet anneau signe de la principauté, deviendra l'héritier de mes biens. L'autre lui sera soumis, à moins que […] » (*La recherche*, p. 260). « Désormais l'anneau était au doigt de l'Abel préféré. L'autre se sentit tout à coup seul » (p. 271-272). « L'Abel préféré dit en pleurant […]. L'autre lui répondit » (p. 273).

2. *Ibid.*, p. 67.

3. *Ibid.*, p. 266. Il n'est précisément appelé disgracié qu'au moment de sa réponse et du fait de celle-ci.

nouveau ils portent un même nom : Caïn. Tous deux se conduisent en enfants de la haine. Ils sont alors deux vaincus ; leur échec à devenir des êtres singuliers vient de ce qu'ils ne maîtrisent pas le choix qui leur est imposé ; ils subissent la nécessité, ils l'absolutisent, ils n'exercent pas leur liberté, ils n'ont qu'une volonté faible, étant incapables de devenir différents (comme fils, comme frères). La différence est posée là devant eux par le choix du père, précisément comme un entre-deux, comme l'occasion d'un discernement entre eux et aussi d'une relation ; mais cette différence objective n'est pas réfléchie en différence subjective, c'est-à-dire en individuation. Absolutisant la nécessité, ils ne vivent pas leur liberté comme responsabilité ; ils n'accèdent pas à l'identité personnelle parce qu'ils ne reconnaissent pas l'altérité de l'autre ni l'objectivité de la situation qui leur est faite ; ils demeurent dans une conscience narcissique, celle d'une liberté certes absolue mais repliée sur soi, et par là une liberté pour le mal, une volonté démoniaque. C'est ce qui est très bien compris par un personnage extérieur, un tiers intéressé qui contemple la scène, précisément l'esprit du mal, qui se réjouit – comme déjà il se réjouissait à sa seule apparition au terme des Dialogues. « Et, derrière les fils d'Aram, Satan qui se promettait deux Caïns de ces deux Abels, riait »[1]. Ainsi cette figure de la liberté est-elle négative et, au mieux, cathartique : faire voir une identification manquée ; la liberté n'émerge à elle-même que dans un acte où elle se retourne contre soi, n'étant créatrice de rien.

Les deux autres hypothèses exposent, en deux étapes indépendantes, des identifications réussies, avec des usages opposés de la liberté, dont un seul atteint à la perfection, ou peut-être seulement est plus accompli. Dans le premier cas, l'Abel favorisé, celui à qui revient l'anneau du père, refuse parce qu'il n'y a aucune raison d'une telle faveur qui le conduit à se séparer de son frère ; il se montre inflexible, « le justement Élu, ce Fidèle, cet Invincible »[2]. – Mais dans le second cas, le serviteur Éliézer lui passe l'anneau, exécutant ainsi la volonté du père. C'est alors l'Abel défavorisé, « l'autre », qui s'affirme, suppliant même l'élu d'accepter la faveur et s'affirmant comme victorieux. « Je voudrai reprendre mon avantage, et tu ne voudras pas me le laisser, et ce sera un combat sans fin, où sans que tu sois jamais vaincu, je serai toujours victorieux. / Et il disait son nom : il était le Victorieux »[3].

En vérité, le processus est complexe. Si les deux hypothèses sont indépendantes, les libertés des Abel sont pourtant corrélatives, elles sont des co-libertés, ce qui se marque déjà par les noms. « Et ces deux noms sont

1. *Ibid.*, p. 266. Nous avons déjà rappelé le passage sur Satan de la fin des Dialogues.

2. *Ibid.*, p. 270.

3. *Ibid.*, p. 273.

désirables, mais il en est un d'incomparable »[1]. On peut admettre que le nom d'invincible est désirable, tandis que seul celui de victorieux est incomparable ; mais le premier aussi peut être incomparable s'il empêche le second de l'être. En effet, le second Abel n'est victorieux que dans la seconde hypothèse, celle où l'Abel préféré accepte l'anneau ; cette liberté triomphante est donc subordonnée au bon vouloir d'une autre liberté qui, si elle refuse l'anneau, prive l'autre de la possibilité de gloire. « Couronne désirable entre toutes ! / Mais il est manifeste qu'elle ne pouvait être obtenue sans que l'anneau fût accepté »[2]. Les relations sont symétriques d'une hypothèse à l'autre. Dans la première, où la parole est au premier Abel, c'est lui qui est actif ; l'autre est là, ne disant rien, sauf des reproches. L'activité du premier est le refus de la faveur, et c'est en cela qu'il est invincible ; sa puissance tient en un : je ne peux pas. Dans la seconde, c'est le second Abel qui parle et qui est actif ; si le premier accepte le choix du père (fût-ce comme un sacrifice), c'est le second qui, acceptant aussi ce choix qui le défavorise, conforte son frère, le soutient et d'abord le console. Il devient incomparable, tandis que précédemment seul le premier pouvait l'être. Le second Abel ne peut supplanter le premier que si celui-ci, en acceptant la faveur, veut bien être supplanté.

Cette interrogation se concentre sur le lien entre la nomination et l'épreuve ; elle est résumée par cette remarque : « TON NOM EST : / CE QUE TU AS ÉTÉ DANS L'ÉPREUVE. Et le mot de l'Enigme était ce mot EPREUVE. J'ai tout dit »[3]. Le nom, c'est l'identité comme effet de la liberté, la qualification conquise face à la nécessité, dans le rapport au monde extérieur et à autrui ; il y a une nécessité, mais elle est éthiquement neutre. Abel (le fils), c'est comme Adam (le père), l'homme, n'importe lequel, un quidam. Seul l'affrontement à l'épreuve ou le rapport au monde et à autrui est révélateur du sujet moral, au sens où il s'engendre soi-même dans l'épreuve. Rien n'est prédéterminé, il n'y a pas de prédestination, mais des nécessités où s'effectuent des choix. Et le fait que le père ait imposé à ses deux fils le même nom signifie l'indifférence de leur position ; aucune position n'est en soi préférable, mais elle le devient par l'acte de la liberté. Alors où est l'avantage ? Sans doute n'y en a-t-il pas. La notion d'avantage ne prend signification que pour et par une liberté.

> Lequel donc avait l'avantage au moment de l'Épreuve ? Problème impossible à résoudre. Impossible, mon fils. / C'est ici le secret de Celui Qui Sait Tout. / À moins que Celui Qui Sait Tout ne sache

1. *Ibid.*, p. 260 ; voir p. 278.
2. *Ibid.*, p. 279.
3. *Ibid.*, p. 278.

> qu'il avait disposé tout pour qu'il n'y eût pas d'avantage avant qu'il n'en fût mérité[1].

Et s'il y a un avantage, on n'en sait rien ; c'est cela l'énigme ; mais ce qu'on sait, comme mot de l'énigme, c'est qu'il revient à la liberté du sujet de faire et de se faire, selon précisément la formule de la science, où l'action transitive est en vérité une action réflexive. On trouve même dans la bouche du second Abel une parole selon laquelle c'est la privation de faveur qui est le don le meilleur. « Dieu fait avec ce qu'il refuse des dons plus riches qu'il n'en fait avec ce qu'il donne »[2].

Les significations de l'apologue s'ordonnent alors autour de plusieurs points. Tous les biens se partagent, mais pas le titre ni le nom ; l'anneau, comme symbole de la puissance, est indivisible, et de même le nom qui lui est lié ; on ne peut pas, étant soi, porter le même nom qu'un autre. Quant aux deux noms, s'ils sont apparentés, ils ne sont nullement équivalents ; l'usage de la liberté les distingue, et cela d'une manière très étonnante. Les deux noms se rapportent à la puissance, c'est-à-dire à la figure du père, et aussi à la liberté, qui est puissance. Par là, chacun des frères pourra, à sa manière, occuper la place du père ; et c'est celui qui se reconnaît pleinement comme fils en acceptant la loi du père, apparemment défavorable pour lui, qui s'accomplit le mieux, gagnant ainsi le nom « incomparable », le nom formulé positivement, celui de « victorieux », tandis que le premier, « l'invincible », l'est négativement. Mais précisément, selon le parcours du texte, il faut passer par la figure totalement négative des identifications manquées (à oublier pour toujours), puis par la figure encore négative de l'identification par le refus de la loi du père (à oublier « pour un instant »[3]) pour parvenir enfin à l'identification parfaite. Cela se marque encore par le mode d'énonciation du nom ; en effet, c'est un tiers – le narrateur – qui qualifie le premier Abel d'invincible (il reste une distance entre l'auteur du nom et son titulaire), tandis que le second Abel se nomme lui-même le victorieux, réalisant ainsi sa liberté comme adéquation entre ce qu'il dit et ce qui se fait ; c'est lui-même qui, se donnant un nom, se fait et accède à la parfaite ipséité par sa liberté et aussi par sa plus haute intelligence (la qualité du fils ou du verbe) de la situation, par la reconnaissance de l'amour différencié du père. Précisément – et telle est la solution à la question de la première vérité – il faut passer, par un déplacement capital, de la catégorie de *prédestination* (relevant de l'intelligence) à celle de *prédilection*,

1. *Ibid.*, p. 282.
2. *Ibid.*, p. 273.
3. *Ibid.*, p. 263.

comme mot de l'énigme [1]. Cela signifie que les apories irréductibles pour la raison reçoivent une réponse si on les transpose au plan des relations humaines et de l'amour, la liberté s'accordant ainsi avec le troisième principe, tandis qu'elle demeure en opposition avec le deuxième, bien mieux accordé à la nécessité.

LE PÈRE, LA MÈRE, LE FILS

Or cette fiction du conte *Abel et Abel,* présentée dans le déroulement d'une histoire, est aussi à penser comme totalement intériorisée, rapportée à un acte de la conscience. Il y a en effet un accord entre un devenir phénoménologique de l'existence et une structure de la conscience, le devenir ne faisant que déployer, en le mettant en scène, ce qui inspire la conscience; c'est alors dans un acte réflexif que l'histoire a son origine et sa racine; le terme de l'œuvre fait retour à son début, donc au principe. Ainsi, dans le « cantique à la conscience », au terme du récit biblique, Lequier s'adresse à la conscience – qui est aussi la Vierge, donc la figure de la femme et de la mère, « Reine des Vierges, conscience invisible ! » [2]; il profère cette invocation, en parfaite consonance avec l'histoire des Abel. « Vous nous inspirez deux paroles dont l'une fait les invincibles, et dont l'autre fait les victorieux. Voici la première parole : Je ne peux pas, je ne ferai pas cette chose. Voici l'autre parole : Ce sera, au nom du Seigneur ! *Virgo Potens* ! » [3]. Ainsi ce que dit ou entend chacun des Abel, et qu'il trouve en soi, ne lui vient pas du père, qui certes a disposé les choses et qui par son libre choix a posé des nécessités, mais qui n'est pas l'inspirateur. L'inspirateur ou l'esprit, c'est, en deçà du père, la conscience en chacun, et cette conscience vient de la mère ou même est la mère; il y a en effet renvoi réciproque entre la conscience et la Vierge.

> La Vierge et la Conscience, c'est-à-dire la conscience pure ou l'idéal de la conscience, la conscience avant la chute, ou encore la conscience guérie de sa blessure originelle par le sacrifice de

1. Ceci est un point fort judicieusement relevé par X. Tilliette. « Ainsi la Prescience déterministe qui dans le *Dialogue* servait de support à la Prédestination et à la Réprobation fait place dans le "récit biblique" à l'idée d'Epreuve, au pressentiment d'une ruse adorable qui dispose les événements, et dont l'issue est irrémédiablement cachée, connue de Dieu seul dans l'amplitude de ses possibilités. La Prescience au sens courant est abolie comme un effet de mirage, comme une illusion rétrospective. Elle est absorbée par la prédilection » *(op. cit.*, p. 67-68).

2. *La recherche*, p. 313.

3. *Ibid.*, p. 310.

l'Homme-Dieu, et réparée par la Grâce, se symbolisent mutuellement l'une l'autre. De même que l'Acte *(Qui facit voluntatem ejus cognoscet de doctrina utrum ex Deo sit an ego a me ipso loquar)* qui enferme et rend vivante en l'homme la plus haute, la plus pure lumière, naît de la conscience, de même le Christ qui est le Verbe incarné (et le Verbe est la lumière) naît de la Vierge. / Encore pourrait-on dire que la conscience n'a point de blessure originelle; qu'elle reste pure, qu'elle est essentiellement sans tache comme n'étant nullement de l'homme[1].

L'enfant a ainsi un rapport dissymétrique au père et à la mère, avec une transcendance du père et une intimité de la mère, et cette transcendance a sa racine dans cette intimité, de sorte aussi que le chemin (ou l'aventure) de la liberté s'effectue tout entier dans un acte réflexif. À ce point limite – mais qui est bien la racine et le fondement – se rencontre une loi de la liberté qui, donnée comme extérieure par le père, est ultimement présente dans l'intimité de la conscience, donc une loi d'autonomie. Le père et la mère ne sont pas présentés dans les mêmes textes et n'ont certes pas la même fonction, mais ils se rejoignent dans la question de savoir "qui" est tel enfant[2]. Et si, dans le verset cité, la mère est, comme le père, une figure de la puissance, *Virgo potens*, elle a aussi plusieurs autres qualifications, celles des « Litanies de la Sainte Vierge », ce qui fait qu'elle apparaît beaucoup plus différenciée, plus subtile, plus richement déterminée, étant par là le symbole des différences intimes de la conscience. À suivre cette interprétation, c'est alors la mère qui a la primauté sur le père, la qualification de puissance n'étant qu'une parmi d'autres et certes pas la plus importante.

Reste un point capital à examiner, le rapport aux principes. Dans l'histoire des Abel, nous avons remarqué la puissance (le père) et l'intelligence (les fils). Or, à la fin du conte, juste après la déclaration du second Abel, est proclamé un hymne à l'amour. Non seulement le récit s'infléchit dans une direction plus lyrique, mais surtout est donné là le fondement de toute l'histoire des Abel, la racine et la raison d'être de leur conduite. Texte d'accent romantique assurément par l'exaltation de la sensibilité, avec ses

1. *Ibid.*, p. 308 note. La citation latine, exactement reproduite, était déjà donnée, avec une variante, dans l'épigraphe de l'ouvrage. À la fin de cette note, rappelant que la Bible est toujours à interpréter, Lequier se réfère à la distinction classique des divers sens de l'Écriture.

2. Si la mère est une figure absente du récit, n'apparaissant que dans le « Cantique à la conscience » (d'où, à son tour, le père est absent), Lequier a aussi rappelé les liens, par exemple dans des notes du manuscrit 267. « Le père, la mère, le fils »; « Deux n'ont qu'ensemble la paternité ou maternité : savoir le père et la mère, et le fils procède de l'un et de l'autre » (f° 49r).

tourments et ses délices tressés ensemble, texte aux résonances du *Cantique des cantiques* par sa présentation vivante et sa glorification de l'amour (plus fort que la mort), cet hymne est d'abord inspiré par des enseignements de saint Paul et de saint Jean [1] : l'amour est don, ce qui est le point d'insistance du texte.

> Sa ressource pour obtenir, sa ressource est de donner : de donner tout ce qu'il a ; pour en venir ainsi à la longue à se trouver riche tout à coup de biens qui passent toutes richesses.
> Il donne, il donne. Il est insatiable de donner. Sa vie est de donner. Il donne sans s'arrêter, car il mourrait en s'arrêtant, lui qui ne veut pas mourir ; et ne voulant pas mourir, il faut donc bien qu'il donne, il faut bien qu'il respire [2].

Le don est ainsi la nature de l'amour ; celui-ci est également puissance (notamment puissance d'espérer, même contre toute espérance) et intelligence (acuité de vision, capacité d'interprétation) ; mais il est, par essence, principe d'union ; et c'est bien cela qui fait comprendre les conduites des Abel. L'échec des Abel, dans la première hypothèse, c'est qu'ils se placent sous le signe de la haine et de la clôture sur soi ; chacun vit pour soi et contre l'autre, par orgueil ou par envie ; la liberté, se voulant seulement liberté d'aséité, se pervertit en se retournant vers elle-même et finalement contre elle-même, s'enfermant en soi. La réussite des Abel, dans les hypothèses suivantes, c'est d'abord la corrélation de leurs vies dans une interdépendance qui fait que leur liberté est une « indépendance dépendante ». Le premier est Invincible en ce que, ne voulant pas se séparer de son frère, il refuse la faveur du père, et le second est Victorieux en ce que, son frère ayant reçu l'anneau, il refuse de s'opposer à lui et le conforte dans sa situation. Cela est déjà signifié par l'inscription des noms. « Le Livre de Dieu, mon fils, était une pierre qui portait gravés deux noms et une foule de noms en un seul nom écrit ainsi… » [3]. Si les noms des Abel deviennent deux, en même temps ils sont réunis entre eux et avec d'autres (ceux de tous les hommes), et comme entrelacés en un seul. Cette image de l'entrelacs est précisément celle qui vient plus loin, à la fin du conte [4] ; les libertés sont liées entre elles selon une loi de solidarité, de telle manière que la perfection d'une liberté requiert la participation de l'autre ; en effet, l'identification du Victorieux ne peut advenir qu'avec l'aide du premier Abel, qui doit auparavant accepter l'anneau. Si le chemin de la liberté comporte

1. Voir *I Cor*, 13, 1-13 ; *I Jn*, 4, 7-21.
2. *La recherche*, p. 275. On notera le lien entre amour et respiration (esprit).
3. *Ibid.*, p. 278.
4. « Venant dénouer pour un moment les deux destinées fraternelles, mais les entrelaçant à ce moment-là même pour un Nœud tellement préparé… » (p. 283).

nécessairement un moment de séparation, le moment même de l'épreuve (l'Abel préféré étant appelé à répondre le premier, indépendamment du second), la liberté ne s'accomplit que par la réunion des libertés, leur entrelacement après leur ségrégation passagère. C'est précisément parce que seule la dernière hypothèse expose une solution de ce type qu'elle est parfaite. La puissance de la liberté repose ainsi sur l'amour [1], et l'identité de chacun des Abel est une œuvre d'amour.

Par nature et par naissance, les deux fils sont identiques, au point même de n'être qu'un en deux ; ils sont indivis, non pas singuliers. Comment se singularisent-ils ? Par elle-même, la puissance de la liberté, tel le *conatus*, tend simplement à persévérer dans son être et à s'affirmer ; la différence ne lui viendra pas d'elle, mais de l'extérieur ; seul un élément externe, donc ayant un statut de nécessité, peut être la cause d'une scission, d'une différence entre les deux identiques. La différence ne passera entre eux que si quelque chose la provoque, ou plutôt si quelqu'un l'introduit ; il n'y aura un entre-deux – différence mais aussi lien – que si d'abord l'occasion en est offerte. C'est là où intervient le père, personnage lui-même énigmatique et singulier, non seulement en tant qu'unique, mais comme élément extérieur et pourtant intimement lié aux fils, donc hautement ambigu : un autre qui est aussi de quelque façon le même. Par sa décision au delà de toute raison, il donne, lui principe de puissance mais également d'amour, l'occasion indispensable à l'exercice de la liberté par les fils, c'est-à-dire à leur singularisation dans une histoire.

1. « L'amour n'a jamais dit en vain : Je veux » (p. 276).

CONCLUSION

« Faire ». Tel est le premier mot que Lequier projetait de mettre en épigraphe à son œuvre; tel est aussi le premier mot de « la formule de la science ». Une philosophie tient toujours à l'invention d'une idée et souvent à une formule qui énonce cette idée d'une manière concise; souvent aussi, c'est par cette formule qu'un philosophe se fait connaître et reste dans l'histoire. Lequier a lui-même forgé une telle formule dans laquelle il a sciemment concentré toute sa philosophie. Cette formule est elle-même construite sur un terme unique : faire, à partir duquel l'auteur élabore des différences, des oppositions et des corrélations. En ce sens, le premier acte philosophique de Lequier est de « faire » sa formule : « FAIRE, non pas *devenir* mais faire, et en faisant SE FAIRE ». Ainsi le terme « faire » dit-il le commencement, et il le dit de plusieurs manières. Il dit le commencement en étant lui-même au commencement; il fait commencer. Mais surtout, c'est un commencement qui est toujours à faire, et on va vers le commencement par les chemins les plus variés. La thèse est que faire n'est pas un concept simple et qu'il reçoit des significations très étendues. Si Lequier n'explore pas le champ de ces significations (mais il en met en scène quelques-unes), on en perçoit bien les deux limites, à savoir « faire » et « se faire », le premier étant une médiation vers le second, en allant du sens général (tout mouvement et tout acte) au sens le plus précis (l'action réflexive); l'indétermination du concept de faire, quant à ses significations et ses applications, n'est que le corrélat de son amplitude. Dès le début, Lequier présente un exemple banal d'acte : la saisie d'une feuille d'arbre, le rapport transitif à un objet. Or ce mouvement dans le monde extérieur est aussi une action sur soi où se découvre la liberté. Entre ces deux points, se constitue tout le domaine de l'action, où les actes les plus divers (de la vie quotidienne, de la technique, de la connaissance, de la pratique, des relations humaines) peuvent devenir des actes réfléchis, à la fois métaphysiques et éthiques, par lesquels se fait l'histoire d'un sujet.

L'œuvre de Lequier se constitue comme une philosophie de l'absolu et de l'originaire, s'inscrivant dans le droit fil de l'histoire de la métaphysique ; c'est une recherche sur les principes, et même une recherche du principe. Sa démarche, si l'on prend les fragments de l'œuvre comme une totalité (inachevée certes et toujours se faisant) et selon les indications de plan, consiste à rechercher une première vérité, ceci par une exploration des actes de faire quelque chose. La question métaphysique est vraiment celle du principe, de sorte que ce n'est pas l'achèvement du système qui est en cause, mais son commencement ; très curieusement même, parmi les livres composés, c'est le dernier qui est le plus accompli et le premier qui l'est le moins. En quête du principe, l'examen méditatif de la vie conduit à la liberté comme postulat : reconnaître l'action, c'est déjà supposer la liberté. Par là, l'œuvre est typique de la philosophie réflexive, étant aussi un maillon dans l'histoire de la philosophie moderne, spécialement française. Précisément elle procède, tant dans *Le problème de la science* que dans les *Dialogues*, à une décomposition des représentations de la pensée jusqu'à l'ultime élément. En cela, c'est une œuvre moins isolée qu'il ne paraît. D'ailleurs, si l'œuvre est demeurée dans une sorte de confidentialité, même après sa publication par Dugas en 1924, pourtant Renouvier lui a donné une véritable publicité en l'intégrant largement à ses écrits, notamment dans sa *Psychologie rationnelle* et sa *Critique philosophique*. Certes, ce fut une connaissance non seulement partielle (celle d'une partie des textes les plus élaborés), mais un peu biaisée, avec cette insistance trop unilatérale sur le dilemme entre la liberté et la nécessité. Au moins y a-t-il eu là, en même temps qu'un acte de fidélité de Renouvier à l'égard de son ami, une véritable vie de la pensée de Lequier. Resterait à situer cette œuvre, après Maine de Biran et en compagnie de Ravaisson, Renouvier évidemment, Boutroux, Lachelier, également Bergson et plus tard Blondel, sans que les influences soient aisées à établir.

Si l'on peut aussi ranger Lequier parmi les philosophes de l'existence (et même comme l'un des ancêtres modernes), c'est sous la condition de préciser. Dans cette famille, d'ailleurs fort diverse, Lequier a évidemment sa place, à la fois originelle et bien spécifique. En effet, on ne trouve chez lui aucune défiance à l'encontre de la métaphysique et d'une pensée systématique, nulle rupture avec les grandes philosophies rationalistes modernes, nulle opposition de la raison et de l'existence. En ce sens, les critiques adressées à Descartes et à Fichte témoignent davantage d'une filiation que d'une opposition. Métaphysicien, Lequier a toujours voulu l'être, et peut-être n'a-t-il voulu être que cela. Mais il est tout aussi vrai qu'une certaine tournure de sa pensée, accordée au romantisme, l'a conduit à s'interroger sur les situations d'existants. Ce n'est pas qu'il ait exploré des thèmes comme l'angoisse, le désespoir, la déréliction, l'effroi, le souci, l'abandon, l'absurde ou l'étrange; son thème propre serait l'épreuve. Mais plutôt, il a mis en scène quelques situations typiques, d'ailleurs selon un registre restreint, souvent ordonné autour de l'enfance, des situations d'où émane parfois une sorte de sérénité, mais à partir d'expressions de tourment atroces. Précisément, c'est l'intérêt philosophique majeur de cette œuvre de vouloir tenir ensemble – mais en fin de compte sur le mode d'une tension extrême et d'une aporie irréductible – l'intransigeance rationnelle de la métaphysique et l'attention la plus sensible aux situations singulières des êtres. En ce sens, si les deux contemporains Kierkegaard et Lequier sont cousins, ils ne sont certainement pas jumeaux. Si l'accent pathétique est porté au point suprême dans l'une et l'autre œuvres, si l'exigence de rigueur conceptuelle les organise et si l'orientation religieuse les anime, c'est pourtant selon des catégories nettement différentes et par des formes d'écriture non comparables que ces philosophies se constituent : soit autour du paradoxe, soit autour de la personne; évidemment aussi, les concepts d'identification et de singularité n'ont pas exactement la même signification.

On fera ici référence au concept d'exception. En 1935, dans *Raison et existence*, Jaspers remarquait que nous, qui ne sommes pas l'exception, avons à philosopher en ayant l'œil fixé sur l'exception, afin de trouver notre voie intérieure et d'apprendre comment nous devons vivre. Il indiquait deux exceptions spécialement remarquables, Kierkegaard et Nietzsche. Ceci était écrit dans une problématique de philosophie de l'existence et à une époque particulièrement dramatique. Mais on peut se demander si, au delà de Kierkegaard et Nietzsche, considérés comme des paradigmes, au delà aussi d'une certaine époque, ce n'est pas la philosophie de l'existence qui toujours de quelque manière est une philosophie de l'exception – celle-ci étant rapportée à une manière habituelle de vivre et à la banalité quotidienne, indépendamment donc d'une époque marquée par l'épouvante ou de situations d'épreuves affreuses. Non certes que l'exception soit toujours pensée (elle l'a été par Kierkegaard), mais elle est là dans l'œuvre. Egalement, en un autre sens, c'est l'œuvre qui peut être exceptionnelle, selon un accord entre les thèses et la composition. L'exception n'est pas la marginalité, l'originalité, le bizarre ou l'extraordinaire, lors même qu'elle comporte ces éléments; mais, dans son opposition à la généralité, elle doit aussi la prendre en compte et signifier l'universel; elle doit même permettre une découverte nouvelle de l'universel, qui ainsi se trouve dans l'exception. Ce côté universel de l'exception, nous l'avons interrogé chez le personnage Abel. Avec le conte *Abel et Abel*, l'unique pensée de Lequier se constitue selon une figure nouvelle de la liberté, comme acte par lequel un existant se fait soi-même. Nous avons reconnu dans ce conte à la fois le lieu central de l'œuvre et ce par quoi celle-ci poursuit son exploration jusqu'à sa limite.

La première vérité ou le principe, c'est la liberté. La liberté, découverte comme pouvoir arbitraire et quasi divin d'un individu, se heurte sans fin à la nécessité, se conquiert face à elle, alors même que, à certains moments, la distinction entre liberté et nécessité devient tout à fait problématique, l'une et l'autre étant subsumées sous le concept de puissance, qui caractérise le premier principe, comme si l'affrontement sans merci reposait sur une affinité secrète, comme si même une mystérieuse gémellité originaire les unissait, ce qui fait que les deux religieux antagonistes des *Dialogues* sont aussi proches que les Abel jumeaux du conte. Tel est peut-être l'enseignement ultime de Lequier. Ce serait ainsi sur une dualité essentielle à la puissance que reposerait la métaphysique de Lequier. Si la puissance est pourtant une (étant principe), son unité est recherchée ou même postulée ; mais elle s'éprouve toujours dans l'affrontement ou le duel. Alors aussi, comme les noms des Abel, liberté et nécessité demeurent toujours entrecroisées ; elles se posent certes l'une contre l'autre, mais également sont l'une pour l'autre dans l'effectivité d'une existence, à partir d'une unique puissance primitive. C'est bien toute l'interprétation du dilemme qui est à reprendre ; le rapport entre elles n'est un dilemme que si l'on scinde la liberté et la nécessité de leur procès de constitution. De là viennent ce ton pathétique et ce tranchant des oppositions, marqués par les apories toujours récurrentes, qui nourrissent cette pensée et la singularisent comme une œuvre dont l'allure et les thèmes romantiques sont assumés par une construction rigoureuse. Il est d'ailleurs à remarquer que le seul texte reconnu comme achevé, « La feuille de charmille », est une interrogation sur la première vérité, conduite par le biais d'un rapport à la nature. La recherche de la première vérité n'est pas une activité de simple approfondissement de soi ; bien au contraire, pour saisir, c'est-à-dire effectuer, un acte libre, le sujet, toujours un enfant, est requis de sortir de soi et de passer par la médiation de l'extériorité, et cela sous la forme la plus étendue et la plus variée (le monde des choses et des vivants, l'océan, le jardin et les oiseaux), l'homme étant ainsi replacé dans la nature. La métaphysique, qui est bien une philosophie de l'esprit (comme liberté d'abord, mais finalement surtout comme amour), n'a de sens que dans un rapport à la nature. Par là, c'est aussi la question de l'action, du « faire » en tant que « se faire », qui est à reconsidérer ; comme lieu de l'énigme où sont nouées la métaphysique et l'éthique (étant même identiques dans leur rapport à l'origine), le faire ne renvoie à soi que par l'intermédiaire de la nature. La première vérité n'advient effectivement à soi-même, comme liberté morale, que par l'action accomplie et manifestée dans les rapports avec autrui, eux-mêmes situés dans la vie du monde. Il se produit ainsi un dépassement ou même une transformation de la philosophie réflexive, qui devient une philosophie de la nature.

C'est l'approfondissement de l'enquête réflexive qui, reconnaissant certes la liberté – une liberté seconde – comme une « indépendance dépendante », mais étant incapable d'établir les chaînons qui conduisent à mettre la liberté hors de tout doute, amène à quitter la méditation et à traiter la question sous une forme dialectique. Peut-être est-ce là d'ailleurs la raison (non pas la cause) de l'inachèvement du Livre I et du quasi achèvement du dernier livre, qui peut avoir sa consistance et sa vérité, alors que les livres précédents sont parcellaires ou même manquants. Mais le caractère toujours aporétique de l'examen dialectique, où les positions antagonistes demeurent face à face et où l'inachèvement de fait des dialogues n'est peut-être que le corrélat d'un impossible achèvement sur ce plan, ouvre la voie à une nouvelle démarche, déplacée sur un plan existentiel et phénoménologique, où sont mis en scène les chemins et les apparitions de la liberté. Alors les textes de Lequier, tels qu'ils ont été recueillis et publiés par Renouvier, en y joignant les matériaux du livre demeuré en suspens, nous donnent des éléments suffisamment élaborés et ordonnés pour nous faire une idée déjà précise d'une métaphysique, non seulement comme recherche du principe, mais en même temps comme réalisation de ce principe dans l'histoire des existants, où la liberté et la connaissance se réunissent dans l'amour.

« Dieu a grandement béni mon travail. Je sens que j'ai fait quelque chose de grand. J'en suis sûr. Je te dirai par quel Espoir surtout j'avais été soutenu. Et tu verras si j'étais un homme de bonne foi en toutes choses »[1]. Peut-être l'élément capital de cette œuvre est-il une contradiction intime jamais levée, corrélative d'un ton dramatique. Que l'on y décèle le caractère d'une personne, ou encore les traits d'une époque ou d'une culture, c'est pourtant selon un autre point de vue qu'elle est une philosophie : la recherche inépuisable d'une première vérité vise certainement quelque chose de singulier, comme primitif et unique, mais c'est un singulier qui a une signification universelle. Or cet universel singulier – la liberté – est tel que l'acte de le penser comme vivant (de le vivre et de le penser) entraîne dans des chemins sinueux et entrecroisés, et se déploie dans un labyrinthe sans issue, mais pourtant constitué en système (esquissé) autour d'une

1. Cette remarque, qui est ultime, se trouve dans la dernière lettre à Renouvier, du 1er (et non pas du 10) novembre 1861 *(O.C.*, p. 551). Ce sont même les derniers mots de cette lettre qui est aussi la dernière lettre connue.

trinité de principes. En cela, on ne quitte nullement un type d'interrogation (la métaphysique) pour une autre démarche (celle d'exister) ; c'est bien la recherche métaphysique qui, portant depuis le début sur l'existence, construit une solution par la mise en scène de figures, exposition qui répond à la question qui, sans fin, tourmente l'enquête réflexive et l'interrogation dialectique. Dans l'acte d'exister, la métaphysique est certes découverte, et même n'est découverte que là, mais aussi elle est toujours recherchée et jamais accomplie ; et si une réponse est apportée à la question du principe, c'est par la singularisation d'un existant dans son histoire. Au vrai, la question de la métaphysique n'est pas celle de sa fin, mais bien de son commencement. Le métaphysicien n'en a jamais terminé avec la recherche de ce qui lui permettrait de commencer, en affrontant la limite et en scrutant le mystère, au risque du vertige.

> Hardi voyageur dans les mondes de la pensée, j'ai tenté plus d'une des routes, j'ai sondé plus d'un abîme. La passion du vrai, la bonne foi, cette autre intelligence supérieure à l'intelligence m'ouvrait des perspectives plus vastes et m'éclaircissait de nouvelles questions. J'amassais des matériaux, fruit d'un long labeur, résultat d'études immenses[1].

1. Ms. 249, p. 134-135 (*O.C.*, p. 517-518). Ce texte a une dimension éminemment personnelle, étant extrait d'une lettre à Nanine Deszille, l'impossible amour de Jules Léquyer.

ANNEXE

ESQUISSE DU SYSTÈME [1]

| Plus je réfléchis, plus je trouve de difficultés à connaître la vérité, à 1
savoir même si la vérité existe, et s'il m'est donné de la saisir. Les philosophes anciens et modernes sont en opposition perpétuelle; depuis tant d'années qu'ils disputent entre eux, ils ne sont pas encore arrivés à un ensemble d'opinions qui soient réputées vraies; chacun d'eux même se prend à chaque instant en contradiction. Les religions me paraissent aussi chancelantes, elles varient de peuple à peuple, d'individu à individu; on ne trouvera pas deux hommes qui soient entièrement d'accord sur un certain nombre de points. Les cultes païens sont tombés sous les coups du temps; on les a remplacés par d'autres religions qui ne sont pas restées plus stables et qui semblent devoir périr quand elles auront fait leur temps. Le christianisme même qui paraît plus vivace que les autres cultes est interprété diversement par les nations et les individus; si cette religion était la vraie elle aurait rallié tous les esprits, et aujourd'hui le monde entier s'inclinerait

1. Nous publions trois textes extraits du manuscrit 255 (Cahier H), qui a pour titre général : *Notes*. Dans le premier texte, sous le présent titre, qui n'est pas dans le manuscrit, nous publions une brève présentation de la philosophie de Lequier, présentation qui est aussi la plus originelle, ce qui en fait un texte capital pour l'intellection de l'œuvre ; on y découvre déjà tous les grands thèmes de l'auteur, notamment à propos des principes métaphysiques et de l'antagonisme entre la liberté et la nécessité. Cette ébauche se trouve au début du manuscrit qui occupe tout un cahier de 153 pages. L'écriture n'est pas celle de Lequier, qui a sans doute dicté le texte à un secrétaire ; ou peut-être un copiste a-t-il recopié un texte de Lequier ; le manuscrit comporte des ratures, des répétitions de mots et des fautes. Des passages du manuscrit portent des indications de lieu et de date (Paris, juillet et août 1846). On peut ainsi penser que ce texte est de 1845-1846. Nous avons éventuellement rectifié l'orthographe mais respecté la ponctuation (sauf, très rarement, en ajoutant des points d'interrogation). Nous avons parfois ajouté des mots entre crochets <>. – Une publication de ces textes a été effectuée par J. Grenier dans les *Œuvres complètes*.

devant la croix du Christ. Si donc je cherche la vérité parmi les hommes, je ne la trouve point; partout l'erreur, partout la contradiction. Je vais essayer de me considérer moi-même dans mes actes, et de voir si du moins je ne puis être dans le vrai. Hélas! depuis mon enfance, que d'erreurs, que de fluctuations, que de changements! L'opinion que j'ai cru vraie pendant plusieurs des années de mon enfance et de ma jeunesse, je la répute pour fausse, et je ne sais encore si avec le temps je ne changerai point ces dernières pour d'autres, qui n'auront pas plus de certitude. Mes yeux me trompent, mes oreilles me font entendre des bruits que je reconnais ensuite n'exister pas. Où donc trouver un point d'appui inébranlable pour s'élancer
2 de là à la conquête d'une vérité qui fuit toujours? | L'expérience ne me montre-t-elle pas toute la vanité d'une tentative pour atteindre un tel but? Ou plutôt puis-je affirmer quelque chose de la certitude de cette expérience même? Au fond de mon être il me semble rencontrer un cercle qui ne me permet pas de chercher davantage la raison de ma science.

Toutes les idées qui me paraissent être en moi et dans les autres hommes ont été contestées; il me semble avoir les idées de Dieu, de Liberté, etc., et je vois qu'elles sont niées dans leur valeur objective par une grande partie du genre humain. Je serais donc tenté de croire que tout est nécessaire en nous, la vérité comme l'erreur, ou plutôt qu'il n'y a en soi ni vérité ni erreur, ni bien ni mal.

Mais je m'aperçois que si tout est soumis en nous à la nécessité, je ne puis pas même affirmer que tout est soumis à la nécessité parce que cette proposition sera nécessaire et que par conséquent je ne saurais la distinguer de toute autre. Si tout est nécessaire, la science elle-même est frappée d'impuissance, et il n'y a pas lieu pour moi de chercher à distinguer la vérité de l'erreur, puisque je ne sais même pas si la vérité et l'erreur existent, puisque je ne puis absolument rien savoir. Pour que je puisse distinguer la vérité de l'erreur, il me semble qu'il faudrait que je fusse libre; mais cette liberté est chose contestée; les uns la nient, les autres diffèrent sur la manière de la définir, personne ne la comprend. Pourtant, si je veux hasarder une tentative pour voir ce qu'il en est de la vérité et de l'erreur, je ne puis faire autrement que de prendre la liberté pour point de départ, puisqu'elle me paraît être la condition même de la possibilité de la connaissance. Je ne risque rien; prenons la liberté comme hypothèse,
3 voyons où elle nous conduira, nous | réservant toujours le pouvoir de revenir sur nos pas, et de renverser l'édifice que nous aurons essayé d'élever en prenant pour base la liberté qui n'aura d'autre valeur que la valeur d'une supposition. Je vais donc essayer de croire à la liberté; je suis un être libre, c'est-à-dire que je puis choisir entre deux alternatives et en réaliser l'une à l'exclusion de l'autre. Si je suis un être libre, je suis un être responsable;

car les motifs entre lesquels je suis appelé à choisir, ne sont pas indifférents. Parmi ces motifs je trouve l'idée de bien, l'idée de vrai, l'idée de beau, etc; les idées de mérite et de démérite naissent à la suite des déterminations que je prends; je suis donc responsable. Vis-à-vis de qui suis-je responsable? Est-ce vis-à-vis de moi-même ou vis-à-vis d'un autre être? Considérons tous les aspects de notre être; ai-je la raison de mon existence? Je ne trouve dans les profondeurs de moi-même que ténèbres, je ne sais d'où je viens, où je vais; si j'étais l'auteur de moi-même, je me rendrais compte de ma propre exïstence. Je m'apparais de toutes parts comme un être borné, imparfait; en considérant ma liberté qui constitue en moi mon aséité, je rencontre une puissance qui est à la racine de mon être, quelque chose qui peut; comment existe cette puissance, quelle est la nature de cette puissance? Mystère; je considère ce principe non moins étonnant qui me représente des objets, qui me transmet des images, et qui fait de moi un miroir où se peignent l'univers et moi-même. Je ne puis pas plus me rendre compte de ce principe que j'appelle intelligence que de celui que j'ai appelé puissance. Même mystère pour cet autre principe qui m'entraîne vers les objets contemplés par mon intelligence, et que je nomme amour. Je ne puis me rendre compte de moi-même et je reconnais en même temps que je suis constamment partagé entre l'erreur et la vérité, le bien et le mal. Je ne suis
donc pas un être | absolu; car je suis imparfait, car je suis à moi-même une 4
énigme inexplicable. Et cependant je suis responsable en tant qu'être libre; je ne puis me rendre compte des pouvoirs qui sont en moi, et je sais pourtant que j'en fais usage, et que dans cet exercice de mon activité je suis responsable de mes déterminations. Tout me dit qu'il y a une autre personne qui a en soi la raison de son être, et vis-à-vis <de> laquelle je suis responsable. Elevons-nous donc vers cette personne *absolue* et par conséquent indépendante et irresponsable. Comment est-ce que je me la représenterai? Je ne connais que moi-même; il me faut donc transporter à cette personne infinie les perfections que je trouve dans mon âme, en ayant soin de les élever à la puissance infinie. J'ai rencontré en moi un certain principe qui agit, qui peut; mais cette puissance qui est en moi n'a point en elle-même sa raison d'existence, tandis que celle que je transporterai à la personne infinie, devra avoir en elle-même cette raison d'existence. Par quoi donc est la puissance de la personne infinie? Par soi; c'est-à-dire par la force.

La force infinie se réalise incessamment elle-même, et si je la considère agissante, elle se projette au dehors et comme elle agit selon elle-même c'est-à-dire infiniment, elle se reproduit; cette reproduction est la représentation d'elle-même. Mais il faut un troisième principe pour fonder l'union de la force agissante ou de la puissance avec cette représentation que j'appelle intelligence; ce troisième principe doit être l'amour. Voilà donc

5 en cette personne irresponsable trois principes comme en moi. | Selon que je prends comme sujets et comme objets ces trois principes je trouve trois personnes fondues en une seule personne qui existe par soi, qui est absolue (*absolutus*, indépendant) et par là même irresponsable. Cette personne irresponsable en la présence de laquelle je me tiens, je l'appelle Dieu.

Non est æternitas nec infinitas ; sed æternus est et infinitus ; non duratio nec spatium ; sed durat et adest ; durat semper, et adest ubique ; et existendo semper et ubique, durationem et spatium constituit[1].

La force infinie en se réalisant infiniment ou plutôt cette personne tout entière (*existendo semper et ubique*) en existant toujours et partout constitue l'espace et la durée (*spatium et durationem constituit*). Me voilà donc enveloppé dans le sein de la personne infinie ; elle pouvait exister sans moi, si elle ne m'avait pas fait ! Elle n'a pas besoin de mon existence pour achever son être, si elle me plongeait dans le néant ! Mais j'aperçois la bonté infinie de cette personne irresponsable, et j'y trouve la raison de mon existence et la sécurité pour l'avenir. Oui, un instinct invincible me force à croire que je devais être, que Dieu n'aurait pas exercé pleinement sa bonté, s'il s'était abstenu de me donner la vie. D'un autre côté un instinct non moins invincible me fait dire que cette personne irresponsable pouvait ne pas me créer, était absolument libre dans l'acte par lequel elle m'a donné l'être. Cherchons maintenant à rendre compte de ces instincts. À l'instant où Dieu sort de lui-même pour créer, l'œuvre qui s'échappe de ses mains m'apparaît aussitôt et nécessairement avec les deux caractères du *quale* et du *quantum* ; c'est l'œuvre de Dieu ; à ce titre elle doit réaliser le plus haut degré de perfection que comporte son ordre ; c'est une œuvre finie, elle implique l'arbitraire au point de vue du *quantum*, c'est-à-dire de l'espace et
6 du temps, et par conséquent, je conçois | nécessairement que Dieu pouvait créer ou ne pas créer, et qu'en créant, il pouvait à son gré renfermer son œuvre dans une portion arbitraire de l'espace. Voilà donc mes deux instincts satisfaits ; sa bonté me rend raison de mon existence, et sa personnalité indépendante m'apprend que je pouvais ne pas être.

Ici m'apparaît un nouvel aspect : jusque là j'ai considéré en elle-même cette personne irresponsable, et je l'ai trouvée immuable, inaccessible à tout changement ; il me faut à présent la considérer dans ses rapports avec le monde : Dieu m'est apparu avec la totalité de perfections, et non avec la totalité de l'être ; si bien que deux personnes distinctes (Dieu et l'homme) sont en présence, bien que l'une soit contenue dans un double mode de l'autre ; c'est que ce double mode, l'espace et l'éternité, n'ont point le

1. Ce texte est de saint Thomas, *Somme théologique*, I^a, q. 68, art. 1 (référence donnée par J. Grenier).

caractère de perfection qui se montre dans les autres attributs de Dieu, comme la puissance, l'intelligence et l'amour.

Quelque chose de nouveau s'est produit : une personne a commencé d'être ; elle vit dans l'espace et dans la durée. La personne irresponsable contemple la personne responsable, et rien n'échappe aux regards de son intelligence infinie. Les phénomènes physiques se succèdent d'après des lois constantes, et Dieu qui a établi ces lois invariables, sait que tel phénomène se manifestera à tel instant, sous l'empire de telle circonstance. Mais en même temps, comme il assiste à la succession de ces phénomènes dans | le monde ouvrage de ses mains, il les voit se succédant, et perçoit 7
successivement les changements certains qui s'opèrent successivement dans le temps. Chaque fois qu'un phénomène déterminé d'après des lois constantes, mais qui n'est pas encore réalisé, vient à être réalisé, Dieu qui le savait de toute éternité comme devant être (s'il créait), le voit maintenant réalisé, et il manquerait quelque chose à sa science, s'il ne percevait pas chaque degré d'être tel que <ce> degré d'être est réellement.

Pour l'homme, les choses se passent exactement de la même manière, avec la différence que doit nécessairement apporter sa liberté. Dieu sait tout ce qui est ; il sait donc tout ce qui se passe dans l'homme ; quand les déterminations de l'homme sont en puissance, Dieu les voit en puissance ; quand elles sont en acte, Dieu les voit en acte. De toute éternité Dieu savait *ce qui pouvait objectivement* arriver ; Dieu a la science des possibles objectifs ou en soi par rapport à l'homme ; l'homme ne connaît que les possibles subjectifs, et il n'a la connaissance des possibles objectifs que lorsqu'ils ont été réalisés. La personne irresponsable contemple donc l'homme délibérant et agissant, et réalisant chaque jour plusieurs des possibles objectifs dont Dieu a la science de toute éternité ; Dieu sait parfaitement l'avenir dans tous les sens légitimes où l'on peut prendre ce mot ; mais Dieu ne voit pas comme déterminé ce qui n'est pas déterminé (ce qui serait contradictoire). Les actes de l'homme ne sont pas nécessaires, parce que Dieu a donné à l'homme la liberté, c'est-à-dire le pouvoir incompréhensible d'agir à un instant donné d'une manière ou d'une autre, en ne prenant conseil que de lui-même.

| Si l'on dit avec les Thomistes que l'éternité est un point pour Dieu, et 8
qu'il voit les déterminations de l'homme tout à la fois en puissance et en acte, on détruira le temps, et le temps n'étant plus qu'un phénomène subjectif, ne sera qu'une illusion, et fera de la liberté de l'homme une chimère, un fantôme.

Les Scotistes soutenant l'opinion de l'éternité successive pour Dieu, c'est-à-dire de la succession du même au même, on pourrait prendre cette théorie des Scotistes et l'unir à l'opinion de Thomas qui admet que Dieu n'a qu'une connaissance conjecturale des actions humaines et ne rétablit une prescience imaginaire qu'au moyen de l'éternité *tota simul*, considérée comme un point; et de ces deux doctrines on en formerait une qui serait la véritable.

Le monde tombé des doigts de Dieu était parfait dans son ordre; mais l'homme était créé libre, et Dieu en lui donnant cette liberté était l'auteur de la possibilité du mal, laquelle possibilité du mal est la plus grande perfection de sa créature. L'homme créé libre pouvait donc en faisant un bon usage de sa liberté rester dans l'harmonie établie, dans le premier ordre. Mais si je considère le monde actuel je trouve dans l'âme humaine une semence de mal et dans la nature extérieure une dégradation frappante. De la comparaison de ces deux ordres je reconnais qu'il y a eu une catastrophe, résultant de l'abus de la liberté de l'homme. Je constate l'existence d'une loi mystérieuse qui rend les hommes solidaires les uns des autres; de là la transmission du mal. Les enfants du premier homme reçoivent de leur père
9 un corps corrompu, et la corruption de la chair entraîne la | corruption de
l'esprit. Joignez à cette cause première l'influence des parents sur les enfants, l'influence de la société et de l'humanité, ajoutez le mauvais usage de la liberté et vous aurez la raison de cette dégradation que vous remarquez dans l'ordre actuel.

Cependant Dieu contemple toujours l'homme, et l'homme, en introduisant le mal dans le monde, souille la sainteté de Dieu, en le forçant à contempler la laideur du mal. Dieu de toute éternité contemplait le mal à l'état de possible; désormais il est forcé de le contempler à l'état de mal actuel, de mal réalisé. Mais l'acte par lequel il a créé le monde, était éminemment libre; les exigences de son amour qui le portaient à créer, n'étaient pas seulement annulées par l'arbitraire dans le *quantum*, mais elles étaient encore compensées par la possibilité de l'introduction du mal dans le monde, et des châtiments qui pourraient être pour l'homme la suite de cette violation du premier ordre. Pourtant Dieu a créé; or, les fils du premier homme subissent bien qu'en soi ils soient innocents, les conséquences de la faute de leur père; Dieu qui est l'auteur de la possibilité du mal est solidaire de l'homme dans une certaine mesure; il est souillé dans son intelligence; car, c'est par son intelligence qu'il entre en rapport avec le monde; il ne l'est point en effet par la puissance à partir du moment où le monde est réalisé; son amour n'aime que le bien, le vrai et le beau, et n'est point contraint de s'attacher au laid. Son intelligence seule est
10 condamnée à contempler le mal; c'est qu'en effet l'intelligence de |
l'homme est finie et pourtant représentative de l'infini; l'intelligence de Dieu est infinie, et pourtant représentative du fini. C'est par l'intelligence que le créateur et la créature sont en rapport. Dieu en créant librement le

monde, en acceptait toutes les conséquences ; cette loi de solidarité que nous avons trouvée embrasse donc et l'homme et Dieu. À la chute de l'homme commence un second ordre ; l'acte par lequel je crois à cette catastrophe est différent des actes par lesquels j'ai cru à la responsabilité, à Dieu, à la création ; cette conviction repose sur un fait contingent ; je tire la certitude de la chute originelle de la comparaison que je fais entre le premier ordre dont j'ai l'idée, et le second que je contemple.

Mais je me rappelle que j'ai posé la liberté comme hypothèse ; sans doute, si j'admets la liberté, j'admets aussi la suite de principes que j'ai aperçus en prenant la liberté pour point de départ. La question revient donc à savoir si je croirai à la liberté humaine. Si je refuse de croire à la liberté, il faudra que je m'abstienne de porter la moindre affirmation, parce que tout sera nécessaire ; je n'aurai même pas le droit d'affirmer que tout est nécessaire ni même que je suis dans le doute ; il me faudra flotter dans un demi-sommeil sans m'arrêter à aucune affirmation. Il est vrai que je n'ai point trouvé la raison absolue d'une première croyance ; mais en reconnaissant en moi la présence d'une certaine nécessité qui me portait à croire, et en posant comme condition même de la connaissance la liberté, | j'ai parcouru 11
l'enchaînement des vérités qui se rattachent à l'existence de la liberté, lequel enchaînement est contenu dans une première affirmation. Quand je porte cette simple affirmation "j'existe", je rencontre dans les profondeurs de mon être la nécessité, et à côté la liberté, qui me permet de reconnaître en moi la présence de cette nécessité, et de distinguer la vérité de l'erreur ; je trouve en outre le rôle de l'amour, qui met la paix entre la nécessité et la liberté. L'intelligence est la condition première de toute affirmation, parce que pour affirmer une réalité, il faut auparavant avoir l'idée de cette réalité. Tels sont donc les éléments qui concourent nécessairement à toute affirmation ou croyance : 1) l'intelligence ; 2) la nécessité ; 3) la liberté ; 4) l'amour. En Dieu il n'y a que l'intelligence, la puissance et l'amour ; en l'homme être dépendant, *a posteriori*, il y a de plus la nécessité, lequel élément lui impose la croyance, sans qu'il puisse avoir la raison de cette croyance. Mais pour qu'il y ait science, connaissance ou croyance, tous mots identiques quant à la signification, il faut qu'il y ait pour l'homme liberté ; autrement il ne saura distinguer la vérité de l'erreur ; si donc je refuse de croire à ma liberté, je me condamne à l'impuissance de porter la moindre affirmation comme certaine ; et si je l'admets, si je me laisse entraîner à une croyance, qui implique cette liberté, je suis forcé d'admettre toute la série d'idées que nous avons parcourue.

| Résumé 12

Difficultés de la science ; impossibilité presque complète de distinguer la vérité de l'erreur, et de reconnaître même s'il y a des vérités et des erreurs.

Penchant à croire que tout est nécessaire ; mais si tout est nécessaire, je suis condamné à ne pouvoir pas même chercher à faire la science ; car chercher à faire la science, c'est supposer qu'on s'est trompé, et qu'on veut arriver au vrai ; mais supposer qu'on s'est trompé, c'est supposer qu'on est libre ; et si l'on prétendait que tout est nécessaire et que l'on cherchât néanmoins à faire la science, on prétendrait que l'homme est soumis à une nécessité absolue et qu'en même temps il est libre, ce qui implique contradiction. Si donc l'on ne veut admettre la liberté au moins comme hypothèse, il faut s'abstenir de toute tentative et renoncer même à chercher si la science est possible. J'admets donc la liberté à titre d'hypothèse.

Etre libre c'est pouvoir choisir entre deux alternatives et réaliser à son gré l'une ou l'autre ; or ces motifs entre lesquels ma liberté choisit ne sont pas indifférents, et, comme les actes que je fais se rapportent essentiellement à moi, à mon aséité, je suis responsable ; vis-à-vis de qui ? Ce n'est pas vis-à-vis de moi-même, car je m'apparais comme un être qui n'a point en soi sa raison d'existence, qui n'est point indépendant, qui ne se suffit point à lui-même. Je parcours successivement les divers aspects de mon être ; et je me trouve partout des mystères et dans ma puissance libre et dans mon intelligence, et dans mon amour ; chacun de ces principes me surpasse, et je ne puis rendre compte d'aucun d'eux. Tous ces pouvoirs sont aux
13 mains de mon aséité ; | en tant qu'être libre j'en fais l'usage que je veux. L'examen de tous les éléments qui constituent ma personne me fait connaître l'insuffisance de mon être, et la nécessité de le rattacher à autre chose qu'à lui-même ; et comme j'ai reconnu que je suis une personne responsable, je ne puis être responsable que vis-à-vis d'une autre personne. Je m'avance donc avec tout ce qui constitue ma personne vers cette autre personne qui doit être irresponsable, parce qu'elle doit avoir en elle-même sa raison d'être, qu'elle doit être absolue (*absolutus*, indépendant). Je ne puis attribuer à cette autre personne irresponsable que les perfections découvertes en moi-même, sans oublier toutefois que ces perfections qui sont finies en moi, personne responsable, doivent être infinies en l'être que j'appellerai Dieu, personne irresponsable. Je trouve en moi à la racine de mon être un élément de puissance ; la puissance en la personne irresponsable trouve sa raison d'être dans la force infinie ; cette force infinie se réalise incessamment elle-même, et si je la considère agissante, elle agit selon elle-même, et se reproduit. L'amour, principe nouveau et dont j'ai aussi l'idée en moi, fonde l'union entre la force agissante ou la puissance et la représentation de cette puissance ou l'intelligence de la personne irresponsable. Cette personne absolue existe partout, et en existant partout, elle constitue l'espace ; elle existe toujours, et en existant toujours, elle constitue la durée. L'espace et la durée sont des modes distincts des

principes que j'ai reconnus d'abord dans le sein de l'être indépendant, c'est-à-dire de la puissance, de l'intelligence et de l'amour.

En présence de cette personne irresponsable et qui se suffit à elle-même, je suis tout d'abord saisi de frayeur, en pensant qu'elle | n'eût pas eu besoin 14
pour être complète de me donner l'existence, de même qu'elle peut m'anéantir sans cesser d'être ce qu'elle est. Mais l'idée de l'amour de cette personne infinie naît en mon esprit, et je me réfugie sous l'aile de la bonté divine pour y trouver la raison et la continuation de mon existence. Ce sont là des instincts qu'il faut satisfaire : une voix intérieure, irrésistible me dit que la bonté de cette personne infinie lui imposait la nécessité de me donner l'être ; et en même temps un autre cri non moins spontané s'élève du fond de mon âme et m'apprend que la personne irresponsable devait être libre de me créer ou de ne pas <me> créer, parce que je trouve en moi l'idée de la liberté, et que la liberté m'apparaît comme une perfection éminente : Dieu dépendrait de moi *a posteriori* ; je serais une suite de son existence.

Je considère Dieu en tant que créateur ; et, en même temps que je comprends qu'il doit nécessairement réaliser une œuvre qui soit parfaite dans son ordre, je reconnais que cette œuvre sera nécessairement finie, et partant qu'elle implique l'arbitraire au point de vue du *quantum*.

Mais jusqu'ici j'ai considéré la personne irresponsable en elle-même ; maintenant il me faut la considérer en tant qu'elle est en rapport avec l'homme. Au point de vue du *quale* c'est-à-dire de la perfection, l'homme est en rapport avec Dieu, et reste dans le premier ordre, dans cette première harmonie qui subsiste entre le créateur et la créature ; au point de vue du *quantum*, la personne irresponsable contemple la personne responsable, | et 15
la voit délibérant et agissant dans le champ des possibles objectifs dont elle seule a la science. Ici donc se place la question de la prescience de la personne irresponsable respectant la liberté de la personne responsable.

Descendant de la contemplation de ce premier ordre à l'examen de moi-même et des réalités qui m'entourent, je rencontre partout l'empreinte d'une dégradation profonde ; j'en cherche la cause, et je la trouve dans l'abus que l'homme a dû faire de sa liberté. Je cherche quelles ont pu être les suites de cette faute originelle ; et j'arrive à reconnaître la corruption du corps, la transmission de cette corruption physique aux enfants du premier homme, et par suite la transmission de la corruption morale ; je rencontre aussi les influences de l'éducation, et enfin l'amoindrissement de la puissance libre dans l'homme et par là sa faiblesse pour résister au mal. Cette loi de solidarité ne m'apparaît pas seulement envelopper l'humanité ; je ne constate pas seulement que le fils hérite du père comme l'homme dans l'ordre moral hérite de ses propres actes, j'étends encore cette loi de solidarité à Dieu ; et considérant d'une part qu'il a fait librement l'homme libre, qu'il est par conséquent l'auteur de la possibilité du mal, et de l'autre qu'il est toujours en communication directe avec l'homme, et que par suite de cette communication, la sainteté de son intelligence se trouve souillée grâce au mal que l'homme a introduit dans le monde, j'arrive à dire que Dieu doit accepter dans une certaine mesure la part de responsabilité qui pèse sur les créatures en soi innocentes.

16 | (Je suis arrivé à cette belle formule : l'intelligence de l'homme est finie et pourtant représentative de l'infini ; l'intelligence de Dieu est infinie, et pourtant représentative du fini [1]).

Si l'homme fait le mal, être fini il offense un être infini ; le châtiment doit participer de la nature des deux termes ; ici se place la question de l'éternité des peines ; la considération de la loi de solidarité me fournit aussi l'idée de la rédemption des damnés par les bienheureux.

Mais je m'arrête là, parce qu'un nouvel ordre commence, et avec ce nouvel ordre une nouvelle espèce de vérités. Je suis revenu au point de départ, à la liberté ; je ne l'avais prise qu'à titre d'hypothèse ; la question revient à savoir si je croirai à la liberté ; et cet acte de croyance comprendra toute la série des idées que je viens de parcourir.

Je dois croire à ma liberté, sous peine de <ne> pouvoir porter la moindre affirmation ; la liberté en effet est la condition même de la croyance et partant de la connaissance, qui n'est que la croyance. Ici se place l'analyse d'une affirmation pour montrer que sans la liberté il est impossible de porter même l'affirmation du doute. Si l'on croit à la liberté, on est forcé de croire tout l'ordre des vérités que nous avons exposées, parce que cet ordre de vérités ressort nécessairement de l'existence de la liberté. Il reste donc à porter sur le tout un seul acte de croyance.

17 | On doit remarquer ici que le christianisme seul a compris la personne humaine et la personne divine avec le rapport qui les unit ; le christianisme seul persiste dans le dogme de la liberté, dans le dogme de la trinité, dans le dogme de la création, dans le dogme de la chute. Ce rapport spirituel entre Dieu et l'homme que la philosophie constate, le christianisme fait plus que de le mentionner en tant que purement spirituel, il [2] le consacre par le dogme de l'incarnation ; c'est l'intelligence divine, l'un des termes mêmes du rapport entre Dieu et l'homme, et qui a été souillée par le mal de l'homme, qui vivifie ce rapport, qui rattache par un lien vivant et en quelque sorte saignant les deux personnes, la créature et le créateur ; on voit ici la personne irresponsable accepter volontairement une part de la responsabilité. Dieu dans son intelligence ne faisait qu'effleurer l'homme ; par un

1. Le manuscrit porte : de l'infini. Nous corrigeons en fonction du sens et d'une occurrence précédente.

2. Le manuscrit porte : elle.

excès d'amour il veut s'attacher lui-même à sa créature, et que le lien qui l'unit à elle soit indestructible.

La philosophie ainsi connue, c'est-à-dire la vraie philosophie, jette une vive lumière sur la religion révélée qui l'éclaire à son tour; c'est là l'*obsequium rationabile* de St Paul. Mais n'oublions pas que la philosophie et la révélation sont profondément et absolument distinctes. La philosophie porte sur des vérités que l'esprit conçoit être éternelles; la religion repose sur un fait contingent, sur la chute originelle qui aurait pu ne pas avoir lieu. Mais la philosophie a son acte de foi comme la religion; il est remarquable que deux actes de foi distincts et pourtant analogues
suffisent à l'homme pour embrasser | les deux ordres de vérités qui 18
constituent pour lui toute la vérité.

— On ne peut se défendre non plus d'une secrète émotion en pensant que Dieu n'a pas voulu d'adorateurs serviles et qu'en se faisant notre père et notre rédempteur, il a laissé à ses enfants le soin de trouver dans leur reconnaissance des motifs suffisants de croire.

DE LA LIBERTÉ HUMAINE ET DE LA PRESCIENCE DIVINE [1]

18 | Vous dites : la faute d'Adam était connue de Dieu comme certaine, et cependant Adam l'a faite librement. Dieu savait qu'Adam accomplirait librement cet acte à tel instant, dans telle circonstance, etc.

Je vous dirai : à cet instant où Adam a commis la faute, pouvait-il arriver en soi qu'il ne la fît pas ? Vous me répondrez : Oui, mais Dieu eût su de toute éternité qu'Adam n'eût pas pris cette détermination. Je vous demanderai alors s'il eût été possible au contraire qu'à cet instant où Adam allait se déterminer, il eût pu à ce moment même, en soi, prendre une résolution autre que celle qu'il a prise. Si Dieu de toute éternité sait qu'Adam par exemple pécherait, à l'instant même où Adam allait se résoudre, y avait-il oui ou non deux déterminations en lui, *ad utrum libet*, de telle sorte qu'à ce moment même où il a péché, il pouvait ne pas pécher ? Si Dieu savait qu'il accomplirait tel acte, un certain instant donné, dans lequel Adam allait se déterminer, l'acte contraire n'était pas en soi possible ; car s'il eût été en soi possible et rigoureusement et absolument possible, Dieu n'eût pu savoir que l'autre acte, l'acte opposé serait, puisqu'en soi il pouvait arriver que l'acte contraire eût lieu.

19 | Quand Dieu dit à Caïn délibérant s'il tuerait son frère : « Caïn, *tu peux encore* t'arrêter, et ne pas faire le mal ; il *dépend de toi à cet instant même* de faire ou de ne pas faire » ; si Dieu connaissait de toute éternité que l'un des deux termes de l'alternative serait réalisé à tel instant de la durée, il n'était pas possible en soi à cet instant même que le terme opposé fût réalisé, parce que si ce second terme eût pu en soi être réalisé, Dieu ne pouvait connaître le premier terme comme devant certainement être réalisé, puisqu'à l'instant même qui précédait immédiatement la détermination prise, il pouvait rigoureusement se faire que ce premier terme ne fût pas réalisé ; Dieu connaîtrait donc de toute éternité comme étant ce qui peut n'être pas. Si à un instant donné, deux déterminations sont en puissance *ad utrum libet*,

1. Ce texte se trouve juste à la suite du précédent. Le titre figure sur le ms.

c'est-à-dire que l'une peut être rigoureusement réalisée aussi bien que l'autre, pas plus l'une que l'autre, aussi bien l'une que l'autre, Dieu qui connaîtrait certainement comme devant être une de ces alternatives, qui pourrait en soi ne pas être, connaîtrait comme étant ce qui n'est pas en soi, et qui peut n'être pas, et par conséquent aurait une science fausse.

Je *crois* donc sincèrement que Dieu n'a des actes formés par l'aséité humaine qu'une connaissance conjecturale, quand ces actes sont encore en puissance ; quand ils sont réalisés, Dieu les connaît comme réalisés. Quand des déterminations sont en puissance, elles ne peuvent être en acte en même temps ; et si Dieu les voyait en acte lorsqu'elles ne sont encore pour nous qu'en puissance, c'est qu'en soi nos déterminations seraient à la fois en puissance et en acte, et qu'elles ne seraient autres que les phénomènes physiques qui sont les uns <et> les autres réalisés successivement, mais
qui sont *certains parce qu'ils sont déterminés.* | L'opinion de ceux qui 20
prétendent que Dieu connaissait de toute éternité les actions humaines non seulement comme possibles, mais encore comme étant, comme certaines, n'est pas naturelle ; l'âme qui aurait toujours suivi la nature, sans emprunter le secours <de> l'esprit de critique et de curiosité, n'eût point été imaginer en Dieu un pouvoir dont l'existence détruirait la liberté humaine. Adam sous les regards de Dieu savait que Dieu connaissait ses plus intimes pensées, sans aller imaginer que Dieu connaissait d'avance comme étant des actes qui n'étaient pas encore, et qu'il dépendait de lui de former ou de ne pas former ; et c'est pour avoir même douté de sa liberté, pouvoir mystérieux qui l'étonnait à juste titre, qu'il a violé la défense de Dieu. L'homme n'a pu avoir la pensée de cette fausse prescience de Dieu qu'à partir du moment où jetant un regard sur ses actes passés, il les a considérés comme ayant dû être puisqu'ils étaient, oubliant qu'en vertu de sa liberté ils eussent pu ne pas être.

C'est d'après cette erreur que l'homme se demande quelquefois : « Dieu sait-il ce que je ferai ? » Assurément Dieu connaît ce que vous ferez, puisque vous le ferez, cela est *futur*, devant être. Si vous voulez être conséquent avec vous-même, il faut vous poser ainsi la question : Dieu sait-il comme certaines des actions qui ne sont pas certaines, sait-il comme étant ce qui réellement n'est pas ? Evidemment non. Mais peut-être des choses qui ne sont pas pour nous, sont pour Dieu, et ce n'est pas nous qui les faisons librement ? Mais si elles sont pour Dieu, elles sont ; et si vous prétendez que les actions qui ont été accomplies durant la vie d'une personne étaient de toute éternité pour Dieu, vous détruisez la liberté humaine.

| La question est de savoir si Dieu a la durée, et si l'homme participe à la 21
durée ; si Dieu a la durée, il contemple les actes réalisés successivement par l'homme ; or il arrive un certain instant où il faut admettre que l'homme

puisse choisir *ad utrum libet* entre les deux termes de l'alternative : Dieu et l'homme sont arrivés parallèlement à cet instant, Dieu en *durant* sans aucune espèce de changement en lui-même, mais le même succédant en lui au même, l'homme participant de cette durée dans un moment insaisissable et pourtant réel, tandis que quelque chose d'autre succède continuellement à quelque chose qui était tout à l'heure et qui n'est plus ; si Dieu et l'homme arrivent simultanément à cet instant chacun selon sa nature, l'un en ne changeant point en lui-même, l'autre en changeant, si les deux termes de l'alternative sont en soi chez l'homme *ad utrum libet*, que l'un peut rigoureusement et réellement être réalisé aussi bien que l'autre, l'un pas plus que l'autre, il est clair que Dieu ne peut savoir que l'un sera réalisé à l'exclusion de l'autre, puisque vous admettez que cet autre pourrait être à un certain instant aussi bien réalisé que le premier.

Du côté de la durée, l'homme participe du contingent et de l'absolu ; il dure et change ; c'est toujours le rapport qui unit l'homme à Dieu et qui participe du fini et de l'infini.

Si maintenant vous admettez que Dieu ne dure pas, qu'il est immobile dans un point, que l'éternité est un point, alors il n'y aura point d'intervalle entre Dieu pensant une œuvre et Dieu la réalisant ; ses actes seront tous également et semblablement éternels, et Dieu ne sera point libre ; et Dieu même ne sera point en rapport avec le monde, car ce qui est immobile ne se met point en rapport avec ce qui est mobile ; et vous détruirez dans la création le point de vue du *quantum* au sujet du temps par exemple, ce qui nous permet de concevoir la liberté de Dieu.

22 | Il est même impossible de se représenter Dieu dans ce point qui ne correspond à aucune idée, qui n'est qu'un mot ; vous dites que Dieu est immuable ; je suis parfaitement d'accord avec vous ; Dieu en soi ne change point. Vous dites qu'il existe dans un point, c'est-à-dire qu'il est immobile ; eh bien ! je vous accorde encore, si <vous> voulez, ce point ; Dieu est immobile ; mais, dites-moi, vous est-il possible de vous représenter Dieu comme immobile, sans dire en même temps qu'il persiste dans cette immobilité, c'est-à-dire qu'il dure ? Or, ne faut-il pas admettre que l'homme aussi participe à la durée ? Si l'homme ne participe pas à la durée, c'est-à-dire s'il est impossible de concevoir un certain instant dans lequel il persiste dans son être, de telle sorte qu'à cet instant, si court qu'il soit, l'homme est tel et pas autre, l'homme n'existe pas ; pour qu'il existe réellement, aussi bien que tous les être contingents, il faut qu'il y ait en lui autre chose qu'une succession continuelle, il faut que dans l'intervalle d'un changement à un autre il persiste dans un instant, si petit qu'il soit ; il faut en <un> mot qu'il participe à la durée. Dieu et l'homme durent donc ; seulement Dieu a la durée absolue, c'est-à-dire qu'en lui il n'y <a> aucun

changement, il ne s'opère aucune succession, tandis que l'homme ne se possède que d'une manière insaisissable, de sorte qu'un changement s'est déjà produit en lui quand il s'est affirmé étant dans un certain état; mais il connaît en même temps qu'il y a nécessairement un instant dans lequel il persévère dans son être, il est tel qu'il est, il dure en un mot. Vous ne pouvez donc concevoir Dieu qu'avec la durée, et l'homme qu'avec la participation à cette durée; l'être absolu et l'être contingent parcourent donc les mêmes instants; seulement l'un ne change point en soi, l'autre change en soi; si maintenant vous les considérez en présence l'un de l'autre, | Dieu 23
immuable en soi a pourtant une perception qui varie en tant que cette perception suit les phénomènes du monde fini, lesquels phénomènes se succèdent. Dieu connaîtra de toute éternité les phénomènes physiques comme devant être, s'il crée; il les voit maintenant successivement se réaliser; Dieu connaît de toute éternité comme *possibles* les actes formés par l'aséité humaine, il les voit maintenant successivement se réaliser, et il ne les connaît point d'avance comme devant se réaliser certainement, parce qu'en vertu de la liberté qu'il a donnée à l'homme, ces actions qu'il connaît comme possibles peuvent ne jamais arriver à une réalisation qui dépend de l'aséité humaine.

– On a voulu se représenter cette prescience erronée qu'on supposait appartenir à Dieu en la comparant à une double mémoire; on a oublié que notre mémoire nous représente des actions qui ont été réalisées, mais qui eussent pu ne pas l'être; et considérant, par une aberration étrange, nos actes passés comme ayant dû être, on a jugé sans réflexion que les actes que nous verrons plus tard ayant été réalisés, devaient être réalisés, si bien qu'on a imprimé le caractère de nécessité à toutes les actions. Il est une idée avec laquelle il faut se familiariser, c'est que la série des actions que notre mémoire nous rappelle, eût pu avoir été modifiée par le jeu de notre aséité, et que si nous nous trouvions replacés 10 ou 20 ans plus tôt, par exemple en 1830, dans les mêmes circonstances, il arriverait très probablement que nous prendrions des déterminations différentes.

LA LIBERTÉ ET LA PRESCIENCE [1]

108 | Si Dieu était en tout semblable à l'homme on le connaîtrait, et l'on verrait clairement le rapport entre lui et nous ; mais Dieu est un être par soi ; nous, nous avons commencé. – Cependant, nous affirmons chaque vérité comme vérité en soi ; si tout était fini en nous, nous ne pourrions rien affirmer comme vrai en soi ; si tout était absolu en nous, nous serions ou nécessités ou Dieux comme Dieu lui-même ; mais s'il n'y a en nous que quelque chose de fini et quelque chose d'infini, si l'homme est simplement la réunion de ce quelque chose de fini et de ce quelque chose d'absolu, il ne pourra rien affirmer ; car sans sortir de lui-même, ce qu'il y a de fini en lui ne pourra reconnaître et affirmer d'une manière absolue ce quelque chose d'infini et d'immuable qu'il y a en lui ; ce n'est pas non plus la partie absolue de lui-même qui portera l'affirmation : sera-ce le concours, la réunion des éléments ? Non, cela ne se conçoit pas ; il faut qu'il y ait, comme au-dessus de ces deux éléments, un troisième qui ne soit ni purement fini, ni simplement absolu, qui participe en quelque sorte des deux, qui en soit indépendant, et qui puisse les juger souverainement, qui puisse reconnaître à la fois ce qu'il y a de purement fini et de simplement absolu dans l'être dont il fait partie ; quel est donc ce troisième élément, quelle est cette troisième nature, quel est ce monstre incompréhensible ? C'est la liberté ; voyons donc ce que c'est que la liberté, et cherchons si, en étudiant sa nature, on la concevra telle qu'elle implique nécessairement
109 l'impossibilité pour Dieu de connaître par avance | ce qu'elle fait selon sa nature même ; si cela est, cette impossibilité où serait Dieu de connaître d'avance comme infaillibles et certains les effets de la liberté qui seraient absolument d'après la nature même de la liberté, douteux et incertains, loin d'être une imperfection, serait une perfection ; car il est de la perfection de Dieu de connaître les choses selon leur nature, c'est-à-dire *selon ce qu'elles sont véritablement et en soi*. Qu'est-ce donc qu'être libre ? L'homme serait-il vraiment libre, si parmi les différents motifs d'action qui à un moment

1. Nous donnons un autre passage du manuscrit 255. Le titre est porté en marge du manuscrit

donné le sollicitent, il y en avait un qui dût à l'exclusion des autres et en vertu de son influence entraîner sa volonté ? Non, l'homme ne serait pas libre, puisqu'il obéirait à une impulsion déterminante. Peut-on concevoir qu'il résultât d'un certain nombre de motifs d'action, comme la haine, le désir de vengeance, le devoir, le souvenir d'une ancienne amitié, etc., un sentiment particulier qui ressortît du concours même de ces motifs, et qui fût capable d'entraîner la volonté de l'homme ? Non, ce sentiment qui serait comme la résultante de tous les autres, serait plus fort que chacun des autres, et l'homme entraîné infailliblement par ce motif le plus fort, ne serait point encore libre ; car ce motif, résultante de tous les autres, serait un motif déterminant. S'ensuit-il qu'il n'y ait pas de motif plus fort que les autres ? Au contraire ; seulement il faut pour que l'homme soit libre, que nul motif aussi fort qu'on voudra, ne soit capable de *déterminer* l'acte de la résolution. Tout acte libre est donc sans raison ? Non encore ; car la liberté implique l'idée de responsabilité, et un être dont la nature serait d'agir sans raison ne serait point libre ; toute action a donc une raison d'être ? Comment accorder cela avec ce que nous venons de dire ? C'est que c'est l'homme lui-même qui à son gré crée la raison par laquelle il se détermine d'après un certain motif ; la présence des motifs est la condition même de l'exercice de la liberté ; mais la raison qui fait que l'homme se résout pour tel ou tel motif, règle son acte sur tel ou tel motif, cette raison, c'est lui qui la crée *arbitrairement*, c'est-à-dire *parce qu'il le veut ainsi* ; c'est l'homme qui par le seul fait de sa détermination, crée, non pas les motifs | sur lesquels **110**
s'exerce sa liberté, mais la raison qui fait qu'il agit ainsi ; pour qu'il soit libre et responsable, il faut qu'il reconnaisse qu'en soi les motifs qui le sollicitent ne sont pas indifférents, qu'il n'est pas indifférent qu'il fasse le bien ou le mal ; mais qu'en même temps il ait le pouvoir de s'élever au-dessus de cette considération et d'agir comme si ces motifs étaient indifférents et comme si tel ou tel acte qu'il produira est indifférent ; c'est-à-dire qu'il se fait une indifférence à lui, laquelle indifférence n'est point dans la nature des choses ; mais cette indifférence qu'il se fait, et qui est la condition de sa liberté, existe véritablement quant à lui ; il est dépendant en ce sens qu'il est responsable ; mais en ce sens qu'il est libre, qu'il a en soi l'initiative absolue de ses actes, qu'il peut à un certain moment donné agir ainsi ou agir autrement, il est indépendant ; à un certain moment donné, une chose qui en soi de toute éternité eût pu ne pas être et pourrait ne jamais être sans un acte de son aséité, il la fait, il dit : « *Sit* », qu'elle soit, et elle est ; il ne fait pas seulement cette chose, cet acte, il en fait la raison d'être, et la raison d'être de cet acte, c'est le bon vouloir de l'homme ; il ne fait pas cette raison, c'est-à-dire il ne fait pas qu'une chose soit en vertu d'une raison autre que celle qu'il crée, car cette première raison serait déterminante ;

l'homme étant libre, ne relève point des motifs qui le sollicitent dans la délibération, il en est indépendant, il les domine, il fait à son gré que le motif le plus fort devienne le plus faible, et que le motif le plus faible devienne le plus fort. Mais, dira-t-on, l'homme a toujours en vue ce qui est
111 *meilleur pour lui*, tout considéré; c'est vrai; | mais c'est lui qui veut *arbitrairement* que telle ou telle chose soit pour lui le meilleur; c'est lui qui place où il veut ce qu'il juge être le meilleur pour lui, il place *ce mieux*, *ce meilleur* où il lui convient, c'est-à-dire arbitrairement, sans autre raison que celle par laquelle il prend cette détermination; c'est-à-dire qu'en prenant cette détermination, il en fait par ce seul acte la raison d'être. S'il place *ce jugement du meilleur pour lui tout considéré* dans une action bonne, il mérite; s'il la place dans une action mauvaise, il démérite, et il est pleinement responsable de l'un et de l'autre de ses actes, parce que l'un et l'autre de ses actes lui appartient, est sa création, qu'il a tirée du non-être; en effet s'il avait eu une raison pour produire cet acte, ce jugement *du meilleur pour lui*, ou il eût obéi nécessairement à cette raison, ou il l'eût suivie volontairement.; dans le premier cas, il eût été nécessité, dans le second libre, et ce second cas rentre dans le cas ordinaire où sa liberté se détermine arbitrairement; c'est donc lui qui crée arbitrairement cet acte, c'est-à-dire lorsque d'une manière absolue il pourrait ne pas le créer.

– Dieu a l'arbitraire absolu dans ce qui est réellement indifférent; non seulement au point de vue du *quantum*, de l'espace et de la durée, Dieu pourrait ne pas créer, mais encore *simpliciter* ; en effet d'une part il manquerait quelque chose à la dignité de Dieu, s'il n'était pas libre; de l'autre même au point de vue du bien on voit qu'il <a> une sorte d'indifférence à créer ou à ne pas créer; car si d'un côté il est mieux au point de vue des créatures de créer, de l'autre Dieu s'expose à être offensé dans sa majesté sans tache; tout ce qui est <est> exempt de la laideur du mal; si Dieu crée ses créatures libres <, elles>[1] pourront faire ce qu'elles ont fait; Dieu est donc indépendant du monde au point <de vue> du *quantum*, il l'est encore au point de vue de sa majesté et de la perfection, c'est-à-dire que Dieu est libre. L'homme peut agir arbitrairement, et c'est ce pouvoir qui constitue sa
112 liberté; mais pour lui, | il n'est indifférent en soi qu'en se déterminant arbitrairement, il se détermine pour telle ou telle chose; il est indépendant comme être agissant par soi; il est dépendant comme être créé et responsable, c'est-à-dire qu'il est libre; le pouvoir d'agir arbitrairement constitue sa liberté comme en Dieu; seulement Dieu a la plénitude de l'arbitraire dans ce qui est en soi indifférent; l'homme a la plénitude de l'arbitraire dans ce qui n'est pas en soi indifférent, mais qu'il peut considérer comme indif-

1. Nous proposons cet ajout; mais peut-être n'est-il pas nécessaire, si on lit: « Si Dieu crée<,> ses créatures libres pourront faire ce qu'elles ont fait ».

férent. Dieu en créant n'a pas mérité, car le mérite implique la possibilité de faire le mal ; et la souveraine indépendance, la souveraine grandeur et majesté de Dieu ne souffre pas cette possibilité <qui> lui serait injurieuse, mais qui est la condition même et indispensable de la liberté humaine ; Dieu en créant fit la raison de la création, cette raison fut son bon vouloir ; Dieu créa, parce qu'il le voulut. L'homme en portant ce jugement : « Ceci est le meilleur pour moi, tout considéré », et en faisant suivre ce jugement de l'acte de la détermination, donne en vertu de cet acte même la raison d'être à cet acte ; cette raison c'est son bon vouloir, il agit ainsi, parce qu'il le veut. Un acte libre est donc un acte arbitraire qui porte ou sur des choses en soi indifférentes (comme pour Dieu) ou sur des choses en soi différentes (comme pour l'homme). Considérons l'homme délibérant ; voilà deux actes en puissance, qui se disputent le jour, et dont la liberté fera sortir arbitrairement l'un ou l'autre, pas plus l'un que l'autre, aussi bien l'un que l'autre ; pour qu'on pût savoir d'avance lequel sortira, il faudrait que l'un des deux, celui qui sera réalisé, eût plus de raison d'être que l'autre ; cette raison qui en ferait sortir l'un plutôt que l'autre, serait une raison *déterminante* ; l'homme qui le produirait ne serait donc pas libre. Mais si ces deux actes | peuvent être en soi (indifféremment) aussi bien l'un que l'autre, si 113
l'acte qui sera produit, sera créé arbitrairement, l'homme lui donnant sa raison d'être au moment où il le crée, cet acte qui un millionième de seconde avant sa création pouvait en soi ne jamais être, peut-il être connu d'avance (de toute éternité par exemple) comme certain, lorsqu'un dix-millionième de seconde avant sa création il n'était réellement et d'une manière absolue que possible ou arbitraire ? Dieu ne le connaîtrait donc point tel qu'il est ? L'homme à un certain moment donné choisit arbitrairement, sans autre raison que celle qu'il fait, qui est qu'il veut, entre deux actes dont il peut créer indifféremment l'un ou l'autre ; cette indifférence absolue, qui est le caractère essentiel et de nature des actes qui se disputent l'existence, ne permet pas qu'en soi on connaisse d'avance l'un ou l'autre comme certain. L'homme a donc comme Dieu, son père, le pouvoir de créer arbitrairement, c'est-à-dire de faire à un certain <moment> donné une chose qui n'existait que comme possible ou comme probable un instant inappréciable avant qu'elle ne fût créée, et qui un cent-millionième de seconde avant qu'elle ne fût réalisée, pouvait en soi, absolument, ne jamais *être* en tant que réalisée. Ceci expliquerait cette parole de Notre Seigneur Jésus-Christ en s'adressant aux Juifs qui lui reprochaient qu'il s'appelât Dieu : « Pourquoi voulez-vous que je ne m'appelle pas Dieu ? N'est-il pas écrit dans vos livres : "Vous êtes des dieux ?" L'*Ecriture* ne saurait être vaine ». Quelle grandeur est celle de l'homme, mon Dieu ! La responsabilité qui pèse sur les peuples serait au-dessus de leurs forces, et s'accorderait mal

avec la légèreté qu'ils ont par nature et par volonté, si votre sagesse souveraine et votre bonté infinie ne réglaient dans une juste mesure la marche incertaine de l'humanité ; mais, ô mon Dieu, nous tâcherons de ne point essayer de scruter vos secrets, à moins que nous ne nous y sentions invités par vous-même ; nous affirmerons avec réserve et en tremblant les
114 vérités que votre doux consentement n'aura point ratifiées et | que nous tiendrons uniquement de notre raison ; notre raison peut trouver le vrai, sans doute, vous l'avez faite telle ; mais réduite à elle-même, elle lutte parfois en vain contre les passions qui lui montrent une lueur trompeuse ; et quand elle a eu le bonheur de rencontrer le vrai, il faut encore qu'elle trouve dans la tranquillité et le repos de la bonne foi, et dans votre bienveillant consentement, la paix qu'elle veut avoir à toute force, et qu'elle cherche à acquérir à tout prix ; rien ne lui coûte pour cela ; mais tant que notre âme n'est point arrivée à ce calme qu'elle vous a demandé, ô Dieu, notre Père, elle est réduite à recommencer chaque jour le travail de la veille, à se tenir incessamment dans un pénible effort. Soyez, Seigneur, un peu indulgent pour vos pauvres créatures, et pardonnez-leur cette curiosité, cette soif de connaître, cette avidité de science qu'elles ne retiennent pas toujours dans de justes bornes ; donnez-leur, quand ils ont trouvé la vérité, fruit de leurs sueurs, la paix qui accompagne la vérité.

S'il nous était permis de chercher un sentiment où appuyer l'opinion que nous avons émise au sujet de la prescience et de la liberté, nous trouverions qu'un instinct profond nous dit que la prescience de Dieu entendue comme on l'entend généralement, est gênante d'une certaine manière pour l'homme ; ne nous est-il pas arrivé parfois de nous arrêter à une résolution, puis d'en changer peu de temps après pour prendre celle qu'on avait repoussée tout d'abord ? Si l'on venait à se dire que Dieu savait certainement que la première résolution prise avec tant de dignité et d'assurance ne tiendrait pas et serait bientôt remplacée par celle qu'on refusait de prendre, ne nous est-il pas arrivé de sourire en rougissant un peu ? Comment on a un sentiment bien plus profond de la dignité humaine quand on sait que la détermination prise lui appartient en propre, qu'il la crée, c'est-à-dire la tire
115 vraiment du non-être, qu'elle ne pouvait être connue auparavant | que comme possible ou comme probable ?

ÉLÉMENTS DE BIBLIOGRAPHIE

L'œuvre de Lequier :

À sa mort, Lequier ne laissait que des textes inédits, qui ont été en partie publiés dans plusieurs éditions. La première est due à Ch. Renouvier : *La recherche d'une première vérité*, Fragments posthumes de Jules Lequier (Saint-Cloud, imprimerie Belin, 1865). Cette édition fut reprise par L. Dugas, augmentée d'une notice : « La vie, l'œuvre et le génie de Lequier » (Paris, Armand Colin, 1924).

J. Grenier a publié un volume d'*Œuvres complètes* (Neuchatel, La Baconnière, 1952) ; à l'édition de Renouvier sont ajoutés de très nombreux inédits (provenant du Fonds Jules Lequier), ainsi que des lettres de Lequier.

A. Clair a publié *La recherche d'une première vérité et autres textes* (reprise de l'édition de Renouvier, avec trois autres textes) ; cette édition est précédée d'une « Introduction à la lecture de l'œuvre » et accompagnée d'une annotation réalisée à partir des manuscrits du Fonds Jules Lequier (Paris, PUF, 1993).

À cela s'ajoutent deux éditions partielles par M. Valensi : *Comment trouver, comment chercher une première vérité*, avec une préface de C. Morali et une postface de M. Valensi (Combas, L'Éclat, 1985). – *Abel et Abel*, accompagné de textes inédits sur « Les personnes divines », et précédé par la « Notice biographique de Jules Lequier » rédigée par P. Hémon et publiée par G. Pyguillem (Combas, L'Éclat, 1991).

J. Wahl a publié un choix de textes (avec une longue introduction) : *Jules Lequier* (Genève-Paris, Les Trois Collines, 1948).

Livres sur l'œuvre :

CALLOT E. : *Propos sur Jules Lequier* (Paris, Marcel Rivière, 1962).

GRENIER J. : *La philosophie de Jules Lequier* (Paris, Les Belles Lettres, 1936).

TILLIETTE X. : *Jules Lequier ou le tourment de la liberté* (Paris-Bruges, Desclée de Brouwer, 1964).

TABLE DES MATIÈRES

ACHEVÉ D'IMPRIMER
EN FÉVRIER 2000
PAR L'IMPRIMERIE
DE LA MANUTENTION
A MAYENNE
N° 26-00

Dépôt légal : 1er trimestre 2000